Michael Fröhlich | Jürgen Gießing | Andreas Strack

Krafttraining
bei Kindern und Jugendlichen

Hintergründe | Trainingspläne | Übungen

Michael Fröhlich | Jürgen Gießing | Andreas Strack

Krafttraining
bei Kindern und Jugendlichen

Hintergründe | Trainingspläne | Übungen

Tectum Verlag

Michael Fröhlich | Jürgen Gießing | Andreas Strack
Krafttraining bei Kindern und Jugendlichen
Hintergründe | Trainingspläne | Übungen
3., aktualisierte und erweiterte Ausgabe

© Tectum – ein Verlag in der Nomos Verlagsgesellschaft, Baden-Baden 2019
ISBN 978-3-8288-4327-1
E-PDF 978-3-8288-7267-7
E-Pub 978-3-8288-7268-4

Umschlagabbildung: shutterstock.com © VGstockstudio (bearbeitet)

Druck und Bindung: finidr, Český Těšín
Printed in the Czech Republic

Alle Rechte vorbehalten

Besuchen Sie uns im Internet:
www.tectum-verlag.de

Bibliografische Informationen der Deutschen Nationalbibliothek
Die Deutsche Nationalbibliothek verzeichnet diese Publikation
in der Deutschen Nationalbibliografie; detaillierte bibliografische
Angaben sind im Internet über http://dnb.d-nb.de abrufbar.

Vorwort zur 3., aktualisierten und ergänzten Auflage

Während sich in der zweiten Auflage in 2011 bereits ein Paradigmenwechsel zur Einschätzung eines Krafttrainings bei Kindern und Jugendlichen abzeichnete und immer zahlreicher wissenschaftliche Studien mit hoher empirischer Evidenz die positiven Effekte eines pädagogisch angeleiteten Krafttrainings untermauerten, steht nunmehr weniger die Legitimation einer adressatenadäquaten Intervention zur Diskussion, sondern vielmehr die zielgruppenspezifische Umsetzung.

Des Weiteren sind seit Erscheinen der zweiten Auflage zahlreiche Metaanalysen und systematische Reviews anhand von wissenschaftlich fundierten Primärstudien veröffentlicht worden, die sich dezidert mit den spezifischen kurz-, mittel- und langfristigen Effekten eines Krafttrainings bei Kindern und Jugendlichen und deren trainingsmethodischer Ausgestaltung beschäftigten. Darüber hinaus ist eine Ausweitung der Thematik im Hinblick auf Wechselwirkungen mit Schnelligkeit, Ausdauer, Beweglichkeit und koordinativen Anforderungen einerseits sowie mit anderen entwicklungsspezifischen Aspekten wie Reifung, motorischer Entwicklung und lebensstilbeeinflussenden Veränderungen wie zunehmender Inaktivität bei Heranwachsenden andererseits zu erkennen. Somit steht weniger das „ob" Krafttraining mit Kindern und Jugendlichen in der aktuellen Betrachtung in Theorie und Praxis, sondern vielmehr das „wie" und damit trainingsmethodische Fragestellungen und direkte Handlungsempfehlungen im Sinne: „Welche Effekte sind bei welchen trainingsmethodischen Rahmenbedingungen bei wem zu erwarten?"

Somit lassen sich in Ergänzung zu den verdichteten Erkenntnissen und Fakten zum Krafttraining bei Kindern und Jugendlichen wie a) positiver Einfluss auf alltagsmotorische und sportartspezifische Leistungsfähigkeit, b) Förderung und Verbesserung von gesundheitsrelevanten Einflussgrößen und c) Stärkung von psychosozialen Faktoren und des Wohlbefindens, alters- und entwicklungsadäquate Inhalte und Methoden – Handlungsempfehlungen – sowie ganzheitliche motorische Modelle der Entwicklung als Themen identifizieren. In der vorliegenden dritten Auflage sind diese Aspekte nunmehr ergänzt und es wird der aktuelle Stand der Forschung referiert.

Kaiserslautern, Saarbrücken und Landau, im Juni 2019

Die Autoren

Vorwort zur 2. Auflage

In der nun zweiten, überarbeiteten und deutlich ergänzten Auflage des Buches werden zunächst aktuelle Aspekte des Krafttrainings bei Kindern und Jugendlichen erörtert und diskutiert. Einleitend werden aus einer historischen Perspektive heraus Entwicklungen zum Gegenstandsbereich des Krafttrainings bei Heranwachsenden skizziert. Aufbauend auf Ontogenese und motorischer Entwicklung werden nachfolgend Krafttrainingseffekte bei Kindern und Jugendlichen spezifiziert und erläutert. Im Weiteren werden Krafttrainingseffekte auf Muskulatur und neuromuskuläres System sowie auf den passiven Bewegungsapparat beschrieben. Aspekte wie Hormonstatus und Entwicklungsverlauf sowie Verletzungen und Schädigungen durch Krafttrainingsinterventionen werden ebenso diskutiert, wie Effekte in der Therapie sowie bei Übergewicht. Abschließend werden im ersten Teil allgemeine pädagogische Hinweise und Trainingsempfehlungen für das Krafttraining, speziell das gerätegestützte Training, ausgesprochen.

Im zweiten Teil des Buches werden dezidert Grundübungen mit und ohne Geräte bzw. Kleingeräte vorgestellt. Neben den Grundausführungen werden Übungsvariationen anhand von entsprechendem Bildmaterial vorgestellt und erläutert. Trainingspläne sowie trainingsmethodische Hinweise für Beginner, Fortgeschrittene und Könner runden den praktischen Teil des Buches ab.

Durch die Kombination von aktuellem wissenschaftlichem Stand zum Krafttraining bei Kindern und Jugendlichen sowie durch die Vielzahl an praktischen Handlungsanweisungen, versucht das vorliegende Buch einen einführenden Überblick über die Thematik zu geben. Die Autoren möchten das Buch jedoch explizit als eine Einführungs- und Überblicksarbeit verstanden wissen. Weitergehende Fragen, welche außerhalb der behandelten Thematik liegen, müssen in den entsprechenden Fachdisziplinen beantwortet werden.

Vorwort

Das Buch wendet sich einerseits an thematisch interessierte Leser aus dem Bereich der „Wissenschaft", andererseits soll der „Anwender" sowie der interessierte „Laie" in die Thematik eingeführt werden. Alle im Text befindlichen englischen Zitate wurden von den Autoren ins Deutsche übersetzt, um den Lesefluss entsprechend zu erleichtern. Der geneigte Leser, kann die Original-Zitate am Seitenrand nachverfolgen.

Dieses Buchprojekt wäre ohne die Unterstützung einer Vielzahl von beteiligten Personen nicht möglich gewesen. Unser erster und ganz besonderer Dank gebührt den „Fotomodellen" Amelie Klein, Korbinian Jung, Jana Klein, Tobias Matzke, Fabian Ulrich, Lena Hektor, Brigitta Ferner und Pascal Koehl, welche uns bei den Fotoaufnahmen zur Verfügung gestanden haben. Des Weiteren den beiden Zwillingsschwestern Naomi und Ruby van Dijk, beide 13 Jahre alt und Eliteturnerinnen in der 1. Frauenkunstturn-Bundesliga. Ohne ihren persönlichen Charme wäre der zweite Teil des Buches zu den Übungen nicht möglich gewesen.

In der Interaktion mit dem Fotografen Uwe Bellhäuser, welchem wir ebenfalls an dieser Stelle recht herzlich danken möchten, entstanden immer wieder spannende Situationen. Herrn Johannes Marx, dem Geschäftsführer der Deutschen Hochschule für Prävention und Gesundheitsmanagement, möchten wir für die freundliche und unkomplizierte Überlassung der Räumlichkeiten sowie der verwendeten Geräte danken.

Last but not least möchten wir Herrn Roland Rößler und Herrn Michael Koch (wissenschaftliche Hilfskräfte am Sportwissenschaftlichen Institut der Universität des Saarlandes) sowie Herrn Dr. Markus Klein für ihre hilfreiche Mitarbeit danken. Herr Rößler unterstützte uns einerseits im Rahmen der Fotoaufnahmen und andererseits mit Herrn Koch bei der typographischen Bearbeitung des Manuskripts. Herr Dr. Klein war maßgeblich für die Gestaltung des Buchcovers verantwortlich.

Saarbrücken und Landau, im Juni 2011

Die Autoren

Inhaltsverzeichnis

Teil 1: Theorie 13

I. Einleitung 14
II. Historische Perspektive 20
III. Gegenstandsbereich und Objektspezifizierung. 25
IV. Ontogenese und motorische Entwicklung. 37
V. Krafttrainingseffekte bei Kindern und Jugendlichen 53
VI. Krafttrainingseffekte auf Muskulatur sowie anaboles und neuromuskuläres System bei Kindern und Jugendlichen. 67
VII. Krafttrainingseffekte auf den passiven Bewegungsapparat sowie auf das Wachstum bei Kindern und Jugendlichen. 79
VIII. Krafttrainingsaspekte im Rahmen von Verletzungen und Schädigungen bei Kindern und Jugendlichen. 87
IX. Krafttrainingsaspekte in der Therapie, bei Übergewicht sowie auf psychische Merkmale bei Kindern und Jugendlichen. 99
X. Pädagogische Aspekte sowie Trainingsempfehlungen zum Krafttraining bei Kindern und Jugendlichen. 105

Teil 2: Übungsbeispiele **119**

Übungsbeispiele zur Kräftigung der Bauchmuskulatur 123
Übungsbeispiele zur Kräftigung der Rücken- und Rumpfmuskulatur 138
Übungsbeispiele zur Kräftigung der Armmuskulatur. 154
Übungsbeispiele zur Kräftigung der Schultermuskulatur 164
Übungsbeispiele zur Kräftigung der Arm-, Rücken- und Brustmuskulatur 170
Übungsbeispiele zur Kräftigung der Rumpf-, Oberkörper- und Armmuskulatur 188

Übungsbeispiele zur Kräftigung der Bein- und Gesäßmuskulatur 197
Übungsbeispiele zur Kräftigung mit dem Gymnastikband 213

Teil 3: Trainingspläne 227

Differenzierte Trainingspläne 228
Trainingsmethodische Hinweise zu den Trainingsplänen 229
Trainingsprogramm 1 für die Altersstufe A1 Kinder mit der Leistungsstufe Beginner ..235
Trainingsprogramm 2 für die Altersstufe A1 Kinder mit der Leistungsstufe Geübte....236
Trainingsprogramm 3 für die Altersstufe A1 Kinder mit der Leistungsstufe
Fortgeschrittene 237
Trainingsprogramm 4 für die Altersstufe A2 Pubeszenz mit der Leistungsstufe
Beginner 238
Trainingsprogramm 5 für die Altersstufe A2 Pubeszenz mit der Leistungsstufe
Geübte 239
Trainingsprogramm 6 für die Altersstufe A2 Pubeszenz mit der Leistungsstufe
Fortgeschrittene 240
Trainingsprogramm 7 für die Altersstufe A3 Adoleszenz mit der Leistungsstufe
Beginner 241
Trainingsprogramm 8 für die Altersstufe A3 Adoleszenz mit der Leistungsstufe
Geübte 242
Trainingsprogramm 9 für die Altersstufe A3 Adoleszenz mit der Leistungsstufe
Fortgeschrittene 243
Vorlage eigene Trainingsprogramme 244

Indexverzeichnis 245

Übungsverzeichnis 247

Literatur 249

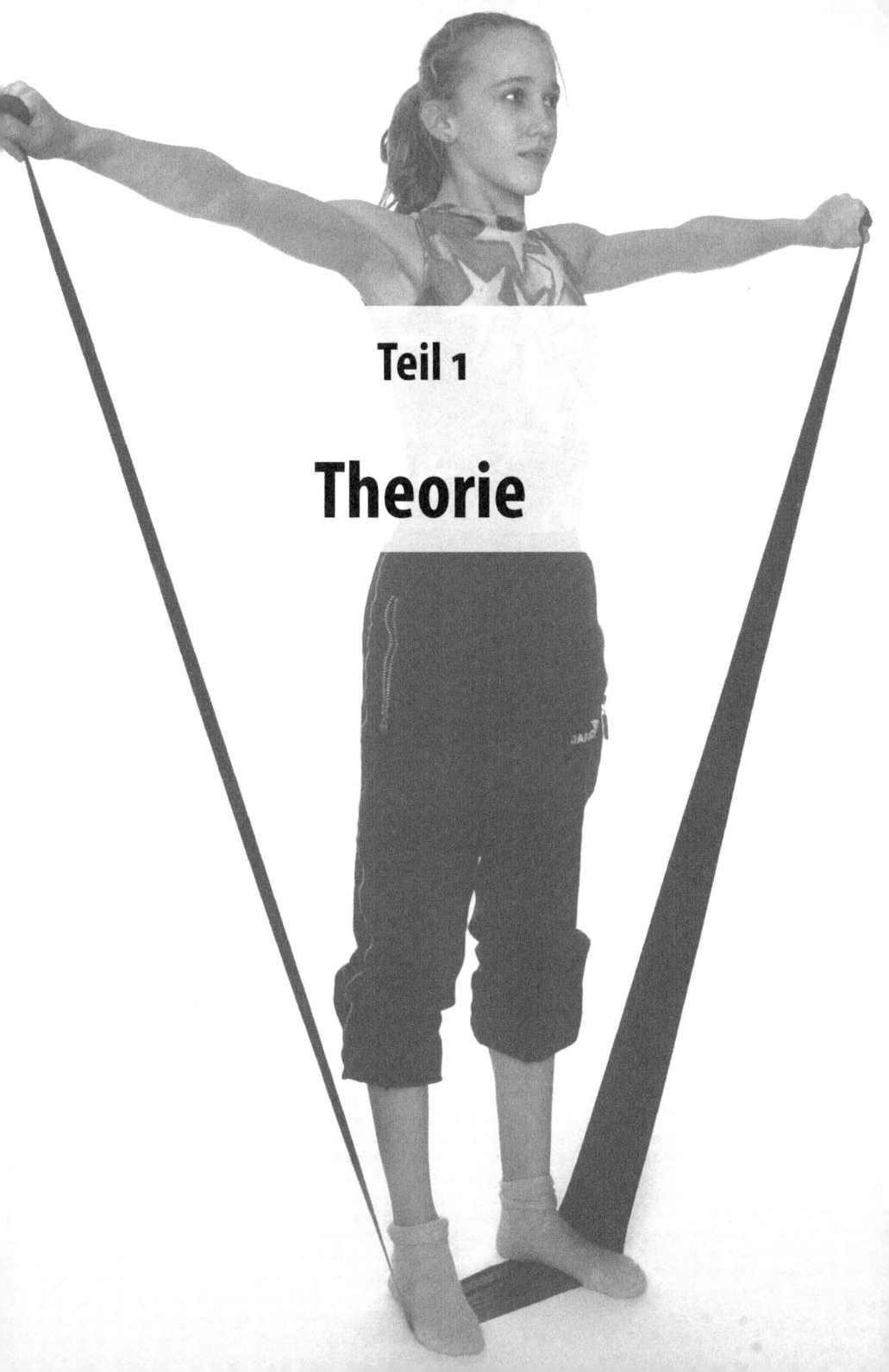

Teil 1

Theorie

Kapitel 1

Krafttraining wird bei Kindern und Jugendlichen allgemein und im Leistungssport speziell noch immer kontrovers und in Teilen nicht sachlich diskutiert. Die verschiedenen Krafttrainingsaspekte und tradierten Lehrmeinungen werden oftmals pauschalisiert wiedergegeben, ohne jedoch Angaben zu den einzelnen Belastungsmerkmalen, der Übungsgestaltung und der Übungsausführung sowie dem spezifischen Adressatenkreis zu machen. Dies ist jedoch entscheidend, wenn dezidert und empirisch fundierte Hinweise und Argumente ausgetauscht werden sollen.

Krafttraining bzw. Krafttrainingsinterventionen sind mehrdimensional zu verstehen. So reicht die Spannweite von Übungen mit geringen Gewichten oder Widerständen bis hin zum Hochleistungstraining bei Kraftdreikämpfern und Gewichthebern des internationalen Leistungsniveaus. Die Anwendungsfelder betreffen den Schulsport ebenso wie sportartspezifische Kontexte im Nachwuchsleistungssport.

Während in der nationalen Literatur noch eine eher zurückhaltende Meinung zum Krafttraining im Kinder- und Jugendalter aufzeigbar ist und sich noch immer Mythen zur Sinnhaftigkeit von Krafttrainingsinterventionen bei Kindern und Jugendlichen in Theorie und Praxis finden lassen, wird in der angloamerikanischen Literatur sowie in der Sportpraxis die Sinnhaftigkeit von Krafttraining im Heranwachsendenalter nicht mehr diskutiert, sondern als gegeben angesehen.

„Viele Jahre lang glaubten nur wenige Menschen, dass Widerstandstraining die Kraft von Kindern verbessern könnte; Trainer und Lehrer glaubten, dass Kinder mit zunehmender Reife stärker würden und dass Krafttraining nur für äl-

"For many years few people believed that resistance training could improve a child's strength; coaches and teachers believed that children got stronger as they got older and that strength training was only for older athletes. [...] But in fact children can benefit from a properly designed, age-appropriate resistance-training program." (Kraemer & Fleck, 2005, p. 1)

tere Athleten tauge. [...] Es ist jedoch so, dass Kinder in der Tat von einem angemessen gestalteten und altersgemäßen Training profitieren können." (Kraemer & Fleck, 2005, S. 1)

Einleitung

Die Bedeutung des Krafttrainings bei Kindern und Jugendlichen allgemein und im Leistungssport speziell wird noch immer kontrovers und in Teilen nicht sachlich diskutiert. So schreiben Fleck und Kraemer (1997, S. 199): Bei Experten aus den Bereichen Bildung, Medizin und Wissenschaft hat die Möglichkeit der Durchführung eines Widerstandstrainings für Kinder innerhalb der letzten zehn Jahre deutlich an Akzeptanz und Verbreitung gewonnen (siehe hierzu das Position Statement on Youth Resistance Training von Lloyd et al., 2014, die Metaanalyse von Behm et al., 2017 sowie das Research Topic „Neuromuscular Training and Adaptations in Youth Athletes" in der Zeitschrift Frontiers von 2018), bleibt jedoch eine kontrovers diskutierte Angelegenheit (vgl. hierzu auch die Auftaktveranstaltung zum Krafttraining im Nachwuchsleistungssport des Bundesinstituts für Sportwissenschaft 2008 sowie die in der Zeitschrift Leistungssport als Themenheft 5 in 2018 herausgegebenen Beiträge zum Krafttraining im Nachwuchsleistungssport).

Aspekte eines Krafttrainings werden oftmals pauschalisiert wiedergegeben, ohne jedoch Angaben zu den Belastungsmerkmalen wie Belastungsintensität, -dauer, -dichte, -umfang und Trainingshäufigkeit, der Übungsgestaltung und der Übungsausführung sowie zum jeweiligen Adressatenkreis zu machen. Dabei reicht die Palette der Definitionen des Krafttrainings bei Heranwachsenden von Übungen mit geringen Widerständen als Ergänzungs- oder Ausgleichstraining bis hin zum Hochleistungstraining bei Kraftdreikämpfern und Gewichthebern des internationalen Leistungsniveaus. Die unterschiedlichen Anwendungsfelder betreffen den Schulsport, den freizeitorientierten Sport (Vereinssport, Fitness-Studios), ebenso wie sportartspezifische Kontexte im Nachwuchsleistungssport (vgl. Behringer et al., 2010a; Bompa & Carrera, 2015; Faigenbaum et al., 2015; Letzelter, 1983; vom Heede et al., 2007).

Während Befürworter Aussagen wie beispielsweise „Ein gezieltes und altersgemäßes Krafttraining im Sinne der Haltungsprophylaxe bzw. zur Steigerung der sportlichen Leistungsfähigkeit ist demnach unbedingt erforderlich" (Weineck, 2003, S. 374), „Der Beginn der Trainierbarkeit der Kraft bei Kindern liegt nach bisherigen wissenschaftlichen Aussagen und praktischen ‚Erscheinungsbildern' um das 7.–9. Lebensjahr" (Ehlenz et al., 1998, S. 74) und „Widerstandstraining für Kinder hat vor allem deshalb an Akzeptanz und Verbreitung gewonnen, weil durch ein angemessen gestaltetes Trainingsprogramm Kraftgewinne eintreten und die Knochenstärke verbessert sowie Verletzungen bei anderen Sportaktivitäten vermieden werden können" (Fleck & Kraemer, 1997, S. 215) nennen, halten Kritiker eines Krafttrainings im Kinder- und Jugendalter dagegen: „Unterhalb des 8.–10. Lebensjahrs besteht kaum eine Trainierbarkeit im Sinne der morphologischen Adaptation" (Hollmann & Hettinger, 1990, S. 251) und „Ein relativ einseitig auf die spezifischen Anforderungen der Wettkampfdisziplin ausgerichtetes Krafttraining mit Kindern und Jugendlichen soll auch im Hochleistungssport vermieden werden, denn es kann in Extremfällen Wirbelsäulen- und Knochendeformationen, [...] hervorrufen" (Harre, 1986, S. 149).

Während in der nationalen Literatur zu Beginn der 70er bis in die 90er Jahre noch eine eher zurückhaltende Meinung zum Krafttraining im Kinder- und Jugendalter aufzeigbar war, die in Teilen jedoch bis dato noch in deutschen Standardwerken und Lehrbüchern zur Trainingsgestaltung und Trainingsmethodik anzutreffen und in der Sportpraxis tradiert wird, steht in der angloamerikanischen Literatur und zunehmend auch in nationalen Diskussionen sowie in der Ausbildung (z. B. Übungsleiter, Trainer als auch universitäre Ausbildung) eine Sinnhaftigkeit von Krafttraining im Kindes- und Jugendalter nicht mehr in Frage (vgl. Granacher et al., 2011; 2018; Lesinski et al., 2016; Lloyd et al., 2014). Darüber hinaus stellen Krafttrainingsinterventionen einen zentralen Bestandteil der allgemeinen und speziellen sportmotorischen Grundlagenausbildung in zahlreichen Sportarten sowie der langfristigen Entwicklung dar (Behm et al., 2017; Bompa & Carrera, 2015, Faigenbaum et al., 2015; Lloyd et al., 2014). Im nationalen und internationalen Kontext stehen nunmehr eher trainingsmethodische und didaktische Aspekte im Vordergrund (Bompa & Carrera, 2015; Faigenbaum 2007; Faigenbaum et al., 1996b; 1999; 2005; Fleck & Kraemer, 1997; Guy & Micheli, 2001; Kraemer & Fleck, 2005, Lesinski et al., 2016; Lloyd et al., 2014).

Des Weiteren scheint die nationale und internationale Publikationslage zum Thema Krafttraining bei Kindern und Jugendlichen noch immer indifferent und eine Vergleichbarkeit von empirischen Befunden aufgrund verschiedener Trainingsmethoden, unterschiedlicher Diagnostik sowie heterogener Termiologie erschwert (Niessen et al., 2010; Zemková & Hamar, 2018). So sind Hinweise in deutschsprachigen Datenbanken bzw. Publikationen im Gegensatz zu internationalen Publikationen deutlich unterrepräsentiert (vgl. Freiwald, 2005). Aktuell sind jedoch verstärkte Bemühungen seitens der Wissenschaft hierzu zu erkennen (vgl. Behringer et al., 2010; Granacher et al., 2011; 2018; Hartmann et al., 2010, Lesinski et al., 2016), was u. a. zu einem deutlichen Anstieg an Publikationen (national und international) in den letzten Jahren geführt hat (vgl. Abbildung 1).

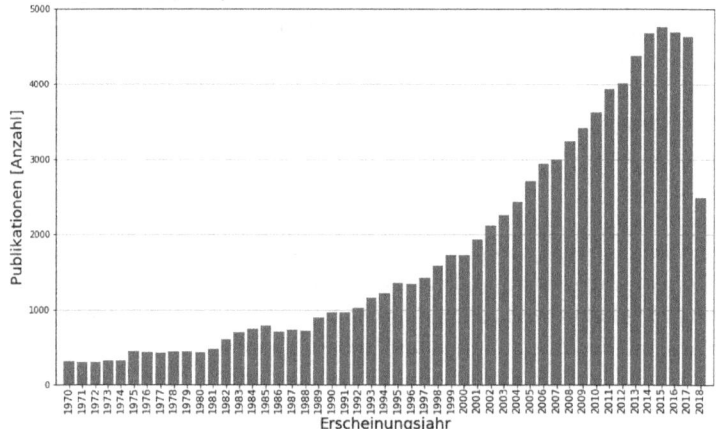

Abbildung 1: Anzahl an Publikationen in PubMed von 1970 bis 2018 mit den Begriffen und Booleschen Operatoren («strength» OR «resistance» OR «strength training» OR «resistance training» OR «weight training» OR «power training» OR «plyometric training» OR «complex training» OR «weight-bearing exercise») AND (child* OR adolescent OR youth OR puberty OR kid* OR teen* OR girl* OR boy*) sowie den Spezifikationen («humans», «child: 6–12 years» und «adolescent: 13–18 years») in Anlehnung an Granacher et al. (2018, S. 3)

Für und Wider zeigt das folgende Bild einer Turnerin, welche ein entsprechendes Krafttraining zusätzlich zum regulären Turntraining absolviert hat, dass es durch spezifische Krafttrainingsreize zu entsprechenden Anpassungsreaktionen kommen kann.

Diese Debatte um die Sinnhaftigkeit erweist sich auf dem bisher beschrittenen Wege als nur schwerlich lösbar, da eine wesentlich differenziertere Betrachtung der Thematik Krafttraining im Heranwachsendenalter vonnöten ist. Insbesondere die Frage nach der grundsätzlichen Trainierbar-

Abbildung 2: Turnerin, welche ein spezifisches Krafttraining absolviert hat (die Athletin war zur Zeit der Fotoaufnahme 12 Jahre alt)

keit der motorischen Eigenschaft Kraft in unterschiedlichen Phasen der Ontogenese (individuelle Entwicklung) bis hin zur Adoleszenz sowie die „proklamierten", damit einhergehenden Gefährdungen der körperlichen und psychischen Unversehrtheit stehen daher im Fokus dieses Buches. Im zweiten Teil dieses Buches werden die allgemeinen Ausführungen zum Krafttraining bei Kindern und Jugendlichen durch allgemeine und spezifische Krafttrainingsübungen (Übungen mit dem eigenen Körpergewicht, Partnerübungen, Übungen mit Kurz- und Langhanteln, Übungen mit Gymnastikbändern sowie Übungen an Kraftgeräten und Kraftmaschinen) für die einzelnen Altersbereiche, in Abhängigkeit des Anforderungsprofils der betriebenen Sportart sowie des bisherigen Trainingszustandes ergänzt. Hinzu kommen konkrete Trainingsempfehlungen und Handlungsanweisungen im Sinne von Trainingsplänen (Teil 3). Bereits an dieser Stelle sei jedoch erwähnt, dass die Auswahl der Übungen, die Trainingsgestaltung und Trainingsplanung, die Belastungsfestlegung sowie die explizite Durchführung des Trainings ein Höchstmaß an Verantwortungsbewusstsein seitens der Trainer, Übungsleiter und der in der Praxis Tätigen erfordert. Die vorgestellten Trainingsarrangements können nur einen ersten Anhaltspunkt geben und erfordern eine weitere individuelle Auseinandersetzung mit dem „spezifischen" Klientel und dem Thema. Insgesamt werden die angeführten Aspekte des kind- und jugendgerechten Krafttrainings unter einer medizinischen, psychischen und pädagogischen Sichtweise erörtert und anhand des aktuellen Wissensstandes diskutiert (Faigenbaum et al., 2013; Faigenbaum & McFarland, 2016; Granacher et al., 2011; Lloyd et al., 2014; Prieske et al., 2016; Smith et al., 2014).

Kapitel 2

In der Vergangenheit wurde ein gezieltes Krafttraining bei Kindern und Jugendlichen vor Vollendung der Geschlechtsreife als nicht empfehlenswert erachtet. Dieser Umstand wurde bisher hauptsächlich mit einer geringeren anabolen Testosteronkonzentration begründet. Darüber hinaus wurde der Verdacht geäußert, dass ein Krafttraining per se einen negativen Einfluss auf das Wachstum und den Verknöcherungsprozess der Heranwachsenden besitze und somit die Verletzungsanfälligkeit erhöhe. Des Weiteren wurden in der Frühphase erster empirischer Studien zur Thematik Krafttraining bei Heranwachsenden keine signifikanten Effekte bzgl. der Steigerung der Kraft und der Leistungsfähigkeit gefunden.

Aufgrund zunehmender empirischer Evidenz zugunsten des Krafttrainings bei Kindern und Jugendlichen fand eine Änderung hin zu Krafttrainingsempfehlungen statt.

Diese resultierten u. a. in revidierten Positionspapieren zahlreicher Fachgesellschaften wie der American Academy of Pediatrics (2008), des American College of Sports Medicine (2007), der Australian Strength and Conditioning Association (2007; updated 2017), der Canadian Society for Exercise Physiology (2008) der National Strength and Conditioning Association (2009) sowie im Position Statement on Youth Resistance Training: The 2014 International Consensus und nicht zuletzt im Positionspapier zum Krafttraining im Nachwuchsleistungssport (BISp), welche nunmehr ein angeleitetes und auf den Adressatenkreis spezifisch ausgerichtetes Krafttraining ausdrücklich im Sinne der Primärprävention, der Verletzungsprophylaxe, der Leistungssteigerung, zur Verbesserung von Trainierbarkeit und Effizienz der Sporttechnik, der allgemeinen Fitness sowie des psychischen Wohlbefindens empfehlen.

Teil 1: THEORIE

Historische Perspektive

„One argument against strength training prepubescent children is that they are incapable of making significant strength gains due to a lack of adequate levels of circulating androgens." (Pitton, 1992, p. 55)

In der Vergangenheit wurde ein gezieltes Krafttraining bei Kindern und Jugendlichen vor Vollendung der Geschlechtsreife (Maturation) als nicht empfehlenswert erachtet (vgl. American Academy of Pediatrics, 1983). Primär wurde dies durch einen mangelnden Hormonstatus, speziell androgener Hormone wie Testosteron bei Kindern und Jugendlichen begründet. „Ein Argument gegen Krafttraining für Kinder vor der Pubertät besteht in der Annahme, dass sie aufgrund zu geringer Spiegel an androgenen Hormonen nicht in der Lage seien, nennenswerte Kraftsteigerungen zu realisieren" (Pitton, 1992, S. 55). Darüber hinaus wurde der Verdacht geäußert, dass ein Krafttraining per se einen negativen Einfluss auf das Wachstum und den Verknöcherungsprozess der Heranwachsenden besitze und somit die Verletzungsanfälligkeit speziell von Epiphysen, Epiphysenfugen, Knochen und Bindegewebe erhöht werde (vgl. Bilcheck, 1989; Brown & Kimball, 1983; Peterson & Renström, 2002; Pitton, 1992; im Überblick Mellerowicz et al., 2000).

„Weight training is safe when done correctly and with supervision. Caution is necessary when considering use of a home gym. The safest option might be for participations to use weights in fitness facilities under the supervision of experienced and knowledgeable professionals." (Jones et al., 2000, p. 6)

Um die Verletzungsraten bei Kindern und Jugendlichen dezidierter zu quantifizieren, wurden von der amerikanischen Verbraucherkommission für Produktsicherheit (US Consumer Product Safety Commission) anhand des National Electronic Injury Surveillance System (NEISS) die Unfallzahlen von „weight lifting activity or equipment" im Zeitraum von 1978 bis 1998 untersucht. Dabei wurden die 980 173 gemeldeten Verletzungen unterschieden in leichte Gewebeverletzungen (z. B. Prellungen, Quetschungen, Hämatome, Verstauchungen etc.), Brüche und Verrenkungen, Riss- und Platzwunden und andere Verletzungen wie Gebissverletzungen, Hautentzündungen etc. Die betroffenen Körperregionen waren Kopf, oberer und unterer Rumpf, Hände, Füße, Arme und Beine. Die Ergebnisse der NEISS-Untersuchung können wie folgt zusammengefasst und interpretiert werden: Die Verletzungszahlen haben im genannten Zeitraum um 35 % zugenommen (die Population stieg im gleichen Zeitraum um 20 % was eine prinzipielle Ausweitung der Verletzungszahlen impliziert). Die meisten Verletzungsarten bezogen sich auf leichte Gewebeverletzungen. Nur 2,3 % der Verletzungen waren so schwer, dass eine Einweisung ins Krankenhaus nötig wurde. Kleinkinder (jünger als sechs Jahre) verletzten sich überproportional häufiger zu Hause an Krafttrainingsgeräten (Stöße, Klemmungen etc.) als die anderen Alterskohorten. Über 45-Jährige stellten die andere Risikogruppe dar (Sportwiedereinsteiger bzw. sprunghafte Steigerung der Aktivität). Im Resümee heißt es: „Gewichttraining ist sicher, wenn es korrekt und unter Anleitung ausgeführt wird. Besondere Sorgfalt ist erforderlich, wenn erwogen wird, zuhause zu trainieren. Die sicherste Variante dürfte darin bestehen, das Gewichttraining in entsprechenden Einrichtungen unter der Anleitung gut ausgebildeter und erfahrener Experten zu absolvieren." (Jones et al., 2000, S. 6).

Des Weiteren wurden in der Frühphase erster empirischer Studien zur Thematik Krafttraining bei Heranwachsenden keine signifikanten Effekte bzgl. der Steigerung der Kraft und der Leistungsfähigkeit gefunden (Kirsten, 1963; Vrijens, 1978). Von Benjamin und Glow (2003) wird in der Retrospektive die Studie von Vrijens (1978) dahingehend kritisch kommentiert, dass innerhalb der achtwöchigen Studie nur geringe Belastungsintensitäten verwendet und nur ein oder zwei Serien pro Übung und Woche durchgeführt wurden. Nach Fleck und Kraemer (1997) steht jedoch der Erfolg eines Krafttrainings in direktem Zusammenhang mit der Trainingshäufigkeit (vgl. hierzu allgemein Fröhlich & Schmidtbleicher, 2008 sowie für das Kinder- und Jugendtraining Behm et al., 2017; Steib et al., 2017).

Aufbauend auf diesen Erkenntnissen wurde 1983 von der American Academy of Pediatrics ein Positionspapier herausgegeben, welches Krafttraining bei Kindern und Jugendlichen als unangebracht und wenig zielführend ansah, da die Verletzungsgefahr erhöht und die Wirkungsweise keineswegs gesichert sei (im Überblick hierzu Gießing & Fröhlich, 2008). Etwa ab 1990 fand aufgrund der Zunahme an empirischer Evidenz zugunsten des Krafttrainings bei Kindern und Jugendlichen eine Änderung hin zu Krafttrainingsempfehlungen statt (vgl. Malina, 2006, S. 478).

Diese resultierten sodann u. a. in revidierten Positionspapieren zahlreicher Fachgesellschaften wie der American Academy of Pediatrics (2008), des American College of Sports Medicine (2007), der Australian Strength and Conditioning Association (2007 updated 2017), der Canadian Society for Exercise Physiology (2008) sowie der National Strength and Conditioning Association (2009) sowie im Position Statement on Youth Resistance Training: The 2014 International Consensus und nicht zuletzt im Positionspapier zum Krafttraining im Nachwuchsleistungssport (Homepage des BISp), welche nunmehr ein angeleitetes und auf den Adressatenkreis spezifisch ausgerichtetes Krafttraining, ausdrücklich im Sinne der Primärprävention, der Verletzungsprophylaxe, der Leistungssteigerung, zur Verbesserung von Trainierbarkeit und Effizienz der Sporttechnik, der allgemeinen Fitness sowie des psychischen Wohlbefindens, empfehlen (vgl. American Academy of Pediatrics, 2001; Behringer et al., 2010b; Faigenbaum, 1993; Faigenbaum et al., 1996a; Faigenbaum et al., 2009; Guy & Micheli, 2001; Hamill, 1994; Hartmann et al., 2010; Malina, 2006; Prieske et al., 2016).

Ungeachtet dieser aktuellen Forschungslage (Faigenbaum et al., 2009; Faigenbaum & Myer, 2010; Faigenbaum et al., 2013; Lloyd et al., 2014) sowie der Diskussion von Trainingsprozessen bzw. -adaptationen im Kontext schulischen Sportunterrichtes (Frey, 1981), wurden schon früh Krafttrainingsstudien bei weiblichen und männlichen Kindern (Altersbereich zwischen 6–10 Jahren) und Jugendlichen (11–14-Jährige als auch 15–19-Jährige) im Anwendungsfeld Schule durchgeführt, welche dezidiert aufzeigen konnten, dass Verbesserungen von Maximalkraft, Schnellkraft, Sprungkraft, Wendigkeit und Kraftausdauer durch ein spezifisches Krafttraining zu erzielen sind (z. B. Diekmann & Letzelter, 1987; Letzelter, 1983; Letzelter & Letzelter, 1986; Steinmann, 1988). Die lange Forschungstradition fortführend ist derzeit eine Renaissance des Themas zu erkennen. So beschäftigen sich aktuell zahlreiche Beiträge in der Zeitschrift „Sportunterricht" mit Krafttrainingsinterventionen in der Schule unter der Perspektive von „Trainingssteuerung", „konditioneller Verbesserung", „Trainingshäufigkeit", „Schwerpunktbildung im Schuljahresverlauf" etc. (vgl. Baschta & Thienes, 2010; Friedrich, 2006; Thienes & Austermann, 2006, Zeuner, Biering & Karg, 2008). In der Gesamtbetrachtung dieser frühen und aktuellen Erkenntnisse scheinen im Setting Schule, durch adäquate Belastungsmerkmale im Sinne trainingsspezifischer Vorgaben, Trainingseffekte in verschiedenen zeitlichen Horizonten auch unter minimalen personellen und strukturellen Bedingungen realisierbar zu sein (Gießing, 2006; kritisch hierzu Fröhlich et al., 2011).

Im Jahre 2001 wurde von Guy und Micheli ein Überblicksbeitrag zum Krafttraining bei Kindern und Jugendlichen publiziert, in dem die Autoren postulieren: „Die erste Fehleinschätzung besteht darin, dass ein Sportler vor der Pubertät aufgrund der unzureichenden Menge an zirkulieren-

> „The first misconception is that the prepubescent athlete cannot benefit from strength training because of insufficient circulating levels of androgens. [...] The second misconception is that athletes participating in strength training lose both the flexibility and the range of motion necessary for optimal performance in their chosen sport. [...] The third misconception is that strength training is dangerous and exposes the youth athlete to unnecessary risk of injury." (Guy & Micheli, 2001, p. 29)

den Androgenen nicht von einem Krafttraining profitieren kann. [...] Die zweite Fehleinschätzung besteht darin, dass durch ein Krafttraining sowohl die Beweglichkeit als auch der für eine optimale Ausführung erforderliche Bewegungsradius für die jeweilige gewählte Sportart eingeschränkt wird. [...] Die dritte Fehleinschätzung besteht darin, dass Krafttraining gefährlich ist und den jugendlichen Sportler unnötigen Verletzungsgefahren aussetzt." (Guy & Micheli, 2001, S. 29).

Nachfolgend sollen die im historischen Kontext als Beleg gegen die Durchführung eines Krafttrainings herangezogenen Argumente kritisch diskutiert werden. Grundlegend werden hierzu empirische Daten zum Kinder- und Jugendkrafttraining herangezogen und diese vor dem Hintergrund der beschriebenen Annahmen erörtert. Anfangs wird jedoch eine erste inhaltliche Differenzierung bzw. Eingrenzung der Begrifflichkeiten vorgenommen, bevor aktuelle Aspekte des Krafttrainings bei Kindern und Jugendlichen beschrieben werden.

Kapitel 3

Krafttraining bei Kindern und Jugendlichen nutzt alle erdenklichen Formen eines Widerstandstrainings, dessen Inhalte je nach Zielstellung und Adressatengruppe auszuwählen und zu gestalten sind. Klassifikatorisch ist Krafttraining mit seinem unterschiedlichen Methodeninventar unbedingt von Bodybuildingtraining, Gewichthebertraining und Kraftdreikampf zu unterscheiden. Die einzelnen Begrifflichkeiten werden jedoch oftmals synonym verwendet, sodass auf semantischer Ebene Missverständnisse entstehen können. Des Weiteren ist darauf zu achten, dass Sozialisations-, Selektions-, sowie insbesondere Reifungs- und Entwicklungsprozesse als Anpassungsphänomene auf Krafttrainingsreize unbedingt von Anpassungsprozessen durch Trainingsinterventionen zu unterscheiden sind.

Belastungsfestlegungen müssen je nach Adressatengruppe, Leistungsniveau, Test- und Trainingserfahrung, biologischer und kalendarischer Entwicklung, trainingsspezifischem Alter, allgemeiner und spezieller Konstitution sowie nach Zielstellung, Inhalt und Methodik des geplanten Trainings jeweils individuell durch erfahrene Trainerinnen und Trainer und unter sportartspezifischen und biomechanischen Aspekten entschieden werden. Hierzu ist auf Seiten der Verantwortlichen ein hohes Maß an spezifischem Wissen sowie pädagogischer Eignung und Verantwortung vorauszusetzen.

Gegenstandsbereich und Objektspezifizierung

Unter „Krafttraining im Kindes- und Jugendalter" wird im Allgemeinen die Verwendung von freien Hanteln und Maschinen ebenso wie die Verwendung des eigenen Körpergewichts oder von Kleingeräten wie Gymnastikbändern zur Erzeugung eines zu überwindenden Widerstandes verstan-

> *„Resistance training, which includes the regular use of free weights, weight machines, body weight, elastic bands, and other forms of equipment to improve muscular strength, muscular power, and muscular endurance, has become an increasingly popular form of physical acitivity."* (Conley & Rozenek, 2001, p. 9)

den (American Academy of Pediatrics, 2001, S. 1471; Benjamin et al., 2003, S. 1; Bompa & Carrera, 2015, S. 131 f.; Hamill, 1994, S. 53; Lloyd et al., 2014, S. 498). Kind- und/oder jugendgerechtes Krafttraining nutzt dabei alle erdenklichen Formen eines Widerstandstrainings, dessen Inhalte je nach Zielstellung (z. B. Leistungssport, Freizeit- und Breitensport vs. Gesundheitssport und Prävention) und Adressatengruppe (z. B. Schüler vs. Nachwuchsleistungssportler) auszuwählen und zu gestalten sind (vgl. Bompa & Carrera, 2015; Menzi et al., 2007). Dies bedeutet gleichsam, dass grundlegend ein hinreichend differenziertes und spezifisch ausgewähltes Krafttrainingsprogramm zur Anwendung gelangen sollte (Gottlob, 2001), um die intendierten Wirkrichtungen ziel- und adressatenbezogen gewährleisten zu können. Allein aus der Verwendung unterschiedlicher Geräte und Maschinen zur Initiierung des progressiven Widerstandes resultieren aber verschiedenste Adaptationsprozesse auf neuromuskulärer, metabolischer, hormoneller und kardiozirkulatorischer Ebene, was die Vergleichbarkeit einzelner Studien sehr stark einschränkt und die Generalisierbarkeit der Ergebnisse problematisch erscheinen lässt (Behm et al., 2017).

Die Verwendung von Krafttrainingsmaschinen und freien Hanteln wird oftmals von Skeptikern aufgrund der als zu hoch eingeschätzten Belastung abgelehnt. An dieser Stelle muss explizit klargestellt werden, dass Übungen an Krafttrainingsmaschinen und mit freien Hanteln sehr individuell dosiert und in der Gewichtsabstufung eingestellt werden können und somit weit weniger belastend wirken – im Falle geeigneter Zusatzlasten und Gewichtsabstufungen – als generelle Übungen mit dem eigenen Körpergewicht bzw. bei Partnerübungen (vgl. Ebada & Krüger, 2004, S. 35). Des Weiteren stellen gerade Übungen mit dem eigenen Körpergewicht wie Liegestütz, Klimmzug, Handstand etc. oftmals eine nicht zu überwindende Herausforderung im Sinne der Trainingsgestaltung und adäquaten Übungsausführung dar (vgl. Freiwald, 2005, S. 270). Am Beispiel des Liegestützes zeigt sich oft, dass die Schwachpunkte nicht zwingend in der eigentlich zu trainierenden Muskulatur per se liegen (hier: m. pectorialis major, m. triceps brachii), sondern eher in der Stabilisierung des Rumpfes durch eine entsprechende Körperspannung. Darüber hinaus stellt das eigene Körpergewicht oftmals eine so hohe Trainingsbelastung dar, dass eine zielgenaue Trainingsbelastung und somit eine adäquate Beanspruchung des muskulären und knöchernen Systems nicht gegeben sind. So sind aufgrund der Relation von Körpergewicht und aufzubringender Kraft Trainingsprogramme mit mehreren Sätzen und höheren Wiederholungszahlen teilweise gar nicht möglich. Betrachtet man den Anstieg an übergewichtigen und adipösen Kindern und Jugendlichen, so wird das eigene Körpergewicht als adäquater Trainingsstimulus zunehmend zum Problem. So sind nach Zahlen der World Health Organization (WHO) im Jahre 2016 41 Millionen Kinder unter 5 Jahren und über 340 Millionen Kinder und Jugendliche zwischen 5 und 19 Jahren übergewichtig oder adipös, was eine Trainingsgestaltung anhand des eigenen Körpergewichts schwierig gestaltet (vgl. Collins et al., 2018).

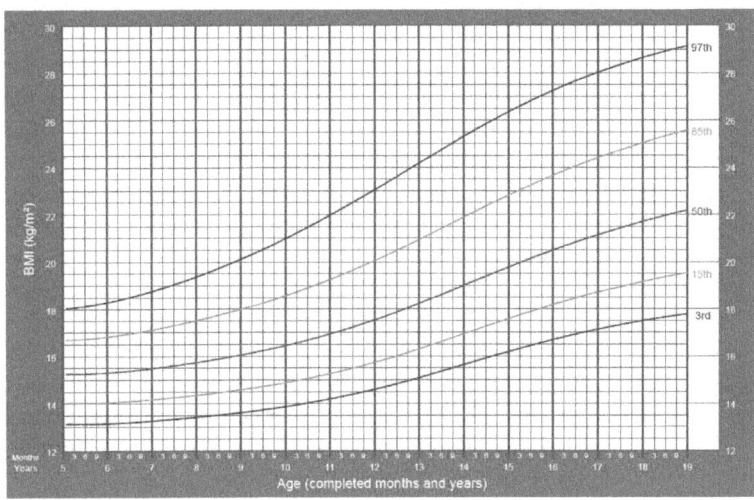

Abbildung 3: Body-Mass-Index in Perzentilen bei männlichen Kindern und Jugendlichen im Alter von 5 bis 19 Jahren (unter: https://www.who.int/growthref/cht_bmifa_boys_perc_5_19years.pdf?ua=1)

Krafttraining (engl. strength training, oftmals Synonym mit resistance training oder weight training) orientiert sich dabei an den allgemeinen Belastungsnormativa (Belastungsintensität, -dauer, -dichte, -umfang) des Trainings mit dem Ziel der Überwindung eines individuellen, progressiven Widerstandes, welcher über dem alltäglichen und entwicklungsbedingten Kraft- bzw. Leistungsniveau liegt. In der Regel sind dies Belastungen größer als 30–50 % des Maximums (Fry & Newton, 2002, S. 12 ff.; Guy & Mi-

„The NEISS (National Electronic Injury Surveillance System of the U.S. Consumer Product Safety Commission) report, however, did not distinguish between injuries associated with resistance training and those associated with the competitive sports of powerlifting and weightlifting." (Faigenbaum et al., 1996a, p. 63)

„The extent and intensity of adolescent involvement in powerlifting is unknown. The fact that heavy weights can be lifted without excessive attention to technique may be a factor that attracts adolescent weight lifters to this sport." (Brown & Kimball, 1983, p. 636)

cheli, 2001, S. 30; Güllich & Schmidtbleicher, 1999, S. 226). Conley und Rozenek (2001, S. 9) sowie Lloyd und Kollegen (2014, S. 498) subsumieren unter Kraft- bzw. Widerstandstraining folgende Merkmale: „Widerstandstraining, welches den regelmäßigen Einsatz von freien Gewichten, Maschinen, dem eigenen Körpergewicht, elastischen Bändern und anderen Formen der Ausrüstung zur Verbesserung der Muskelkraft beinhaltet, ist zu einer zunehmend populärer werdenden Form sportlicher Betätigung geworden."

Zur inhaltlichen Differenzierung im Sinne des dimensionsanalytischen Strukturierungsansatzes (aufbauend auf morphologischen und strukturellen Bedingungen) der Kraftfähigkeit sei auf Bührle (1985; 1989), Güllich und Schmidtbleicher (1999) sowie Schmidtbleicher (1980; 1987; 2003) verwiesen. Die Abbildung 4 nimmt hierauf Bezug und zeigt die Strukturierung der motorischen Fähigkeit Kraft im Überblick, wobei die einzelnen Ausprägungsformen der Kraft nicht gleichrangig zu betrachten sind, sondern die Maximalkraft jeweils die Schnellkraft, die Explosivkraft und die Kraftausdauer determiniert (Fröhlich, 2014). Die Variation von Belastungswiderstand, Belastungsumfang, Belastungsintensität, aktiver Muskelmasse, Muskelarbeitsweise, Serienpause, Übungsauswahl und Übungstechnik, aktuellem Trainingszustand und Trainingsmethode beeinflusst dabei die Dauer und Größe der Anpassung (Adaptation) an Krafttrainingsbelastungen (Bompa & Carrera, 2015, S. 131 f.; Conley & Rozenek, 2001, S. 9; Fröhlich et al., 2007b, S. 7).

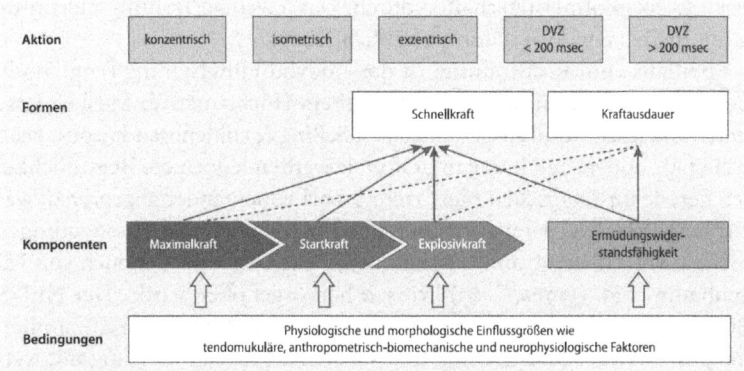

Abbildung 4: Strukturierung der motorischen Grundeigenschaft Kraft sowie Bedingungen, Komponenten, Formen, Muskelarbeitsweisen und deren Beziehungsgefüge (Fröhlich, 2014, S. 5)

Unbedingt vom Krafttraining abzugrenzen sind die Begrifflichkeiten Gewichtheben und Kraftdreikampf (engl. weightlifting und powerlifting), welche Wettkampfdisziplinen mit höchsten Belastungsintensitäten und sehr spezifischen Übungscharakteristika darstellen (Benjamin & Glow, 2003; Faigenbaum & Westcott, 2000; Hamill, 1994; Schafer, 1991). Brown und Kimball (1983, S. 636) stellen in diesem Zusammenhang heraus: „Man weiß nur wenig über Umfang und Intensität der Beteiligung jugendlicher Powerlifter (Kraftdreikämpfer). Die Tatsache, dass dort schwere Gewichte gestemmt werden können, ohne dass dabei besonders streng auf die korrekte Technik geachtet wird, könnte für jugendliche Sportler attraktiv sein." Bezugnehmend auf den Sicherheitsaspekt beim Gewichtheben wird von Fry und Schilling (2002, S. 7) betont: „Bis dato zeigt die verfügbare Datenlage, dass Trainingsprogramme für das Gewichtheben genauso sicher oder gar sicherer sind als die meisten anderen Sportaktivitäten Jugendlicher und, dass ein solches Training für junge Athleten keineswegs schädlich ist." Bezüglich der systematischen, zeitlichen Aufnahme eines Gewichthebertrainings wird von Ebada und Krüger (2004) zwischen verschiedenen Nationen und verschiedenen Autorengruppen ein Altersbereich von 9 bis 11 bzw. 12 Jahren empfohlen. Der Bundesverband Deutscher Gewichtheber führt im Altersbereich 10 bis 12-jähriger Kinder (D-jugendliche Gewichthe-

„To date, the data indicate that the weightlifting-training programs are as safe or safer than most other youth sport activities and that such training is not detrimental to the young athlete." (Fry & Schilling, 2002, p. 7)

ber) Zweikampfmeisterschaften durch. Das jeweilige Training hierfür beginnt in Teilen jedoch schon wesentlich früher.

Ebenfalls vom Krafttraining ist das Bodybuildingtraining (engl. bodybuilding) zu differenzieren, welches auf ein Höchstmaß an Muskelmasse und Muskeldefinition ausgerichtet ist (Gießing & Hildenbrandt, 2005; Fröhlich et al., 2007a; Tesch, 1992b). Oftmals werden jedoch die Begrifflichkeiten gerade im Englischen nicht trennscharf voneinander abgegrenzt, was zur Folge hat, dass daraus resultierende Konfusionen und Missdeutungen nicht auszuschließen sind (Hamill, 1994), ein Umstand, der auch von Faigenbaum et al. (1996a, S. 63) kritisch hervorgehoben wird: „Der NEISS-Bericht unterscheidet jedoch nicht zwischen Verletzungen im Zusammenhang mit Widerstandstraining und solchen im Zusammenhang mit wettkampfmäßig betriebenem Kraftdreikampf und Gewichtheben. Somit sind bereits auf der terminologischen Ebene Missverständnisse vorzufinden, was die Interpretation der Studien zum Krafttraining bei Heranwachsenden erschweren kann."

Zur weiteren inhaltlichen Differenzierung der Begrifflichkeiten sei auf Tabelle 1 (siehe American Academy of Pediatrics, 2001; American College of Sports Medicine, 2002) sowie auf die Lehrbücher von Baechle und Earle (2000), Fleck und Kraemer (1997), Hohmann et al. (2002), Komi (1994), Martin et al. (1993) und Weineck (2003) verwiesen. Krafttraining ohne inhaltliche Differenzierung kann somit als „Sammelbegriff" verstanden werden, dieser ist jedoch zu spezifizieren. Zur pragmatischen Lösung der sprachlichen Problematik sollten jeweils in Abhängigkeit der Adressaten die Ziele, Mittel und Inhalte des Krafttrainings dezidiert erörtert werden und auf struktur- oder dimensionsanalytische Ansätze zurückgegriffen werden.

Tabelle 1: Begrifflichkeiten des Krafttrainings und deren Definition

Begriff	Definition
Belastungsdauer	Zeitdauer der Übung, der Serie, der Übungsfolge.
Belastungsdichte	Inter- und intraserielle Pausenzeit.
Belastungsintensität	Prozent der isometrischen und/oder konzentrischen bzw. exzentrischen Maximalkraft bzw. subjektives Belastungsempfinden.
Belastungsumfang	Bewältigte Last in der Trainingseinheit, jedoch i. d. R. die Anzahl an Wiederholungen in der Serie.

Begriff	Definition
Bodybuilding	Wettkampf bzw. Trainingsform bei der es nicht um maximale Kraft, sondern vielmehr um größte Muskelmasse, Symmetrie und Proportion der Muskulatur geht.
Gewichtheben	Olympische Wettkampfdisziplin, welche ein Maximum an Kraftfähigkeit erfordert und die durch die zwei Übungen „Reißen" und „Stoßen" charakterisiert ist.
Kraftdreikampf	Wettkampfsport, welcher ein Maximum an Kraftfähigkeit erfordert und mit den wettkampf-/disziplinspezifischen Übungen „Kniebeugen", „Bankdrücken" und „Kreuzheben" durchgeführt wird.
Krafttraining	Zentraler Sammelbegriff, welcher im übergeordneten Sinn die Trainingsart mit dem generellen Ziel der Verbesserung der motorischen Kraftfähigkeit beschreibt. Krafttraining kann dabei einerseits nach seiner Wirkungsweise (z. B. Hypertrophietraining) als auch nach seiner Zielsetzung (z. B. Schnellkrafttraining) differenziert werden.
Muskelarbeitsweise	Isometrisch (Krafterhöhung ohne äußerlich erkennbare Längenveränderung des Muskels), konzentrisch (Muskelarbeitsweise bei der sich Ansatz und Ursprung des Muskels einander annähern), exzentrisch (Muskelarbeitsweise bei der sich Ansatz und Ursprung des Muskels voneinander entfernen).
Nicht-Wiederholungsmaximum (nWM)	Beim nWM wird der Satz bei einer best. Wdh. abgebrochen, obwohl noch weitere Wdh. möglich gewesen wären. I. d. R. wären noch zwei bis drei Wdh. möglich.
Periodisierung	Phasenförmige Veränderung von Teilzielen, Trainingsinhalten, -methoden und der Organisation des Trainings.
Progressiver Belastungswiderstand	Systematische Erhöhung der Belastung an den momentanen Trainingszustand.
Punkt des momentanen Muskelversagens (point of momentary muscular failure PMF)	Beim PMF gelingt es nicht mehr die bereits begonnene Wdh. in technisch korrekter Art auszuführen.
Punkt des momentanen Muskelversagens + Intensitästechniken (point of momentary muscular failure PMF+)	Beim PMF+ wird der Satz beim PMF nicht beendet, sondern es wird durch zusätzliche Intensitätstechniken weiter trainiert.
Trainingshäufigkeit	Anzahl der Trainingseinheiten in einem Trainingszyklus (i. d. R. in einer Woche).
Wiederholungsmaximum (WM)	Beim WM wird der Satz mit der letztmöglichen, vollständigen, technisch korrekten Wiederholung beendet.

"Many clinicians and researchers have not used 1-RM testing to evaluate training-induced changes in muscular strength because of the presumption that high intensity loading may cause structural damage in children. Thus the maximal force production capabilities of children have not been directly evaluated in most studies. Yet no injuries have been reported in prospective studies that used adequate warm-up periods, appropriate progression of loads, close and experienced supervision, and critically chosen maximal strength tests (1-RM performance lifts, maximal isometric tests, and maximal isokinetic tests) to evaluate resistance-training-induced changes in children [...].” (Faigenbaum et al., 1996a, S. 65)

Weiterhin wurde im Position Statement Paper der National Strength and Conditioning Association (NSCA) hervorgehoben, dass frühere Übungserfahrungen, das Trainingsprogramm, die spezifische Test- und Trainingssituation, die Übungsauswahl sowie die Qualität der Übungs- und Testanweisung als auch die so genannten Lern- und Gewöhnungseffekte an die Test- und Trainingssituation eine Vergleichbarkeit der einzelnen Untersuchungsergebnisse erschweren und oftmals nur unzureichend in den Primärstudien beschrieben sind (vgl. Faigenbaum et al., 1996a; Fröhlich & Marschall, 2001; Rutherford & Jones, 1986). Darüber hinaus werden häufig keine Unterschiede zwischen Trainierten und Untrainierten gemacht, wohl wissend, dass zu Beginn eines Krafttrainings überwiegend neuronale Anpassungseffekte intra- und intermuskulärer Art zu finden sind, welche bei Untrainierten die ersten Kraftverbesserungen bedingen (Häkkinen et al., 2000; Moritani, 1992; Rutherford & Jones, 1986). Des Weiteren können diese frühen Anpassungseffekte auf Test- und Lerneffekten beruhen, welche durch ein motorisches Lernen bedingt sind. Ein weiteres Kriterium, welches bei der Interpretation von Anpassungseffekten an Krafttraining bei Heranwachsenden unbedingt zu berücksichtigen ist, stellt die Vergleichbarkeit der Ergebnisse mit einer Kontrollgruppe (homogene Vergleichspopulation) dar. So sind Sozialisations-, Selektions-, und insbesondere motorische und somatische Reifungs-/Entwicklungsprozesse von Anpassungsprozessen auf Krafttrainingsreize unbedingt zu unterscheiden (Baur et al., 2009; Baur & Burrmann, 2009). Als methodisches Hilfsmittel wären randomisierte und stratifizierte Studien mit Kontroll- und Interventionsgruppen sowie einer Trainings- und Detrainingsphase probate Strategien, die zum Einsatz gelangen sollten (vgl. Faigenbaum et al., 1996b). Somit liegen alleine auf methodischer und methodologischer Ebene viele Fehlinterpretationen von vermeintlichen Trainingseffekten begründet (vgl. Fröhlich et al., 2011).

Darüber hinaus wird von Faigenbaum und Kollegen (1996a) auf den Aspekt hingewiesen, dass Krafttests im Kinder- und Jugendbereich in aller Regel auf so genannten submaximalen Tests (Kraftausdauertests, X-RM-Tests) mit höherer Wiederholungszahl und entsprechend geringerer Belastungsintensität beruhen. Hierbei wird jedoch der Umstand ausgeklammert, dass bei höherer Wiederholungszahl die anaerobe laktazide Energiebereitstellung mit entsprechender Laktatakkumulation für die Energieversorgung zuständig ist (vgl. Fröhlich, 2003). Bei Kindern und Jugendlichen muss dies aufgrund der geringeren bzw. noch nicht ausgeprägten Fähigkeit zur Azidosebildung und Laktatabbaufähigkeit eher negativ gesehen werden. Grosser et al. (2008, S. 190) schreiben hierzu: „Auf ein Kraftausdauertraining mit laktaziden Belastungen sollte auf Grund der noch fehlenden anaeroben Kapazität im ersten Teil der puberalen Phase verzichtet werden; man kann jedoch mit vorsichtiger Dosierung beginnen." An dieser Stelle soll noch kurz ergänzend vermerkt werden, dass eine Ausdauer- bzw. Kraftausdauerintervention mit erhöhter Laktatbildung bei Kindern und Jugendlichen per se keine negativen oder gar schädigenden Effekte evoziert und zunehmend als Stimulus für Trainingsanpassungsprozesse gesehen wird.

Dabei werden anstelle von 1-RM-Tests eher 10-RM oder 15-RM-Tests zur Quantifizierung von Trainingsanpassungen aufgrund vermuteter geringerer orthopädischer und internistischer Belastungen sowie geringer Verletzungsgefahr durchgeführt (Abadie et al., 1999; Braith et al., 1993; Mayhew et al. 1989; Mayhew et al., 2007). Faigenbaum und Kollegen (1996a, S. 65) äußern sich hierzu wie folgt: „Viele Ärzte und Wissenschaftler haben keine Maximalkrafttests durchgeführt, um trainingsbedingte Kraftsteigerungen zu überprüfen, weil sie u. a. befürchteten, dass derart hohe Lasten den kindlichen Halteapparat strukturell schädigen könnten. Daher wurde die Maximalkraftfähigkeit der Kinder in den meisten Studien nicht direkt evaluiert. In denjenigen Studien jedoch, in denen Maximalkrafttests durchgeführt wurden, um trainingsbedingte Veränderungen der Kraft festzustellen und dabei sichergestellt wurde, dass Aufwärmen, Gewichtsteigerungen und die Anleitung angemessen waren sowie eine angemessene Art von Maximalkrafttest angewandt wurde (1-WM-Test, maximaler isometrischer Test, maximaler isokinetischer Test), wurden keine Verletzungen berichtet."

Dass bei korrekter Übungsausführung, unter entsprechender Beachtung biomechanischer Aspekte, unter fachkundiger Anleitung, korrekter Übungstechnik und unter Wahrung von entsprechenden „warm-up-Prozeduren" (Erwärmsatz) entsprechende 1-RM-Tests bzw. maximale isometrische Willkürkontraktionen (MVC-Messungen – Maximal Voluntary Contraction) zur Abschätzung der Trainingsfortschritte bei Heranwachsenden durchgeführt werden können, wurde von Bauer et al. (1999), Faigenbaum et al. (1999, 2003b), Going et al. (1987) sowie von Pate et al. (1993) hinreichend belegt (vgl. Fry et al., 2002, S. 156). So wurden bspw. weder Verletzungen noch Muskelkater bei der Durchführung von 1-RM-Tests bei Kindern (Alter 9,3 Jahre im Mittel) für die obere und die untere Extremität („leg press", „leg extension", „standing chest press" und „seated chest press") gefunden (Faigenbaum et al., 2003b). Ein weiteres Argument, welches die Verwendung von 1-RM-Tests rechtfertigen würde, kann darin gesehen werden, dass vielfältige sportliche Aktivitäten wie Springen, Hüpfen, Sprinten und Klettern etc. sowohl von der Belastungsdauer als auch von der Belastungshöhe größere und weniger gut kontrollierbare Belastungen auf orthopädischer und internistischer Ebene darstellen als 1-RM-Tests. So wirkt bspw. beim Strecksprung das 2,5 bis 3-fache des Körpergewichts, beim Laufen das 3 bis 5-fache und beim Weitsprung das 4 bis 10-fache des Körpergewichts auf den aktiven und passiven Bewegungsapparat, speziell auf die Weichteilstrukturen wie Menisken, Knorpel und Bandscheiben ein (vgl. Freiwald, 2005; McGinnis, 1999; William, 2000). Im Gegensatz dazu wird von Kraemer und Fleck (2005, S. 49 f.) die Auffassung vertreten, dass die Bestimmung der Kraftfähigkeit über die 1-RM Festlegung nicht nötig sei, da eine 6-RM Bestimmung genauso aussagekräftig für weitere Belastungsfestlegungen (Trainingsplanung, i. d. R. anhand von prozentualen Belastungsvorgaben und zugeordneten Wiederholungszahlen, vgl. kritisch hierzu Fröhlich et al., 2002a; 2002b; Fröhlich et al., 2003; Fröhlich, 2003) ist.

Konkret wird von den Autoren folgende Herangehensweise vorgeschlagen (Kraemer & Fleck, 2005, S. 49 f.):

1. Erwärmung mit 5–10 Wiederholungen und 50 % des geschätzten 6-RM.
2. Nach einer Minute Pause etwas Dehnen, sodann 6 Wiederholungen mit 70 % des geschätzten 6-RM. Inwieweit ein Dehnen anzuraten ist, muss individuell entschieden werden.
3. Wiederholung der Prozedur mit 90 % des geschätzten 6-RM.
4. Nach 2 Minuten Pause sind, abhängig von der Belastung bei 90 % des geschätzten 6-RM, 6 Wiederholungen mit 100 oder 105 % des geschätzten 6-RM zu realisieren.
5. War die Vorgehensweise bei Punkt 4 erfolgreich, wird die Belastung um 2,5 bis 5 % erhöht und das 6-RM ist bestimmt. Konnten unter Punkt 4 keine 6 Wiederholungen realisiert werden, so soll die Belastung um 2,5 bis 5 % reduziert werden.
6. Nach 24 Stunden soll das 6-RM angelehnt an Punkt 5 überprüft werden.

Pro RM-Testung wird eine Zeitspanne von 10 bis 15 Minuten veranschlagt, wobei die Pausenzeiten zur Testung weiterer Kinder genutzt werden können. Explizit muss sowohl bei der 1-RM als auch bei der X-RM-Testung auf die exakte Einhaltung der Testmodalitäten (z. B. Kniewinkel, Griffbreite, Griffart, Drehpunkte, achsengerechte Hebelarmlängen, Sitzeinstellungen, vermeiden von Ausweichbewegungen, Schwungelemente etc.) geachtet und bei der Standardisierung im Sinne von weiteren Tests berücksichtigt werden.

Eine letztendliche Entscheidung, inwieweit zur Belastungsfestlegung eher 1-RM-Tests oder X-RM-Tests zu empfehlen sind, muss je nach Adressatengruppe, Leistungsniveau, Test- und Trainingserfahrung, biologischer und kalendarischer Entwicklung und allgemeiner und spezieller Konstitution sowie nach Zielstellung, Inhalt und Methodik des geplanten Trainings jeweils individuell durch erfahrene Trainerinnen und Trainer und unter sportartspezifischen und biomechanischen Aspekten entschieden werden. Hierzu ist auf Seiten der Verantwortlichen ein hohes Maß an spezifischem Wissen und pädagogischer Eignung vorauszusetzen. Eine allgemein gültige Vorgehensweise existiert somit nicht.

Ein „wiederholungszahlorientierter" Ansatz, bei dem das Testgewicht (z. B. 12-RM als adäquate Belastung für ein Muskelaufbautraining) identisch mit dem Trainingsgewicht in der ersten Serie wäre, könnte als Alternative angesehen werden (Fröhlich, 2003, S. 167 ff.). Innerhalb der einzelnen Trainingseinheit müsste sodann eine Serienregression (d. h. die Trainingsbelastung muss von Serie zu Serie reduziert werden, wobei die Wiederholungszahl nahezu konstant beibehalten wird) und über mehrere Trainingseinheiten hinweg eine Mesozyklusprogression (Steigerung der Trainingsbelastung aufgrund der stattgefundenen Trainingsanpassung) Anwendung finden (Fröhlich et al., 2002b). Zusätzlich besteht zudem die Möglichkeit beim spezifischen Klientel der Kinder und Jugendlichen modifizierte subjektive Belastungseinschätzungsskalen (z. B. Borgskala oder OMNI RPE-Scale) zu nutzen (vgl. Faigenbaum et al., 2009, S. 12.; Robertson et al., 2003, S. 334) sowie subjektive Reaktionen wie Schweißbildung, Hautrötung, Muskelzittern etc. zu berücksichtigen. Aus Abbildung 5 kann beispielsweise die subjektive Belastungseinschätzung anhand der Borgskala sowie aus Abbildung 6 anhand der OMNI-Resistance Exercise Scale entnommen werden (Borg, 1985; Löllgen, 2004; Robertson et al., 2003).

Diese Zusatzinformation bzgl. der subjektiven Belastungseinschätzung kann die Entscheidung für oder gegen die Verwendung von 1-RM-Tests bzw. X-RM-Test in die eine oder andere Richtung lenken sowie die spätere Trainingsgestaltung positiv unterstützen. In diesem Zusammenhang darf jedoch nicht unberücksichtigt bleiben, dass die anvisierte Wiederholungszahl zur Steuerung der Trainingsbelastung durch die Größe der Muskulatur bzw. der Muskelgruppe beeinflusst wird. So sind bei großen Muskelgruppen bzw. mehrgelenkigen Übungen wie Kniebeugen oder Bankdrücken im Gegensatz zu eingelenkigen Übungen (z. B. Biceps-Curls) höhere metabolische, kardiozirkulatorische und hormonelle Effekte zu erwarten, was in Abhängigkeit der Zieldefinition des Trainings zu berücksichtigen gilt.

6	
7	Sehr, sehr leicht
8	
9	Sehr leicht
10	
11	Recht leicht
12	
13	Etwas anstrengender
14	
15	Anstrengend
16	
17	Sehr anstrengend
18	
19	Sehr, sehr anstrengend
20	

Abbildung 5: Borgskala (n. Borg, 1985; siehe Löllgen, 2004, S. 299)

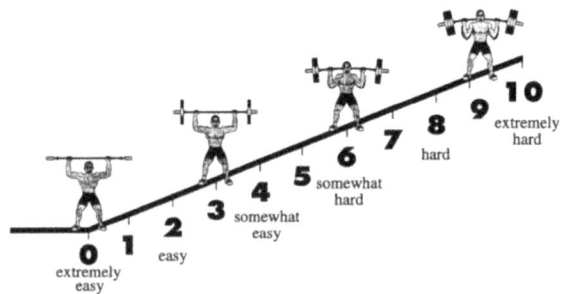

Abbildung 6: OMNI-Resistance Exercise Scale (n. Robertson et al., 2003, S. 334)

Kapitel 4

Frühe Publikationen negierten Krafttrainingseffekte vor der Pubertät sowie im höheren Lebensalter per se. Anhand der aktuellen Forschungslage kann inzwischen dezidiert konstatiert werden, dass der menschliche Organismus und damit auch die Skelettmuskulatur über die gesamte Lebensspanne trainierbar ist. Zur Abschätzung aller Aspekte möglicher Adaptationsprozesse im Rahmen der allgemeinen Ontogenese und speziellen motorischen Entwicklung ist zunächst die abgrenzende Beschreibung unterschiedlicher Entwicklungsabschnitte bis hin zur Geschlechtsreife notwendig. Die einzelnen Entwicklungsabschnitte werden allgemein in das Vorschulalter, das frühe Schulkindalter, das späte Schulkindalter, die erste und zweite puberale Phase sowie in das frühe Erwachsenenalter unterschieden. In den einzelnen Phasen bzw. Lebensabschnitten reagiert der Organismus u. a. geschlechtsspezifisch unterschiedlich stark auf Krafttrainingsreize. Dies sollte unbedingt im Rahmen entsprechender Trainingsinterventionen hinreichend berücksichtigt werden.

Hinzu kommt, dass individuelle Entwicklungsverläufe zu beachten sind, wobei einerseits die Aspekte der Akzeleration („Frühentwickler") und der Retardation („Spätentwickler") und andererseits die Phänomene des biologischen, kalendarischen und trainingsbedingten Alters zu berücksichtigen sind.

Ontogenese und motorische Entwicklung

Während insbesondere ältere Publikationen die Trainierbarkeit der Kraft vor der Pubertät und nach dem 70. Lebensjahr hinsichtlich morphologischer Anpassungen per se negierten bzw. noch immer negieren, kann inzwischen konstatiert werden, dass der menschliche Organismus und somit auch die Skelettmuskulatur über die gesamte Lebensspanne trainierbar ist (Conzelmann, 1997; 2009; Perrig-Chiello et al., 1998; Schmidtbleicher, 1994; Whitehurst et al., 2005; Winter, 1998), auch wenn die Trainierbarkeit konditioneller sowie koordinativer Fähigkeiten und Fertigkeiten in Abhängigkeit von der jeweiligen individuellen Entwicklungsphase bisweilen starken Schwankungen unterliegt (Israel, 1992; Mellerowicz et al., 2000; Roth & Roth, 2009a; 2009b; Voeckler-Rehage & Willimczik, 2006).

Zur differenzierten Betrachtung und Abschätzung aller Aspekte möglicher Adaptationsprozesse im Rahmen der allgemeinen Ontogenese und speziellen motorischen Entwicklung ist zunächst die abgrenzende Beschreibung unterschiedlicher Entwicklungsabschnitte bis hin zur Maturation notwendig (Mellerowicz et al., 2000; Winter, 1998; Wollny, 2002; 2007). Während im „Handbuch Kinder- und Jugendtraining" die Kindheit formal von der Geburt bis hin zum 14. Lebensjahr übergreifend beschrieben wird (Martin et al., 1999, S. 13 f.), differenziert Winter (1998) hier, angelehnt an entwicklungspsychologische Phasen- oder Stadienmodelle, das Vorschulalter (4–7 Jahre) sowie das frühe (7–10 Jahre) und das späte Schulkindalter (Mädchen: 10–12 Jahre; Jungen: 10–13 Jahre).

Phasen- und Stadienmodelle basieren jedoch i. d. R. auf statistischen Durchschnittswerten. Somit werden interindividuelle und intraindividuelle Entwicklungsunterschiede und Entwicklungsverläufe nur partiell berücksichtigt. Des Weiteren liefert das chronologische Alter nur allgemeine Informationen im Sinne einer numerischen Skala, welche die Zeitdauer nach der Geburt, in der psychologische und biologische Entwicklungsdeterminanten wirken, bedingt (Wollny, 2007, S. 216 f.).

Weiterhin werden innerhalb der Phase der Pubertät zwei weitere Reifungsphasen unterschieden, wobei innerhalb der ersten Phase – Pubeszenz – sowie der zweiten Phase – Adoleszenz – verstärkt geschlechtsspezifische Differenzen zu berücksichtigen sind (vgl. Ehlenz et al., 1998, S. 76; Grosser et al., 2008, 189 f.; Mellerowicz et al., 2000, S. 78 f.; Weineck, 2003, S. 111). Gerade in der Pubeszenz (Mädchen: 11–13 Jahre; Jungen: 12–15 Jahre) und der Adoleszenz (Mädchen: 13–17 Jahre; Jungen: 14–19 Jahre) werden bis hin zum frühen Erwachsenenalter nochmals verschiedene Perioden unterschieden (vgl. Wollny, 2007, S. 217 f.). Dies ist insofern zu berücksichtigen, als biologische Rahmenbedingungen (z. B. früherer Eintritt von Mädchen in die Pubertät, Anstieg des Körpergewichts) und lebensstilbeeinflussende Aspekte (z. B. sozioökonomischer Status der Kinder und der Eltern, Einfluss neuer Medien und sozialer Netzwerke, verändertes Freizeitverhalten) die Trainierbarkeit direkt oder indirekt beeinflussen. Wollny (2007, S. 215) hebt in diesem Zusammenhang hervor, dass für die verschiedenen Kraftfähigkeiten (Kraftausdauer, Maximalkraft und Schnellkraft) keine einheitlichen Entwicklungsverläufe auszumachen sind. Weiterhin wird betont, dass spätestens ab dem Kindesalter das kalendarische Alter zunehmend an Erklärungswert verliert und in der Realität für das einzelne Individuum nur eine eingeschränkte Gültigkeit besitzt (Wollny, 2002, S. 79).

Darüber hinaus sind, folgt man Martin und Kollegen (1999), weiterhin die Differenzen zwischen biologischem und chronologischem Alter und die Differenzen zwischen retadierten oder akzelerierten Körperbaumerkmalen zu berücksichtigen (vgl. Tittel & Wutscherk, 1992). In der nachfolgenden Auflistung ist die Beziehung zwischen dem chronologischen Ist-Verhalten (IV) und dem Soll-Verhalten (SV) in Bezug auf verschiedene Entwicklungsverläufe dargestellt (vgl. Bös, 2001, S. 145):

1. Normentwicklung: SV = IV
2. Akzeleriert: IV > SV
3. Retardiert: SV < IV

So sind zwischen akzelerierten und retardierten Kindern und Jugendlichen Abweichungen von mehreren Jahren von biologischem zu tatsächlichem Alter möglich, wobei insbesondere große Entwicklungsunterschiede vom Beginn des späten Schulkindalters bis zum Ende des späten Jugendalters auftreten (Crasselt, 1994; Winter, 1998; Wollny, 2007). Von Lloyd (2014) werden bspw. 4-5 Jahre Differenz von biologischem und kalendarischem (chronologischem) Alter in der persönlichen Entwicklungsphase von Kindern und Jugendlichen angegeben, was assoziiert, dass das chronologische Alter nur sehr bedingt als Indikator für die Entwicklung und somit für die Trainierbarkeit angesehen werden kann.

Wollny (2002, S. 79) betont außerdem die Tatsache, dass dasselbe Lebensalter nicht zwangsläufig die Gültigkeit einer bestimmten Merkmalsausprägung bedeutet und individuelle Unterschiede in den Entwicklungsverläufen hinsichtlich des Eintrittszeitpunktes, der Geschwindigkeit und des Ausgangsniveaus zu berücksichtigen sind.

Inwieweit hier neuere Ansätze, welche sich am biologischen Reifegrad orientieren und in drei prinzipielle Phasen (präpuberale, puberale und postpuberale Phase) differenzieren, nützliche Erkenntnisse liefern, steht noch aus. Eine allgemeine Abschätzung des biologischen Reifegrades anhand der Angaben zum Geburtsdatum, Geschlecht, Körperhöhe stehend, Körperhöhe sitzend und Körpermasse liefert zumindest erste Indizien, wenn sich eine röntgenologische und invasive Bestimmung des biologischen Reifezustandes prinzipiell verbietet. Die Bestimmung des biologischen Reifegrades basiert bspw. auf dem Regressionsmodell von Mirwald et al. (2002) und kann u. a. auf der Homepage des Instituts für Angewandte Trainingswissenschaft (IAT) in Leipzig kostenfrei als Excelsheet (BioFinal 3.4.zip) heruntergeladen werden (http://www.iat.uni-leipzig.de/service/downloads/fachbereiche/technik-taktik/biofinal/view).

Ungeklärt ist bis dato weiterhin die Frage, ob es im Bereich des Krafttrainings im Kindesalter auch sensible Phasen oder Perioden zu berücksichtigen gilt. Insgesamt sei hierzu angemerkt, dass sensible Phasen- und Periodenmodelle im Rahmen sportmotorischer Entwicklung zunehmend kritisch diskutiert und in Teilen in Frage gestellt werden (vgl. Baur, 1989; 2009; Voelcker-Rehage & Willimczik, 2006; Willimczik et al., 1999).

Lloyd (2018) hat in diesem Zusammenhang ein ganzheitliches motorisches Entwicklungsmodell zur Diskussion gestellt, welches die einzelnen Phasen und Schwerpunkte der Ausbildung im Kindes- und Jugendalter verdeutlicht, die psychosoziale und körperliche Entwicklungen abbildet sowie den biologischen Reifegrad dabei berücksichtigt.

Während bezüglich der definitorischen Abgrenzung von Kindheit und Jugendalter noch weitgehend Einigkeit erzielt werden kann, herrscht innerhalb der Gegenstandsbereiche kindlicher und jugendlicher Leistungsfähigkeit und Trainierbarkeit, dem langfristigen Leistungsaufbau und den Förderkonzepten und Organisationsstrukturen des Nachwuchstrainings im Allgemeinen und im Bereich des Krafttrainings im Besonderen, erheblicher wissenschaftlicher und sportpraktischer Handlungsbedarf (Daugs, Emrich & Igel, 1998; Hollmann & Hettinger, 1990; Weineck, 2003).

Erschwerend kommt hinzu, dass Leistungsentwicklungen – und dies nicht nur im Nachwuchsleistungssport – sowohl aus der spezifischen Sicht allgemeiner Leistungsanforderungen und des einzelnen Anforderungsprofils in verschiedenen Sportarten und -disziplinen die inhaltliche Systematik und Steuerung des Trainings leiten sollten. Auf die Einordnung trainingspraktisch relevanter Grundlagen der biologischen Entwicklung soll im Folgenden näher eingegangen werden.

Ontogenese und motorische Entwicklung

Altersstufe	Frühes Kindesalter	Mittleres und spätes Kindesalter		Jugendalter		Erwachsenenalter
Kalendarisches Alter (Jahre) ♂	2-4	5-11		12-20		21+
Kalendarisches Alter (Jahre) ♀	2-4	5-9		10-19		20+
Reifungsphase		Präpubertär (prä PHV)		PHV	Postpubertär (post PHV)	
Talententwicklung	Investitionsjahre	Jahre des Ausprobierens			Freizeitjahre / Spezialisierungsjahre	
Psycho-soziale Entwicklung	Exploration und soziale Interaktion	Peergroup-Beziehungen, Befähigung, Selbstwirksamkeit			Selbstwert, Selbstbewusstsein	
		Motivation zur lebenslangen sportlichen und körperlichen Aktivität			sportspezifische psychologische Kompetenzen	
Körperliche Entwicklung	EBF	EBF	EBF	EBF		
	SSF	SSF	SSF	SSF		
	Beweglichkeit	**Beweglichkeit**			Beweglichkeit	
	Gewandtheit	Gewandtheit	**Gewandtheit**	**Gewandtheit**	Gewandtheit	
	Schnelligkeit	Schnelligkeit	**Schnelligkeit**	**Schnelligkeit**	Schnelligkeit	
	Schnellkraft	Schnellkraft	**Schnellkraft**	**Schnellkraft**	Schnellkraft	
	Kraft*	Kraft*		**Kraft***	**Kraft***	Kraft*
			Hypertrophie	**Hypertrophie**	**Hypertrophie**	Hypertrophie
	Ausdauer und Stoffwechselzustand	Ausdauer und Stoffwechselzustand		**Ausdauer und Stoffwechselzustand**	**Ausdauer und Stoffwechselzustand**	

PHV: Peak-Height-Velocity (Zeitpunkt des Eintritts in den Wachstumsschub); EBF: Elementare Bewegungsfertigkeit; SSF: Sportspezifische Fertigkeit; *: Kraftausdauer und Maximalkraft; Hinweise zum Modell: Die unterschiedliche Größe der Begriffe verdeutlicht die Gewichtung. Eine größere Schriftgröße zeigt eine entsprechend höhere Gewichtung an. Die Schattierungen kennzeichnen eine unterschiedliche Gewichtung in den differenzierten Reifungsphasen (prä PHV, PHV, post PHV).

Abbildung 7: Ganzheitliches motorisches Entwicklungsmodell im Kindes- und Jugendalter (modif. n. Lloyd, 2018, S. 7 und Büsch et al., 2017, S. 3)

Teil 1: THEORIE

Die motorische Entwicklung im frühen Schulkindalter (6/7–10 Jahre)

Neben einer wachstumsbedingten Veränderung der Körperformen und Körperproportionen wird die Phase des frühen Schulkindalters von weiteren weitreichenden somatischen, aber auch psychischen und kognitiven Veränderungen begleitet (Crasselt, 1994; Scheid, 1994). Mellerowicz und Kollegen (2000) berichten von jährlichen Zunahmen des Körpergewichts um durchschnittlich 2,5 bis 3,5 kg sowie von hohen Funktionsleistungen des zentralen Nervensystems (ZNS), was mit hohen motorischen Lernfähigkeiten bei Kindern assoziiert scheint.

Im Zusammenhang mit dem Bewegungsverhalten ist dieser Zeitraum gekennzeichnet durch eine „ausgeprägte Lebendigkeit oder Mobilität" (Winter, 1998), was sich unter anderem im ausgeprägten Spielverhalten von Kindern in dieser Entwicklungsphase äußert (vgl. Oerter & Montada, 2002), wobei die Bewegungen weniger flüssig, sondern vielmehr unrund und eckig erscheinen (Scheid, 1994). Die beschriebene „Lebendigkeit" sowie damit einhergehende psychophysische Voraussetzungen für den Erwerb motorischer Fähigkeiten (Weineck, 2003), können durch eine polysportive, d. h. vielseitige Ausbildung zu einer weitgehend konstanten Trainierbarkeit sowie einer steten Zunahme von Kraft- und Schnelligkeitsverhalten führen (Weineck, 2003), wobei die Entwicklung von Kraftfähigkeiten noch relativ langsam verläuft, sofern diese nicht besonders trainiert werden (Winter, 1998, S. 276).

Fröhner und Tronick (2007, S. 12) weisen z. B. verschiedenen durchschnittlichen Altersbereichen unterschiedliche Sportartengruppen mit entsprechenden physiologischen Bedingungen als Einstiegsalter zu: Im Altersbereich bis 7 Jahre sollen eher technische Sportarten, wie Gerätturnen, im Alter von 7 bis 9 Jahren eher koordinativ-konditionelle Sportarten wie Schwimmen, leichtathletischer Mehrkampf, Badminton und Volleyball usw., von 9 bis 11 Jahren eher konditionell-koordinative Sportarten wie Laufen, Radsport, Triathlon, Fechten und Handball etc. und im Altersbereich von 11 bis 13 Jahren sollen eher Kraft-Kraftausdauersportarten wie Rudern, Wurf-Stoß etc. trainiert werden.

Faigenbaum et al. (1999) berichten von Trainingseffekten bei 5 bis 12-jährigen Mädchen und Jungen von 5 bis über 40 % bei achtwöchigen Trainingsinterventionen bezogen auf die Veränderung des 1-RM, bei Übungen wie „chest press" und „leg extension". Geschlechtsspezifische Leistungsunterschiede sind noch relativ gering ausgeprägt, wobei Jungen i. d. R. geringfügig höhere Werte erzielen (vgl. Abbildung 8). Muskelgruppen, welche in Alltagsbewegungen und Alltagsaktivitäten wenig beansprucht werden (oftmals Muskelgruppen der oberen Extremität), weisen meist niedrigere oder geringere Kraftfähigkeiten auf, als solche, die durch tägliche Belastungsreize wie Gehen, Laufen, Hüpfen etc. beansprucht werden (Schmidtbleicher, 1994, S. 134). Dieser Umstand ist bei der Interpretation von Krafttrainingsinterventionen unbedingt zu berücksichtigen und entsprechend zu gewichten.

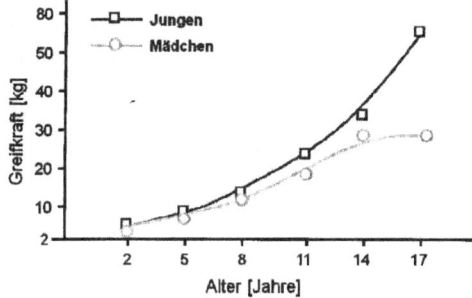

Abbildung 8: *Veränderung der alters- und geschlechtsspezifischen Greifkraft (n. Blimkie & Sale, 1998)*

Generell sollten bei Schulkindern die motorischen Grundfertigkeiten (elementare Grundfertigkeiten vor sportartspezifischen Fertigkeiten) gefestigt werden. Dies kann u. a. durch die Förderung und explizite Schulung der koordinativen Fähigkeiten bspw. anhand von Spielformen mit Bällen, Partnern und Geräten und/oder auch durch besonders komplex durchgeführtes Turnen erreicht werden (Mellerowicz et al., 2000, S. 79). In Tabelle 2 sind die einzelnen Entwicklungsstufen und ihre spezifischen Besonderheiten im Überblick dargestellt.

Teil 1: THEORIE

Tabelle 2: Die Entwicklungsstufen und ihre spezifischen Besonderheiten im Überblick

Entwicklungs-abschnitt	Alter in Jahren	Entwicklungsspezifische Besonderheiten	Konsequenzen für die Trainingspraxis
Vorschulalter	3 bis 6 bzw. 7	hochgradiger Bewegungs- und Spieldrang, ausgeprägte Neugier, sehr gute affektive Lernbereitschaft, jedoch geringe Konzentrationsfähigkeit	Erwerb einer umfassenden Fertigkeitsbasis, lust-, freudbetonte und kurzweilige Inhalte; spezielles Fitnesstraining vor allem im Kraftbereich ist abzulehnen; Bewegungsaufgaben sollen die Kreativität und die physische Selbsterfahrung fördern
Frühes Schulkindalter	6/7 bis 10	sehr gute motorische Lern- und Leistungsfähigkeit, begeistertes Sportinteresse, ungestümes Bewegungsverhalten, gutes Lernalter für Basistechniken, kritiklose Kenntnis- und Fertigkeitsaneignung	polysportives Training steht im Vordergrund, besonders die Schulung koordinativer Fähigkeiten; Ermöglichen vieler Erfolgserlebnisse; spezielles, gerätegestütztes Krafttraining ist abzulehnen; eine spezielle Kindergymnastik ist zu empfehlen
Spätes Schulkindalter	Mädchen: 10 bis 12 Jungen: 10 bis 13	Schlüsselphase für das spätere Bewegungskönnen, hochgradige Körperbeherrschung, sehr günstiges Last-Kraft-Verhältnis des Körpers, höchste Ausprägung der Beweglichkeit	variables und zielgerichtetes Üben sportlicher Techniken; vielseitige Erweiterung des Bewegungsschatzes, jedoch soll die Quantität nicht zu Lasten der Qualität gehen; Bewegungen sollen möglichst exakt erlernt werden; koordinative Fertigkeitsbasis ausbilden; Aufnahme eines speziellen Ausdauertrainings ist zu empfehlen, ein gerätegestütztes Krafttraining im Verbund mit geeigneten Geräten, ansonsten sind funktionsgymnastische Kräftigungs- und Beweglichkeitsübungen zu empfehlen

Ontogenese und motorische Entwicklung

Entwicklungs-abschnitt	Alter in Jahren	Entwicklungsspezifische Besonderheiten	Konsequenzen für die Trainingspraxis
Erste puberale Phase (Pubeszenz)	Mädchen: 11/12 bis 13/14 Jungen: 12/13 bis 14/15	Verschlechterung des Last-Kraft-Verhältnisses durch die Wachstumsschübe und verminderte Belastbarkeit des passiven Bewegungsapparates; entwicklungsbedingte Zunahme der Muskelmasse und Muskelkraft, erhöhte Trainierbarkeit der konditionellen Fähigkeiten, nachlassendes Sportinteresse; psychische Labilität	Training der konditionellen Fähigkeiten; koordinative Fähigkeiten sind zu stabilisieren; gerätegestütztes Krafttraining mit der Auflage der Technikbeherrschung und bedarfsgerechter Geräte; ein Beweglichkeitstraining ist unbedingt erforderlich; umfangbetontes aerobes, partiell anaerobes Ausdauertraining
Zweite puberale Phase (Adoleszenz)	Mädchen: 13/14 bis 17/18 Jungen: 14/15 bis 18/19	Trainierbarkeit der koordinativen und konditionellen Fähigkeiten erreichen gegen Ende der Adoleszenz annähernd Erwachsenenwerte; Abschluss des Knochenwachstums; höchste Bereitschaft des neuronalen Systems Bewegungsprogramme zu speichern und zu automatisieren	Kraft- und Ausdauertraining sollten immer noch mehr umfang- als intensitätsbetont sein; allgemeines und spezielles Beweglichkeitstraining, Festigung und Ausbau der motorischen Fertigkeiten; langsame Hinführung zum Erwachsenentraining
Frühes Erwachsenenalter	18/20 bis 30/35	Phase der vollen Ausprägung der motorischen Entwicklung und des gesamten Organsystems (sportmotorisches Höchstleistungsalter)	Uneingeschränkte Trainierbarkeit der motorischen Hauptbeanspruchungsformen unter der Voraussetzung einer guten Gesundheit

Tabelle 3: *Entwicklung der muskulären Anpassungen im Kindes- und Jugendalter (modif. n. Grosser et al., 2008, S. 188)*

Altersbereich	Phasen muskulärer Anpassung		Trainingsziele, Anpassungsbedingungen
6/7–9/10	Präventivphase und Aufbauphase	ca. 23 % Muskelanteil, schwache Haltemuskulatur, geringes Testosteron, biegsames Skelett, gute Beweglichkeit	Allgemeine Muskelentwicklung, Beginn der Schnellkrafttrainierbarkeit bedingt durch intra- und intermuskuläre Koordination, Muskellängenanpassung, aerobe Kapazität
9/10–11/13	Ausgleichsphase und	25–28 % Muskelanteil, geringe Testosteronkonzentration, noch schwaches Skelett, muskuläre Dysbalancen, noch gute Beweglichkeit	Gesteigerte Schnellkrafttrainierbarkeit auf Grund guter intra- und intermuskulärer Koordination und günstiger Relativkraft, geringfügig auch Muskelaufbau und Kraftausdauer
11/13–14/15	Stabilisierungsphase	ca. 30 % Muskelanteil ♀ und 35 % ♂, Androgen- und Östrogenausschüttung, noch labiles Skelett, eingeschränkte Beweglichkeit	Verstärkter Beginn von Muskelaufbautraining durch einweißanabole Wirkung, Beginn von Maximalkrafttraining
15/16–18/19	Forcierungsphase	ca. 35 % Muskelanteil ♀ und 44 % ♂, Skelettstabilisierung, Hypertrophiehöhepunkt, eingeschränkte Beweglichkeit	Sensible Phase für Schnellkraft und Reaktivkraft, Maximalkraft, Kraftausdauer

Anmerkung: Die Existenz sensibler Phasen wird derzeit eher negiert und eine generelle Entwicklungsfähigkeit über die gesamte Lebensspanne favorisiert.

Bezugnehmend auf die Entwicklungspsychologie der Lebensspanne (Baltes, 1990) – betrachtet als dynamisches Wechselspiel von Gewinn und Verlust – ist seit Mitte der 1990er Jahre im Bereich der motorischen Entwicklung eine verstärkte Hinwendung zum Konzept der Plastizität zu finden (vgl. Conzelmann, 2009; Voelcker-Rehage & Willimczik, 2006; Wollny, 2002). Nach Conzelmann (2009, S. 70) bezieht sich die motorische Plastizität [...] „auf die *intraindividuelle Variabilität* der (motorischen) Verhaltensmöglichkeiten und bezeichnet das *Potential*, das Individuen aufgrund ihrer genetischen Prädispositionen und in Abhängigkeit vom biologischen Alter befähigt, sich unterschiedlichen *Umweltsituationen anzupassen*" (Hervorhebung im Original). Das Konstrukt der Plastizität umfasst demnach mehrere Kategorien zu denen Adaptionsfähigkeit, Lernfähigkeit und Trainierbarkeit zählen (Conzelmann, 2009, S. 71 f.). Die Plastizitätsbetrachtung subsumiert somit die Veränderbarkeit der konditionellen und koordinativen Fähigkeiten und motorischen Fertigkeiten durch exogene Einflüsse. In Anlehnung an Trautner (2003, S. 74) sind in diesem Kontext verschiedene endogene und exogene Faktoren zu berücksichtigen. Zu den endogenen Faktoren zählen beispielsweise die trainingsunabhängige Reifung sowie das somatische und physiologische Wachstum. Explizit exogene Faktoren können im Training, in den Rahmenbedingungen zum Training (z. B. Gelegenheiten, Sportartenangebot, Verfügbarkeit von Infrastruktur etc.) sowie den Strukturbedingungen (u. a. Inhalte, Methoden, Mittel) des Trainings gesehen werden. Weiterhin sind im Rahmen der Plastizitätsbetrachtung Aspekte wie Sozialisation, historischer, gesellschaftlicher und kultureller Hintergrund usw. zu berücksichtigen (Baur & Burrmann, 2009; Trautner, 2003). Forschungsmethodisch rekurriert der Plastizitätsansatz auf die Methode des „Testing-the-Limits" (Baltes, 1990, S. 12). Hierbei wird der zentralen Frage nachgegangen, welche Leistungen – hier konditionelle und/oder koordinative Leistungsfähigkeit – unter nahezu optimalen Entwicklungsbedingungen individuell erreicht werden können.

Dabei scheint die Testing-the-Limits-Methode besonders geeignet zu sein, wenn es darum geht, reversible und partiell irreversible Zustandsveränderungen über längere Zeiträume zu analysieren (vgl. Wollny, 2002, S. 55).

Die Beweglichkeit stellt in diesem Kontext einen Fähigkeitsbereich dar, der allgemein sehr gut zu trainieren ist, jedoch in der individuellen Entwicklung durch zeitliche Phasen beschleunigter Längenveränderung (veränderte Körperproportionen), speziell der Extremitäten, gestört sein kann. Leider ist der Testing-the-Limits-Ansatz bisher nur sehr eingeschränkt zur Abschätzung des Anpassungs- bzw. Veränderungspotenzials eingesetzt worden (vgl. Blank, 2007) und der Verbreitungsgrad bezieht sich nur auf wenige empirische Studien (vgl. Fröhlich et al., 2011).

Die motorische Entwicklung im späten Schulkindalter
(Mädchen: 10–12 Jahre und Jungen: 10–13 Jahre)

Das späte Schulkindalter bzw. die Phase der späten Kindheit beginnt mit etwa zehn Jahren und dauert bis zum Beginn der Pubertät (Winter, 1998). Wie jedoch zu Beginn dieses Kapitels bereits erwähnt, sind die Übergänge hier fließend und die Stufen nur graduell ausgeprägt (Israel, 1992; Martin et al., 1999). Innerhalb der motorischen Entwicklung im späten Schulkindalter ist insbesondere die Verstetigung des Vestibularapparates sowie weiterer Lage- und Bewegungsanalysatoren von Bedeutung, sodass eine Verbesserung des Bewegungsflusses und die Beherrschung schwieriger Bewegungen festzustellen sind. Das bedeutet, koordinative Fertigkeiten wären vor konditionellen Fähigkeiten auszuprägen. In diesem Zusammenhang wären nicht-apparative, komplexe Krafttrainingsübungen Methode der Wahl. Weiteres Körperwachstum hat eine Optimierung der Proportionen und somit eine relativ ausgeprägte Kraftzunahme bei geringer Größen- und Massenzunahme zur Folge (Crasselt, 1994). Dementsprechend ist auch ein verbessertes Last-Kraft-Verhältnis erkennbar (Weineck, 2003, S. 113; Winter, 1998, S. 289). Die Maximalkraftfähigkeit zeigt mittlere jährliche Zuwachsraten. Geschlechtsspezifisch kann eine geringfügig höhere, jedoch beständig und etwa parallel verlaufende größere Maximalkraftfähigkeit bei Jungen gegenüber Mädchen festgestellt werden (vgl. Menzi et al., 2007, S. 39).

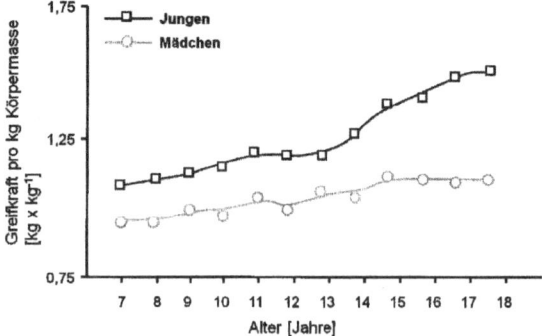

Abbildung 9: Greifkraft in Relation zur Körpermasse von Jungen und Mädchen im Altersgang (n. Blimkie & Sale, 1998, S. 198)

Speziell für Mädchen verweist Killing (2008, S. 8) unter der Überschrift „Frauen müssen früher und mehr Krafttraining absolvieren" auf folgende Phasen: a) mit Einsetzen der Pubertät ist ein gezieltes Training der Schwachstellen Rumpf, Lendenwirbelsäule und Fuß sinnvoll, b) die gängigen Gewichthebetechniken werden ebenfalls im Schülerinnenalter bei geringer Gewichtsbelastung mit Holzstab oder Stange erworben (13 bis 16 Jahre), c) parallel dazu findet eine allgemein athletische Ausbildung, z. B. mit vielseitigen Kraftzirkeln, statt (14 bis 17 Jahre), d) mit 15 bis 16 Jahren sind ein bis zwei Krafttrainingseinheiten pro Woche angebracht, wobei vor allem Ganzkörperübungen mit der Hantel auszuführen sind.

Die motorische Entwicklung im Jugendalter (Pubeszenz und Adoleszenz)

Aufgrund vielfältiger Entwicklungen von endokrinologischen Prozessen im Rahmen der Pubertät und der damit einhergehenden Freisetzung androgen wirkender Hormone sowie hieran gekoppelter anaboler Wirkrichtungen, verstärkt sich die Trainierbarkeit der männlichen Jugendlichen immens (Schmidtbleicher, 1994). Insbesondere die Muskelmassenanstiege aufgrund einer gesteigerten Proteinsynthese, die wiederum auf der direkten und indirekten anabolen Wirkung des Testosterons beruhen, sind hervorzuheben (Kraemer, 1992; Kraemer & Fleck, 2005; Schmidtbleicher, 1994).

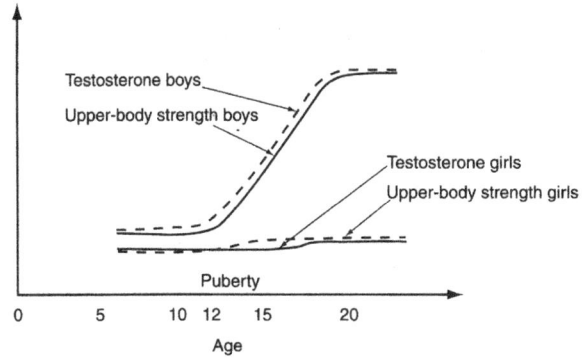

Abbildung 10: Verlauf von Testosteron und Kraft bei Mädchen und Jungen (n. Kraemer & Fleck, 2005, 27)

Somit kann in der ersten puberalen Phase sowie in der Folgezeit mit einem verstärkten Anstieg von Schnell- und Maximalkraft, besonders bei Jungen und kurzfristig auch bei Mädchen, gerechnet werden (vgl. Ehlenz et al., 1998).

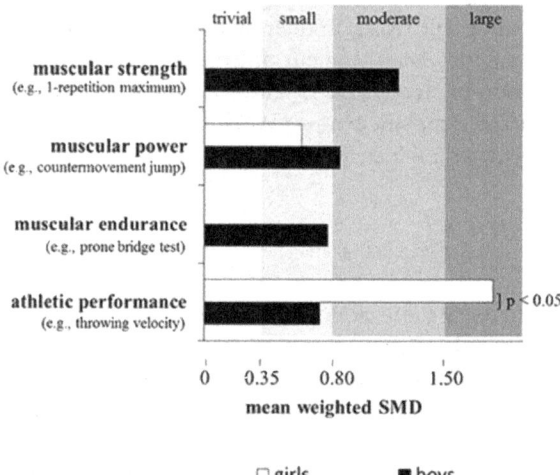

Abbildung 11: Effekte eines Widerstandstrainings auf Maximalkraft, Schnellkraft, Kraftausdauer und sportartspezifische Leistungsfähigkeit bei Mädchen und Jungen (n. Granacher et al., 2016, S. 9)

Da das Muskelwachstum insgesamt jedoch hinter dem des Skelettwachstums zurückbleibt, fallen in dieser Entwicklungsphase disharmonische Bewegungen auf. Geschlechtsspezifische Differenzen in der Kraftfähigkeit sind zu konstatieren, wobei sich das Kraft-Last-Verhältnis während der Pubeszenz weniger günstig entwickelt und bei Mädchen sogar stagnierende Relationen vorzufinden sind (Fry et al., 2002; Menzi et al., 2007).

Die relativen Kraftzuwächse pro Muskelquerschnitt(-masse) sind bei Kindern vor der Pubertät jedoch ebenso hoch oder eventuell sogar höher als bei Jugendlichen in der Pubertät (Guy & Micheli, 2001; Malina, 2006). Insgesamt kann konstatiert werden, dass sich die relativen Kraftzuwächse in den verschiedenen Entwicklungsphasen nicht bedeutsam voneinander unterscheiden.

Ontogenese und motorische Entwicklung

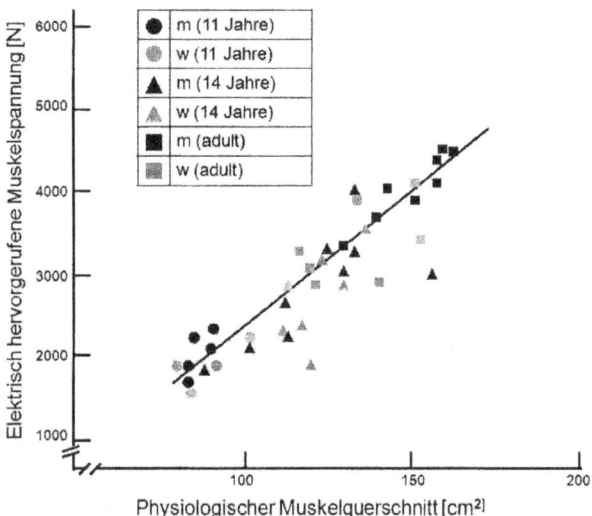

Abbildung 12: Verhältnis zwischen elektrisch evozierter Muskelkraft und physiologischem Muskelquerschnitt des M. triceps surae (n. Davies, 1985 aus Behringer et al., 2010, S. 21)

In der Adoleszenz schließlich erreichen Mädchen nur noch ca. zwei Drittel der Kraft- und Schnellkraftleistungen von Jungen, was sich sowohl bei Untrainierten als auch bei Hochtrainierten gleichermaßen zeigt (Winter, 1998, S. 317). Während in der ersten puberalen Phase nach Mellerowicz und Kollegen (2000, S. 79) nur bedingt Schnelligkeits- und Krafttrainingsreize zur Anwendung gelangen sollten, können zum Wachstumsende hin Kraft, Schnelligkeit, Koordination und Ausdauer bis hin zur Belastbarkeit der Erwachsenen trainiert werden.

Dabei darf jedoch die individuelle Wachstumskinetik und Vulnerabilität der Epiphysenfugen nicht außer Acht gelassen werden.

Kapitel 5

Seit Mitte der 1990er Jahre existieren methodisch und methodologisch aussagekräftige Studien mit entsprechenden Versuchsdesigns, welche nahezu alle einen positiven Effekt eines Krafttrainings auf die Steigerung der Kraft (im Allgemeinen operationalisiert über die Veränderung des 1-RM bzw. X-RM) sowie der sportlichen Leistungsfähigkeit (z. B. ermittelt über die Sprunghöhe, die verrichtete Arbeit, die Sprintleistung etc.) zeigen konnten.

Obwohl die aktuelle Faktenlage bereits eindeutige Interpretationen zulässt, sollten weitere Anstrengungen unternommen werden, um dezidiert Trainingseffekte bzw. Adaptationseffekte von Reifungs- bzw. Entwicklungseffekten unterscheiden zu können. Hierzu sollten u. a. kombinierte Quer- und Längsschnittstudien mit Kontrollgruppen (Trainings- und Detrainingsphase, Cross-over-Design, matching-sample usw.) verwendet werden. Die evidenzbasierte Wirkungsweise des Krafttrainings bei Kindern und Jugendlichen ist weiter zu ergründen.

Krafttrainingseffekte bei Kindern und Jugendlichen

Anpassungseffekte des Krafttrainings auf die Kraft- und die Leistungsfähigkeit

Um inhaltlich Krafttrainingseffekte von Selektions-, Sozialisations- und Entwicklungs- bzw. Reifungsprozessen sowie Test- und Gewöhnungseffekten unterscheiden zu können, müssen trainingsbedingte Veränderungen u. a. folgende Kennzeichen aufweisen:

1. Reversibilität der Trainingseffekte, d. h. die in der Trainingsphase erzielten Anpassungseffekte sollten nach einer „wash-out" oder „Detrainingsphase" wieder rückgängig – reversibel – sein (Ausgangsniveau vor der Intervention, plus Effekt der natürlichen Entwicklung; vgl. da Fontoura et al., 2004).
2. Signifikante Verbesserung im Vergleich zu einer entsprechenden Alterskohorte mit gleichen gematchten Merkmalen. Schneider (1994) verweist in diesem Zusammenhang richtigerweise auf die Unzulänglichkeit querschnittlicher Ansätze bei der Rekonstruktion intraindividueller Veränderung in der entwicklungspsychologischen und entwicklungsphysiologischen Forschung.
3. Signifikanter Unterschied im Vergleich zu einer entsprechenden Kontrollgruppe ohne Treatment nach vorheriger Randomisierung der Probanden (längsschnittliches Versuchsdesign und Cross-over-Design).
4. Lern- und Gewöhnungstermine zur Minimierung von koordinativen Lern- und Anpassungseffekten an die Übung, die Testung sowie die Testsituation.
5. Berücksichtigung der Geschlechterverteilung in der Treatment- und Kontrollgruppe sowie möglichst präzise Erhebung des Reife- bzw. Entwicklungsstatus.
6. Erfassung von möglichen intervenierenden Variablen wie zusätzliche sportliche Aktivität, Motivation und Volition und Ernährungssituation (vgl. Positionspapier zum Krafttraining im Nachwuchsleistungssport; Homepage des BISp).
7. Spezifität im Hinblick auf bestimmte Übungen, Muskelgruppen, Trainingsmethoden etc. (nur bedingt). Die Schwierigkeit besteht nun darin, einerseits entsprechende trainingsmethodische Versuchsdesigns zu konzipieren und andererseits untersuchungsökonomische Experimente mit hinreichender Fallzahl und statistischer Aussagekraft durchzuführen (vgl. Bortz & Döring, 1995; Sarris, 1992).

Kurzer methodologischer Exkurs:
Aufgrund aktueller Publikationspraxis darf nicht übersehen werden, dass Studien mit signifikantem Ergebnis im Sinne der Hypothesenverifizierung eventuell öfter eingereicht und abgedruckt werden als nicht signifikante Resultate, der so genannte „publication bias" (Dubben & Beck-Bornholdt, 2004). Des Weiteren ist auch die Wissenschaft bestimmten Trends unterworfen, was eine gewisse Forschungsrichtung impliziert und Ergebnisse in

eine Richtung unterstützen könnte (vgl. Kuhn, 1976). Zum Ethos der wissenschaftlichen Redlichkeit siehe Emrich (2006). Zur Differenzierung der Begriffe Effektivität und Effizienz im Rahmen trainingswissenschaftlicher Kraftforschung sei auf Fröhlich (2006) und Fröhlich et al. (2007b) verwiesen. In der absoluten Mehrzahl aller Trainingsinterventionen beziehen sich die ermittelten Effekte auf Zeiträume von 4 bis 6 bzw. 8 Wochen (selten länger als 8 Wochen), daher sind morphologische Anpassungen auf muskulärer Ebene nahezu auszuschließen und entsprechend bei der Interpretation zu berücksichtigen (vgl. Del Vechio et al., 2019; Fleck & Kraemer, 1997; Moritani, 1992; Sale, 1992; Tesch, 1992a).

"Scientific studies, review papers, and clinical observations have all reported that properly designed resistance-training programs can improve the strength development of prepubescent children and adolescent beyond the gains of normal growth and development." (Kraemer & Fleck, 2005, p. 1)

Während frühere Publikationen (Docherty et al., 1987; Kirsten, 1963; Vrijens, 1978) davon ausgingen, dass Krafttraining keine Effekte auf die Steigerung der Kraft (Kraft wurde im Zusammenhang mit Muskelquerschnitt bzw. -masse gesehen) bei Heranwachsenden vor der Geschlechtsreife besitze (vgl. Guy & Micheli, 2001, S. 30), liegen nunmehr zahlreiche empirische Studien zur dezidierten Wirkungsweise, z. B. neurophysiologische Anpassungen, morphologische Adaptationen, koordinative Lern- und Gewöhnungseffekte, vor (vgl. Hoffman & Kang, 2001; Mersch, 1987). Mersch (1987, S. 122) konstatiert in diesem Zusammenhang: „Der Ansicht der Autoren, die von einer nicht vorhandenen bzw. nicht lohnenden Trainierbarkeit bei Kindern ausgehen und sich u. a. auf die Untersuchungen von Kirsten (1963), Clark/Vaccaro (1979) und Vrijens (1978) beziehen, muß somit widersprochen werden." Kraemer und Fleck (2005, S. 1) gehen sogar einen Schritt weiter, indem sie feststellen: „Wissenschaftliche Studien, Reviews und klinische Beobachtungen berichten übereinstimmend, dass angemessen gestaltete Krafttrainingsprogramme die Kraftentwicklung präpubertärer Kinder und Heranwachsender über das durch körperliches Wachstum allein bedingte Maß hinaus verbessern können."

Trainingsmethodische Kritikpunkte wie zu kurze Studiendauer, zu geringe Belastungsintensität und Trainingshäufigkeit innerhalb der frühen Studien sind bei Benjamin und Glow (2003), Blimkie (1993), Faigenbaum et al. (2003a) sowie Guy und Micheli (2001) beschrieben. Andererseits wurde bereits 1979 von Westcott eine mittlere Steigerung der Kraft von 23 % nach zehn Trainingseinheiten und drei Serien pro Übung beschrieben. Blansкby und Gregor (1981) fanden Kraftsteigerungen von 10 % und 20 % bei 10- bis 14-jährigen Schwimmern, welche dreimal pro Woche zwei Se-

> *"Strength gains of routhly 30 % to 50 % are typically observed in untrained youth following short-term (8–12 weeks) training programs. In general, it appears that percentage-based strength gains made by children and adolescents are similar to gains made by adults who resistance train."* (Faigenbaum et al., 2003a, p. 2)

rien in der Wintersaison durchführten. Eine Differenzierung, auf welchen Aspekten die Kraftsteigerungen beruhen, wurde bei den Studien jedoch nicht vorgenommen.

Im Folgenden werden aktuellere Studien (Zeitraum achtziger Jahre) – ohne forschungsmethodische Diskussion – vorgestellt, welche Kraftsteigerungen nachweisen konnten. Auf methodische Limitationen innerhalb der einzelnen Studien wird im Anschluss rekurriert.

Studien in den achtziger Jahren von Pfeiffer und Francis (1986) fanden bei im Mittel 10,3 bzw. 13,1 Jahre alten Jungen nach neunwöchigem Training (3 Sätze à 10 Wdh.) Verbesserungen der Kraft von 19,4 % bzw. 26,4 %.

Sewall und Micheli (1986) berichteten von 42,9 %igen Verbesserungen nach neun Wochen Training bei zehn- und elfjährigen Jungen.

Weltman et al. (1986) fanden Zuwächse der Kraft von 18,5 % bis 36,6 % innerhalb von 12 Wochen (6 bis 11-jährige Jungen).

Sailors und Berg (1987) fanden bei Jungen (im Mittel 12,6 Jahre) nach achtwöchigem Training (drei Trainingseinheiten pro Woche) 20 % bis 52 % Zuwachs. In der Studie von Siegel et al. (1989) wurden Verbesserungen von 10,3 % bis 13,7 % nach 12 Wochen gefunden (Jungen mit einem Durchschnittsalter von 8,4 und Mädchen von 8,6 Jahren; drei Trainingseinheiten pro Woche).

Siegel (1988, S. 44 f.) hat in einer Übersichtsarbeit die obigen Ergebnisse zusammengefasst und resümiert mit den Worten: „Many reasons exist which make it desirable to increase children's strength potential. Support and guidelines for strength training has been given from responsible research organizations. Programs have been outlined and shown to be effective."

Faigenbaum et al. (2003a, S. 2) schließen daraus: „Kraftzuwächse von knapp 30 % bis 50 % werden üblicherweise beobachtet bei untrainierten Jugendlichen nach kurzen (8–12 Wochen) Trainingsprogrammen. Im Allgemeinen scheinen die prozentualen Zuwächse bei Kindern und Heranwachsenden ähnlich auszufallen wie die von Erwachsenen, die ein Krafttraining absolvieren." Die gleichen Zuwachsraten werden auch von Kraemer und Fleck (2005, S. 2) angegeben.

Menzi und Kollegen (2007, S. 40) verweisen auf den Umstand, dass vergleichbare Trainingsprogramme über alle Entwicklungsstufen hinweg, in konsistenter Weise zeigen konnten, dass relative Kraftzuwächse vor der Pubertät im Vergleich zur Adoleszenz oder während des Erwachsenenalters zu realisieren sind. Matos und Winsley (2007, S. 356) vom Children's Health and Exercise Research Centre geben in ihrem Überblicksbeitrag sowohl für präpuberale Kinder als auch für Jugendliche Kraftzuwachsraten von 13 % bis 30 % an.

In Tabelle 4 sind die Effekte und einige versuchsmethodische Merkmale von Krafttrainingsstudien präpuberaler Kinder speziell aus den achtziger und frühen neunziger Jahren im Überblick dargestellt (vgl. Falk & Tenenbaum, 1996; Malina, 2006; Siegel, 1988).

Die Arbeitsgruppe um vom Heede et al. (2007, S. 12) verweist in ihrem Beitrag zum kindgemäßen Krafttraining im Schulsport auf eine zusammenfassende Darstellung von Untersuchungen zum Krafttraining mit Kindern und Jugendlichen, innerhalb derer nahezu vollständig positive Aspekte eines Krafttrainings zum Tragen kommen. Im Rahmen ihrer eigenen empirischen Studie mit zwei verschiedenen Krafttrainingsmethoden („Schnellkrafttrainingsgruppe" und „Kraftausdauertrainingsgruppe") fanden vom Heede et al. (2007) prozentuale Kraftgewinne beim Ganzkörperkrafttest von 19,3 % respektive 17,7 % (Kontrollgruppe 5 %).

Nachfolgend werden aktuelle Studien sowie die Ergebnisse metaanalytischer Untersuchungen reflektiert und auf den Forschungsgegenstand angewandt.

Teil 1: THEORIE

Tabelle 4: Krafttrainingsstudien bei präpuberalen Kindern¹ (modif. n. Faigenbaum, 1993, S. 20)

Reference	Age/Grade	Sex	Training/ Mode	Testing/ Mode	Duration (Weeks)	Frequency (per week)	Control Group	Strength increase
Hetherington (1976)	Grade 5	M	Isometric	Isometric	6–8	2–5	Yes	No
Vrijens (1978)	10.4	M	Weights	Isometric	8	3	No	No
Nielson et al. (1980)	7–19	F	Isometric	Isometric	5	3	Yes	Yes
Baumgartner & Wood (1984)	Grades 3–6	M, F	Calisthenics	Calisthenics	12	3	Yes	Yes
Clarke et al. (1984)	7–9	M	Wrestling	Isometric	12	3	Yes	Yes
McGovern (1984)*	Grades 4–6	M, F	Weights	Weights	12	3	Yes	Yes
Sevedio et al. (1985)*	11.9	M	Weights	Isokinetic	8	3	Yes	Yes,
Pfeiffer & Francis (1986)	8–11	M	Weights	Isokinetic	8	3	Yes	Yes
Sewall & Micheli (1986)	10–11	M, F	Weights	Isometric	9	3	Yes	Yes
Weltman et al. (1986)	6–11	M	Hydraulic	Isokinetic	14	3	Yes	Yes
Funato et al. (1987)	6–11	M, F	Isomeiric	Isometric	12	3	Yes	Yes
Sailors & Berg (1987)	12.6	M	Weights	Weights	8	3	Yes	Yes
Siegal et al. (1988)	8.4	M, F	Weights	Isometric	20	3	Yes	Yes
Ramsay et al. (1990)	9–11	M	Weights	Weights	8	3	Yes	Yes
Williais (1991)*	Tanner I-2+	M, F	Weights	Weights	12	3	Yes	Yes
Brown et al. (1992)*	10.5	M, F	Weights	Weights	7	3	No	Yes
Westcott (1992)	10.8	M, F	Weights	Weights	8	2	Yes	Yes
Faigenbaum et al. (1993)								

¹Modified from Sale. D. 1989. Strength Training in Children. In: Youth Exercise and Sport, Vol. 2. C.V. Gisolfi and D.R. Lamb. Eds. Indianapolis, IN: Benchmark Press. Inc. pp. 165–216; *: abstract; + refers to Tanner Stages 1 and 2 of sexual maturation (79).

Faigenbaum et al. (1999) untersuchten die Trainingseffekte eines achtwöchigen (zweimal pro Woche) Krafttrainings innerhalb zweier verschiedener Belastungsstrategien [Gruppe 1 (N = 15): 1 Satz à 6–8 Wiederholungen; Gruppe 2 (N = 16): 1 Satz à 13–15 Wiederholungen] und unter Verwendung einer Kontrollgruppe (N = 12). Das mittlere Alter der Kinder (11 Mädchen und 33 Jungen) betrug 8,6 Jahre, 7,8 Jahre bzw. 8,5 Jahre. Das 1-RM sowie die Kraftausdauer wurden vor, in der Mitte und am Ende der Trainingsintervention bei den Übungen „chest press" und „leg extension" bestimmt. Die beiden Interventionsgruppen steigerten das 1-RM von Vor- zu Nachtest bei der Übung „leg extension" um 31,0 % bzw. 40,9 % und bei der Übung „chest press" um 5 % bzw. 16,3 %. Die Kontrollgruppe steigerte sich ebenfalls um 4,2 % bzw. 13,4 %. Die Veränderung der Kraftausdauer spiegelte die gleiche Tendenz wider. Aus den Ergebnissen schließen Faigenbaum et al. (1999, S. 1): „Diese Ergebnisse stützen die Annahme, dass Muskelkraft und Muskelausdauer im Kindesalter verbessert werden können und deuten darauf hin, dass während der Phase der ersten Adaptation Trainingsprogramme mit höheren Wiederholungszahlen und moderaten Gewichten zu bevorzugen sind."

"These findings support the concept that muscular strength and muscular endurance can be improved during the childhood years and favor the prescription of higher repetition-moderate load resistance training programs during the initial adaptation period." (Faigenbaum et al., 1999, p. 1)

Im Folgenden wurde die Studie von Faigenbaum et al. (1999) inhaltlich weiter präzisiert (Faigenbaum et al., 2001). Das Ziel dieser Studie bestand darin, vier verschiedene Krafttrainingsmethoden bzgl. ihrer Effektivität zu überprüfen (Gruppe HL (N = 15): heavy load, low-repetition training group; Gruppe ML (N = 16): moderate-load, high-repetition training group; Gruppe CX (N = 12): complex training group; Gruppe MB (N = 11): medicine ball training group; Gruppe CT (N = 12): control group). Untrainierte Jungen und Mädchen (8,1 ± 1,6 Jahre) trainierten zweimal pro Woche über insgesamt acht Wochen an Krafttrainingsmaschinen und mit Medizinbällen (1–2,5 kg). Die Wirkungsweise der Intervention wurde über 1-RM-Testung und über die Kraftausdauer (i. d. R. 50–60 % 1-RM) vor und nach der Treatmentphase operationalisiert. Nach der Krafttrainingsphase konnte nur bei der ML-Gruppe (16,3 %) und CX-Gruppe (16,8 %) ein signifikanter Unterschied zur Kontrollgruppe sowohl für die

"While training-induced improvements in muscle performance are a function of many factors (e.g., program design and quality of instruction), our data indicate that during the initial adaptation period, beginning with a high-repetition training protocol (either with a moderate load or a heavy load combined with medicine ball training) is more effective than other training protocols in untrained children." (Faigenbaum et al., 2001, p. 465)

1-RM-Testung als auch für die Kraftausdauer festgestellt werden. Die Tabelle 5 nimmt hierauf Bezug.

Faigenbaum et al. (2001, S. 465) konstatieren: „Während trainingsbedingte Verbesserungen von Muskelkraftleistungen auf eine Vielzahl von Faktoren zurückzuführen sind (z. B. Gestaltung des Trainingsprogramms und Qualität der Anleitung), weisen unsere Daten darauf hin, dass bei untrainierten Kindern ein Training mit hohen Wiederholungszahlen während der ersten Adaptationsphase effektiver ist als andere Trainingspläne (entweder mit moderatem Gewicht oder mit schwerem Gewicht kombiniert mit Medizinballtraining)."

Tabelle 5: Mittelwerte und Standardabweichungen des 1-RM vor und nach der Trainingsintervention bei unterschiedlichen Trainingsmethoden (modif. n. Faigenbaum et al., 2001, S. 462)

Gruppe	Pretraining (kg)	Posttraining (kg)
HL	24,5 ± 5,9	25,8 ± 6,4*
ML	25,7 ± 9,1	29,9 ± 9,7* +
CX	23,8 ± 4,3	27,8 ± 4,1* +
MB	24,1 ± 3,9	25,8 ± 3,8*
CT	21,2 ± 5,1	22,1 ± 5,3*

(HL = heavy load, low-repetition training group; ML = moderate-load, high-repetition training group; CX = complex training group; MB = medicine ball training group; CT = control group; * = signifikanter Unterschied ($p < 0{,}05$) zwischen Vortest und Nachtest; + = signifikanter Unterschied ($p < 0{,}05$) zur Kontrollgruppe)

"[...] that children can increase their strength in response to a short-term, progressive resistance training program, but the gains are largely impermanent and begin to regress towards untrained control group values when the training program stops." (Faigenbaum et al., 1996b, p. 113)

Bereits 1996 wurde von Faigenbaum und Mitarbeitern eine Studie publiziert, innerhalb derer die Wirkungsweise einer achtwöchigen Krafttrainingsintervention und einer achtwöchigen Detrainingsphase (Kontrolle des Entwicklungsverlaufs) untersucht wurde. Hierzu wurden insgesamt 24 Jungen und Mädchen gematcht (Alter und Grad der Geschlechtsreife) auf eine Interventionsgruppe (11 Jungen und vier Mädchen) und eine Kontrollgruppe (drei Jungen und sechs Mädchen) verteilt. Das Alter der Kinder lag zwischen sieben und zwölf Jahren. Nach einer Lern- und Gewöhnungsphase dienten das 6-RM, die maximale vertikale Sprunghöhe sowie die Flexibilität des unteren Rückens und der Oberschenkelrückseite (Hamstrings) als Testkriterium (Testübungen waren „leg extension" und

„chest press"). Die Trainingsgruppe trainierte zweimal pro Woche (Woche 1–4: 2 Sätze à 6 Wiederholungen; Woche 5–8: 3 Sätze à 6 Wiederholungen). In der Experimentalgruppe folgte nach der Trainingsphase eine achtwöchige Detrainingsphase. Die Ergebnisse können wie folgt zusammengefasst werden: In der Experimentalgruppe steigerte sich das 6-RM bei der Übung „leg extension" um 53,5 % und bei der Übung „chest press" um 41,1 % (Kontrollgruppe: „leg extension" 6,4 % und „chest press" 9,5 %). Sowohl in der ersten (Woche 1–4) als auch in der zweiten Trainingsphase konnte das 6-RM bei beiden Übungen gesteigert werden. Im Anschluss an die Detrainingsphase zeigte die Kontrollgruppe eine signifikant geringere Zuwachsrate als die Experimentalgruppe. Nach den Autoren zeigen die Ergebnisse, „[…] dass Kinder ihre Kraft durch ein kurzes, progressives Krafttrainingsprogramm steigern können, aber die Zuwächse nur unbeständig sind und sich den niedrigeren Werten der untrainierten Kontrollgruppe nähern, wenn das Trainingsprogramm beendet wird." (Faigenbaum et al., 1996b, S. 113). Dass sich Trainingseffekte bei präpuberalen Jungen nach einer Detrainingsphase wieder zurückbilden, konnte auch von da Fontoura et al. (2004) festgestellt werden.

Falk und Tenenbaum (1996) untersuchten im Rahmen einer Metaanalyse die Effektivität eines Krafttrainings bei Mädchen und Jungen im Alter von 12–13 Jahren. Insgesamt konnten die Autoren 28 Primärstudien identifizieren, wobei lediglich neun Studien hinreichende Informationen zur Berechnung der Effektstärke, als Maß zur Quantifizierung der Effektivität, lieferten. Die Mehrzahl der ausgewerteten Studien konnte eine Steigerung der Kraft von 13 % bis 30 % nachweisen. Die over-all Effektstärke betrug 0,57 ± 0,12 und zeigte ein signifikantes Ergebnis. Die Experimentalgruppen unterschieden sich zu 71,6 % von den Kontrollgruppen. Die Effektivität des Trainings war abhängig von Alter, Entwicklungsreife und Geschlecht (die Mehrzahl der Studien differenzierte jedoch nicht zwischen den Geschlechtern) sowie von den Belastungsnormativa des Trainings (Dauer, Intensität und Häufigkeit). Aus den Ergebnissen der Metaanalyse lässt sich ableiten, dass eine Trainingshäufigkeit von zwei Trainingseinheiten pro Woche ausreichend erscheint (vgl. Fröhlich et al., 2007b). Zur minimalen oder optimalen Trainingshäufigkeit, zur Belastungsdauer sowie zur Belastungsintensität konnten keine Hinweise abgeleitet werden. Ausdrücklich als methodischer Schwachpunkt wurde von Falk und Tenenbaum (1996) herausgestellt, dass die Primärstudien im Allgemeinen keine Lern- und Gewöhnungseffekte an die Test- und Trainingssituation berücksichtigten, die Randomisierung in Experimental- und Kontrollgruppe mangelhaft durchgeführt wurde, mehr Jungen als Mädchen als Probanden teilgenommen haben und bzgl. trainingsmethodischer Hinweise extreme Lücken in den Primärstudien zu finden sind (vgl. u. a. Fröhlich, 2006).

Innerhalb eines evidenz-based Review (N = 22) wurde von Malina (2006) die Effektivität eines Krafttrainings bei vor- und frühpuberalen Jugendlichen hinsichtlich der Variablen Muskelkraft, Wachstums- und Reifeprozess, Veränderung von Körperhöhe, Körpergewicht und bestimmter Körperzusammensetzungen sowie Verletzungen untersucht. Die einzelnen Studien verwendeten in der Mehrzahl Krafttrainingsmaschinen und freie Hanteln. Die Trainingshäufigkeit lag bei zwei bzw. drei Trainingseinheiten pro Woche. Die Studiendauer lag zwischen sechs Wochen und 21 Monaten, wobei 8–12 Wochen die Regel waren. Über alle Studien kam es zu einem signifikanten Anstieg der Muskelkraft, wobei die Trainingseffekte nach einer Detrainingsphase wieder rückläufig waren. Eine Trainingshäufigkeit von einmal pro Woche führte zu keinen nennenswerten Effekten (vgl. Fröhlich & Schmidtbleicher, 2008). Einen Einfluss von Trainingsinterventionen auf die Körperhöhe und das Körpergewicht konnte nicht festgestellt werden (Malina, 2006, S. 484). Die Körperzusammensetzung (Muskelmasse) steht in keinem bzw. nur sehr geringem Zusammenhang mit dem Krafttraining. Lediglich in zehn Studien wurden Verletzungen protokolliert und nur in drei davon wurden Verletzungen erwähnt. Nach Malina (2006, S. 485) liegt die geschätzte Verletzungsrate somit bei 0,18, 0,05 und 0,06 Fällen pro 100 Trainingsstunden.

Die Ergebnisse der Metaanalyse von Payne und Mitarbeitern (1997) – die Effektstärken wurden differenziert, d. h. in Abhängigkeit vom Alter der Kinder und Jugendlichen, des Geschlechts, der Trainingsmethode sowie der Experimentalbedingung, betrachtet – zeigten

a) annähernd gleiche Anpassungen bei Kindern und Jugendlichen (Altersdifferenzierung in jünger als 16 Jahre bei den Jungen und jünger als 14 Jahre bei den Mädchen),

b) Unterschiede zwischen den Geschlechtern (Mädchen im Allgemeinen zeigen höhere Effektstärken, da sie von einem insgesamt niedrigeren Ausgangsniveau begonnen haben),

c) größere Effektstärken bei konzentrischen und exzentrischen Arbeitsweisen im Vergleich zu isometrischen bzw. isokinetischen Muskelaktionsformen und

d) größere Effektstärken bei Trainingsstudien mit Treatment und Kontrollgruppe im Gegensatz zu einfachen Prä-Post-Designs.

Eine weitere aktuelle meta-analytische Update-Betrachtung wurde von Niessen et al. (2010, S. 123) vorgelegt, welche dezidiert aufbauend auf den bisherigen Studienergebnissen von Falk und Tenenbaum (1996) sowie Payne et al. (1997) zeigen konnte, dass bei 50 % der berechneten Effektstärken ein Wert größer als 1,00 resultiert und eine mittlere Effektstärke von 1,29 ± 1,09 zu finden ist. Somit schließen die Autoren aus ihren Ergebnissen, dass die neueren Studien, Auswirkungen von Krafttrainingsinterventionen auf verschiedene Kraftparameter, deutlich die Effektivität eines entsprechenden Krafttrainings belegen (Niessen et al., 2010, S. 123).

Fazit zu den Anpassungseffekten auf die Kraft- und die Leistungsfähigkeit bei Heranwachsenden

Frühe experimentelle Studien aus den achtziger Jahren konnten keine Steigerungen der Kraft bzw. der sportlichen Leistungsfähigkeit nachweisen. Unter anderem können hierfür methodische Unzulänglichkeiten verantwortlich gemacht werden. Die gleichen methodischen Mängel sind jedoch auch in Studien nachzuweisen (speziell Ende 80er, Anfang 90er Jahre), welche einen positiven Effekt verifizieren konnten. Ende der 90er Jahre sowie zu Beginn des 21. Jahrhunderts wurden methodisch und methodologisch aussagekräftigere Studien und Versuchsdesigns durchgeführt, welche nahezu alle einen positiven Effekt eines Krafttrainings auf die Steigerung der Kraft (i. d. R. operationalisiert über die Veränderung des 1-RM bzw. X-RM) bzw. der sportlichen Leistungsfähigkeit (z. B. operationalisiert über die Sprunghöhe, die verrichtete Arbeit, die Sprintleistung etc.) zeigen konnten [siehe die Überblicksstudien der American Academy of Pediatrics (2001), der Strength and Conditioning Association sowie des American College of Sports Medicine; vgl. auch Benjamin & Glow (2003), Blimkie (1992; 1993), Faigenbaum (2007), Faigenbaum et al. (1996a; 1996b; 1997; 1999; 2001; 2002; 2003a), Falk & Tenenbaum (1996), Fleck & Kramer (1997), Guy & Micheli (2001), Kraemer et al. (1999), Kraemer & Fleck, (2005); Malina (2006), Mersch (1987); Ozmun et al. (1994), Payne et al. (1997), Pohlman & Isaacs (1998), Schafer (1991), Schmidtbleicher (1994), Suman et al. (2001)].

Tabelle 6: Effekte eines Kraft- und Schnellkrafttrainings auf ausgewählte sportartspezifische Parameter sowie auf Körperregionen (Effektstärke und Klassifikation) (modif. und übersetzt n. Behm et al., 2017, S. 22)

	Gesamt	Trainiert	Untrainiert	Kinder	Jugendliche
Schnellkrafttrainingseffekte auf Sprungleistungen	0,69 moderat	0,67 moderat	0,80 groß	0,74 moderat	0,57 moderat
Krafttrainingseffekte auf Sprungleistungen	0,53 moderat	0,48 gering	0,61 moderat	0,68 moderat	0,42 gering
Schnellkrafttrainingseffekte auf Sprintleistungen	0,38 gering	0,32 gering	1,19 groß	0,47 gering	0,13 trivial
Krafttrainingseffekte auf Sprintleistungen	0,48 gering	0,45 gering	0,57 moderat	0,73 moderat	0,36 gering
Schnellkrafttrainingseffekte auf Beinkraftparameter	0,16 trivial	keine Angabe	keine Angabe	keine Angabe	0,16 trivial
Krafttrainingseffekte auf Beinkraftparameter	1,14 groß	1,23 groß	1,08 groß	1,39 groß	0,88 groß

Allgemein kann als aktuelles Fazit aus den bisherigen Studien geschlossen werden, dass eine hohe empirische Evidenz besteht, dass die Kraft (Maximalkraft), die Schnellkraft, die Kraftausdauer und Reaktivkraft durch ein Krafttraining bei Kindern (ab ca. 5–6/7 Jahre) und Jugendlichen (ab ca. 10/11 Jahre) in Abhängigkeit von der verwendeten Trainingsmethode sowohl bei dynamischen/statischen als auch bei freien/gerätespezifischen Übungen über eine Trainingsdauer von 6–20 Wochen um ca. 30–60 % gesteigert werden kann (vgl. Behm et al., 2017; Fleck & Kraemer, 2014; Granacher et al., 2011; Granacher et al., 2016; Lesinski et al., 2016; Lloyd et al., 2014).

Darüber hinaus liegt eine hohe empirische Evidenz im Hinblick auf Verbesserungen bzw. Steigerungen von Sprint- und Sprungparametern, der Agilität, der Wurfweite und Wurfgeschwindigkeit von Bällen, Disken und anderer Wurfgeräte sowie allgemeiner Körperkomposition (u. a. fettfreie Muskelmasse, Insulinsensitivität, kardiovaskuläre Anpassungen) durch strukturierte Krafttrainingsinterventionen vor (vgl. Fleck & Kraemer, 2014).

In Anlehnung an das Positionspapier zum Krafttraining im Nachwuchsleistungssport des Bundesinstituts für Sportwissenschaft (http://www.bisp.de) sowie an die Ergebnisse des wissenschaftlichen Verbundprojekts „Krafttraining im Nachwuchsleistungssport (KINGS) (https://www.uni-potsdam.de/kraftprojekt/) kann im Weiteren konstatiert werden:

a) Krafttraining kann bereits bei Präpubertierenden zu Kraftzuwächsen führen, welche über den durchschnittlichen normalen Reifungsprozessen liegen (vgl. Niessen et al., 2010, S. 129).
b) Die Krafttrainierbarkeit – Kraftzuwachs in Relation zu Körpermasse – ist bei Kindern vor der Pubertät ebenso oder eventuell sogar höher als bei Jugendlichen in der Pubertät ausgeprägt (Niessen et al., 2010, S. 129).
c) Muskuläre Hypertrophieeffekte durch Krafttraining sind bei Jugendlichen während und nach der Pubertät als gesichert anzunehmen.
d) Moderne bildgebende Verfahren zeigen, dass auch bei Kindern vor der Pubertät muskuläre Hypertrophieeffekte durch Krafttraining zu erzielen sind.
e) Durch Krafttraining kommt es bei Kindern und Jugendlichen in allen Altersstufen zu einer verbesserten Rekrutierung, Frequenzierung und Synchronisation von motorischen Einheiten und somit zu einer verbesserten intramuskulären Koordination.
f) Infolge von Detrainingsphasen reduzieren sich die trainingsbedingten Krafttrainingsadaptationen und sportmotorisch erzielten Steigerungen wieder auf das Niveau vor Trainingsbeginn. Ein Erhaltungstraining von 1 bis 2 Trainingseinheiten pro Woche konserviert die Trainingseffekte (vgl. Niessen et al., 2010, S. 130).
g) Eine Erklärung möglicher Krafttrainingseffekte auf der Ebene von zellulären, histochemischen, enzymatischen und insbesondere molekularbiologischen Adaptationsprozessen ist mangels aussagekräftiger Studien bei Kindern und Jugendlichen derzeit nur bedingt möglich.

Es bleibt festzuhalten – obwohl die Faktenlage bereits eindeutige Interpretationen zulässt (siehe hier z. B. die systematischen Reviews und Metaanalysen von Behm et al., 2017; Granacher et al., 2016; Lesinski et al., 2016) –, dass noch immer methodische Schwierigkeiten innerhalb der Differenzierung von Trainingseffekten bzw. Adaptationseffekten und Reifungsbzw. Entwicklungseffekten bestehen und somit weitere Anstrengungen mittels Quer- und Längsschnittstudien (z. B. Einbeziehung einer Kontrollgruppe, Durchführung einer Trainings- und Detrainingsphase, Verwendung von Cross-over-Designs um Interaktionseffekte kontrollieren zu können, matching-sample, Waiting Controll-Group-Design usw.) zu unternehmen sind. Hierbei sind in Anlehnung an die CONSORT-Statements sowie die PRISMA-Richtlinien verschiedene Qualitätssicherungsmaßnahmen auf Seiten der Versuchsplanung, -umsetzung, -durchführung, -auswertung und -dokumentation zu berücksichtigen (vgl. Moher et al., 2001 sowie die Webseiten: http://www.consort-statement.org/ und http://www.prisma-statement.org/). Des Weiteren sind mittelwertsgebundene Statistiken durch individuelle Verlaufsanalysen zu erweitern sowie qualitative und quantitative Auswerteverfahren im Sinne des Mix-Method-Ansatzes zu favorisieren.

Kapitel 6

Neben dem Einfluss von muskelaufbauenden Hormonen sind bei der Interpretation von Krafttrainingseffekten im Kindes- und Jugendalter explizit neuromuskuläre Koordinationsaspekte (intra- und intermuskulär) aufgrund verschiedener Rekrutierungs-, Frequenzierungs- und Synchronisationsmechanismen, zentralnervöse Aktivierungsprozesse, psychologische Merkmale wie Motivation und Volition, genetische Präpositionen usw. für die Steigerung der Kraft bzw. der Kraftfähigkeit verantwortlich.

Die aktuelle Forschungslage lässt für Präpubeszente als auch für Pubeszente bzw. Adoleszente den Schluss zu, dass neuromuskuläre, koordinative, hormonelle und muskelphysiologische Anpassungsprozesse bei Heranwachsenden durch Krafttrainingsinterventionen festzustellen sind.

Bezüglich der zeitlichen Dimension kann festgestellt werden, dass zu Beginn eines Krafttrainings eher neuromuskuläre und koordinative Adaptationen für die Steigerung der Kraft verantwortlich sind. Darüber hinaus mit dem vermehrten androgenen Einfluss von anabol wirkenden Hormonen bei Präpubeszenten eine gesteigerte Muskelmassenzunahme einhergeht und eine letztendliche, relative Gewichtung der einzelnen Faktoren noch aussteht und somit noch hinreichender Forschungsbedarf für das Krafttraining bei Kindern und Jugendlichen besteht.

Krafttrainingseffekte auf Muskulatur sowie anaboles und neuromuskuläres System bei Kindern und Jugendlichen

Mangelnde Anpassungseffekte eines Krafttrainings bei Kindern und Jugendlichen werden bzw. wurden oftmals mit der geringeren Muskelmasse bzw. dem relativ geringeren Muskelquerschnitt (engl. cross-sectional area;

CSA) aufgrund unzureichender bzw. zu geringer androgener (muskelaufbauender) Hormonausstattung in Verbindung gebracht (vgl. Blimkie, 1992; Ozmun et al., 1994). Dass der Muskelquerschnitt (Anzahl und Größe der einzelnen Muskelfilamente) mit der Größe der zu realisierenden Kraft hoch assoziiert ist, ist seit Langem hinlänglich bekannt und steht auch nicht zur Disposition (vgl. Campos et al., 2002; Fink & Costill, 1995; Larsson & Tesch, 1986; Tesch, 1988, 1998; Zatsiorky, 1995). In der Literatur werden bspw. pro cm^2 Muskelquerschnitt 40–70 N Kraftentfaltung angegeben (Freiwald & Greiwing, 2016)

In diesem Zusammenhang sind jedoch noch weitere Aspekte wie neuromuskuläre Koordination (intra- und intermuskuläre Koordination) aufgrund verschiedener Rekrutierungs-, Frequenzierungs- und Synchronisationsmechanismen, zentralnervöse Aktivierungsprozesse, Myelinisation, Muskelfasertyp, Muskelfiederung und -architektur, psychologische Merkmale wie Motivation und Volition, genetische Präpositionen usw. für die Steigerung der Kraft bzw. der Kraftfähigkeit verantwortlich (vgl. Abe et al., 2000; Chilibeck et al., 1998; Moritani, 1992; Rutherford & Jones, 1986; Sale, 1988; Schmidtbleicher & Bührle, 1987; Semmler & Enoka, 2000). Diese Faktoren wurden in der Vergangenheit im Allgemeinen an Erwachsenen untersucht und lassen keine direkten Schlüsse auf die spezifischen Anpassungseffekte bei Kindern und Jugendlichen zu (Guy & Micheli, 2001, S. 31).

Kraemer et al. (1999) untersuchten bspw. die hormonelle Anpassung – Testosteron (Total), freies Testosteron, Cortisol, Wachstumshormone, Laktat, insulin-like growth factor-I (IGF-I) und IGF-binding protein-3 – eines zehnwöchigen Krafttrainings (4 Sätze à 10-RM, Kniebeuge mit 90 Sekunden Serienpause) bei acht im Mittel 30-jährigen und bei neun 62-jährigen (62 ± 3,2 Jahre) Probanden. Nach der Trainingsintervention konnte bei beiden Gruppen eine Steigerung der Kraft (operationalisiert über das 1-RM) als auch des Muskelquerschnittes registriert werden. Innerhalb der Gruppe mit den jüngeren Teilnehmern lag die Konzentration an totalem und freiem Testosteron und IGF-I höher als bei den älteren Teilnehmern.

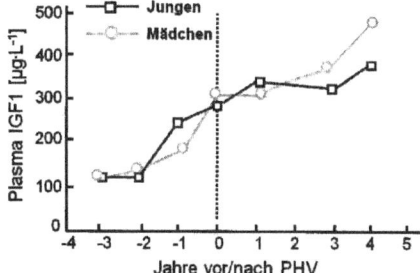

Abbildung 13: IGF-I (Insulinähnlicher Wachstumsfaktor) Veränderung vor und nach dem Zeitpunkt „peak height velocity" (n. Jones & Round, 2008 in Behringer et al., 2010, S. 13)

Des Weiteren konnte ein Anstieg des freien Testosterons und des IGF-binding protein-3 in Ruhe sowie nach der Trainingsbelastung gefunden werden. Mit dem Training zeigten die älteren Teilnehmer einen signifikanten Anstieg des totalen Testosterons und einen Abfall des Ruhe-Cortisol. Dies veranlasste Kraemer und Kollegen (1999, S. 987) zu der Aussage, dass [...] ein Rückgang der Konzentration anaboler Hormone (u. a. Testosteron, Wachstumshormon und IGF-I) im Verlauf des Alterungsprozesses zur Abnahme der Muskelmasse und Muskelkraft im Alter beitragen können. Schmidtbleicher (1994, S. 132) stellt heraus, dass es in der frühen Lebensphase (inklusive vorpuberale Phase) unter dem Einfluss einer weitgehend konstanten Trainierbarkeit zu einer stetigen Steigerung der Leistungsfähigkeit im Kraft- und Schnellkraftverhalten kommt, und mit dem Einsetzen der Pubertät der Einfluss androgener Hormone, speziell der mit anaboler Wirkung (totales und freies Testosteron usw.), stark zunimmt. Die nachfolgende Abbildung 14 zeigt u. a. die Veränderung von Kraft und Testosteronkonzentration von der Geburt bis zum Erwachsenenalter in Anlehnung an Fleck und Kraemer (1997; 2014).

Teil 1: THEORIE

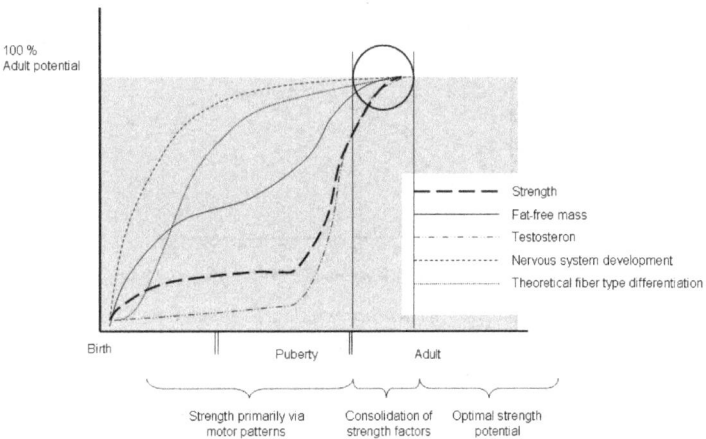

Abbildung 14: Veränderung von Kraft, fettfreier Masse, Testosteron, Nervensystem und theoretischer Muskelfaserdifferenzierung von der Geburt bis zum Erwachsenenalter (modif. n. Fleck & Kraemer, 1997, S. 203)

Im Weiteren steigert sich durch den Testosteronanstieg die Muskelmasse bei männlichen Jugendlichen von ca. 27 % der Gesamtkörpermasse auf ca. 40 % (vgl. Kauhanen, 1998, S. 107; Menzi et al., 2007, S. 39). Fröhner und Tronick (2007, S. 13) geben die Muskelmasse des Kindes mit ca. 21 %, im Vergleich zur Muskelmasse des Erwachsenen mit etwa 40–45 %, an. Dabei sind die Muskelfasern bei Kindern insgesamt dünner und elastischer, das Muskelgewebe wasserreicher und der Muskeltonus geringer. Um die Zusammenhänge von Muskelquerschnitt, anabol wirkenden Hormonen und neuromuskulärer Koordination bei Heranwachsenden zu spezifizieren, folgt im Weiteren eine differenziertere Betrachtung:

Effekte auf Muskulatur sowie anaboles und neuromuskuläres System

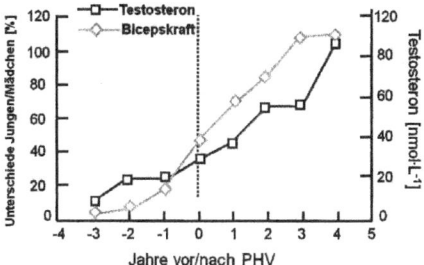

Abbildung 15: Veränderung von Bicepskraft und Testosteronkonzentration zum Zeitpunkt der höchsten Größenwachstumsgeschwindigkeit (n. Jones & Round, 2008 in Behringer et al., 2010, S. 15).

Studien, welche den Zusammenhang zwischen anabol wirkenden Hormonen, der Anpassung an Krafttraining und dem des Muskelquerschnitts untersucht haben, beziehen sich in der absoluten Mehrzahl auf ältere Probanden (im Allgemeinen postpuberal) bzw. auf den Vergleich von Erwachsenen und Senioren (vgl. Häkkinen et al., 1998; Kraemer et al., 1998a; 1999).

2002 wurde von Fry und Schilling ein Übersichtsbeitrag veröffentlicht, der einerseits dezidiert den Zusammenhang von „weightlifting training" (hochspezifisches Training von Gewichthebern) und der hormonellen Antwort auf Trainingsinterventionen erörtert und andererseits pragmatische Empfehlungen zum Krafttraining vor der Geschlechtsreife ausspricht. Während das Verhältnis von Testosteron zu Cortisol Hinweise zum Trainingsstatus (Testosteron-Cortisol-Verhältnis steht in negativem Zusammenhang mit dem Belastungsumfang) sowie zu möglichen Übertrainingsphänomenen bei Erwachsenen zulässt, können bei Heranwachsenden nur eingeschränkt diesbezügliche Aussagen getroffen werden (vgl. Fry, 1998; Fry & Schilling, 2002; Meeusen et al., 2006).

Darüber hinaus ist der Ruhe-Testosteronspiegel bei Adoleszenten nach gängiger Meinung so gering, dass keine trainingsbedingten Auslenkungen im Sinne einer progressiven Erhöhung zu konstatieren sind. Kurzfristig nach einer Trainingseinheit resultiert jedoch ein signifikanter Anstieg von Testosteron, Cortisol und Wachstumshormonen, während das Testosteron-Cortisol-Verhältnis abfällt (vgl. Fry, 1998). Ebenfalls scheinen Trainingserfahrenere nach einer Trainingseinheit einen höheren Testosteronspiegel zu haben. In der Zusammenschau all ihrer Ergebnisse kommen Fry und Schilling (2002, S. 11) in Abhängigkeit von der Trainingsplanung zu

Teil 1: THEORIE

den folgenden Aussagen, wobei nicht vergessen werden darf, dass es sich um Studienergebnisse von Trainingsinterventionen bei Gewichthebern handelt und ein Transfer auf allgemeine Krafttrainingsmethoden und weniger leistungsfähige Athleten mit Zurückhaltung vorgenommen werden muss:

1. Die Aneignung von Fertigkeiten kann vor der Pubertät beginnen und das Trainingsvolumen kann gesteigert werden, wenn die hormonelle Umgebung zu reifen beginnt. Pubertierende Jungen können die gleichen hormonellen Reaktionen auf ein Training erfahren wie Erwachsene.
2. Die Trainingskapazität von Heranwachsenden ist in Bezug auf Krafttraining größer als bislang angenommen.
3. Eine vorhergegangene Krafttrainingserfahrung kann die hormonelle Reaktion auf eine einmalige Trainingseinheit verstärken.
4. Die Einbeziehung sehr anstrengender Phasen (overreaching) kann dazu beitragen, ein solches Training später besser tolerieren zu können.
5. Die Veränderungen im hormonellen Profil Heranwachsender können Leistungsverbesserungen reflektieren.

„The results may also suggest that the catecholamines were less involved in eliciting an increase in Tes secretion in these resistance exercises." (Pullinen et al., 1998, p. 419)

Pullinen et al. (1998) untersuchten unter vier verschiedenen Experimentalbedingungen (Variation der Serien, der Wiederholungen, der Serienpause sowie der Bewegungsfrequenz) bei der Übung halbe Kniebeuge bei jeweils sieben männlichen Heranwachsenden (15 ± 1 Jahre) und sieben Erwachsenen (25 ± 6 Jahre) die Veränderung der Plasma Noradrenalin- und Adrenalinkonzentration sowie der Testosteronkonzentration im Serum. Die verrichtete Arbeit war bei allen vier Treatmentbedingungen vergleichbar, sodass die Veränderungen der Katecholamine und der Testosteronkonzentration auf die Differenzierungen des Treatments zurückgeführt werden konnte. Innerhalb der Trainingsmethode mit zwei Sätzen à 30 Wiederholungen mit 50 % 1-RM und zwei Minuten Serienpause, lag nur die Plasma Noradrenalinkonzentration bei den Heranwachsenden signifikant niedriger als bei den Erwachsenen. Die übrigen Trainingsmethoden unterschieden sich weder bei den Hormonen Adrenalin noch Noradrenalin. Die Nachbelastungskonzentration von Testosteron war für alle Trainingsmethoden bei den Jugendlichen signifikant niedriger als bei den Erwachsenen. Des Weiteren wurden keinerlei Zusammenhänge zwischen Katecholaminen und Testosteron, weder bei den ver-

schiedenen Trainingsmethoden noch bei den zwei Alterskohorten, gefunden. Die Befunde veranlassen Pullinen et al. (1998, S. 419) zu dem Fazit: „Die Ergebnisse könnten auch darauf hindeuten, dass die Katecholamine bei diesen Übungen eine geringere Rolle in Bezug auf eine gesteigerte Testosteronausschüttung spielen."
In einer methodisch anspruchsvollen Studie von Tsolakis et al. (2000) wurde in einer zweimonatigen Trainings- und einer zweimonatigen Detrainingsphase die Hormonantwort bei zwei Experimental- und zwei Kontrollgruppen untersucht. Insgesamt wurden 42 untrainierte Kinder (11–16 Jahre) randomisiert so auf vier Gruppen aufgeteilt [(STG1; N = 9; 11,8 ± 0,8 Jahre), (STG2; N = 13; 14,9 ± 0,9 Jahre), (CG1; N = 10; 12,0 ± 0,8 Jahre) und (CG2; N = 10; 14,9 ± 0,9 Jahre)], dass jeweils die Trainingsgruppe und die Kontrollgruppe das gleiche mittlere Alter hatten. Das Training bestand aus 3 Sätzen à 10-RM und wurde dreimal pro Woche für jeweils sechs Oberkörperübungen durchgeführt. Zu Beginn, nach zwei Monaten Training sowie nach zwei Monaten Pause, wurde sowohl bei den Trainingsgruppen als auch bei den Kontrollgruppen Testosteron, SHBG (sex hormone binding globulin) und FAI (free androgen index) bestimmt. Die Ergebnisse von Testosteron, SHGB und FAI der zwei Trainingsgruppen sind in Tabelle 7 wiedergegeben.

Tabelle 7: Hormonkonzentration der Experimentalgruppen (n. Tsolakis et al., 2000, S. 401)

Variable	Group	Pretraining	Posttraining	Detraining
T (nmmol*L-1)	STG1	4,9 ± 5,7	10,9 ± 6,2	10,1 ± 7,6
	STG2	14,6 ± 4,2	19,3 ± 2,8	20,1 ± 2,3
SHBG (nmmol*L-1)	STG1	69,0 ± 30,9	52,0 ± 42,2	86,8 ± 50,5
	STG2	42,5 ± 9,1	43,1 ± 27,9	44,1 ± 22,5
FAI	STG1	15,6 ± 26,1	27,2 ± 34,4	20,1 ± 27,4
	STG2	36,1 ± 14,4	68,3 ± 79,6	56,7 ± 22,1

T = Testosteron; SHBG = sex hormone binding globulin; FAI = free androgen index; STG1 = Experimentalgruppe 1 (N = 9); STG2 = Experimentalgruppe 2 (N = 13)

Tsolakis et al. (2000) konnten zeigen, dass ein zweimonatiges Training (innerhalb von Trainingsinterventionen über mehrere Monate müssen jeweils entwicklungsbedingte Anpassungseffekte mitberücksichtigt werden) die Testosteronkonzentration ansteigen lässt, und dass dieser Anstieg nach der Trainingspause differenziert nach Altersbereichen gehalten wird. Tsolakis und Mitarbeiter (2000, S. 399) schließen daraus, „[...] dass Krafttraining die anabole und androgene Aktivität bei präpubertären und pubertären untrainierten Jungen unterschiedlich stimuliert."

In der systematischen Übersichtsarbeit von Falk und Eliakim (2014) mit dem Titel „Endocrine response to resistance training in children" wurden die in Tabelle 8 und Tabelle 9 gefundenen akuten und chronischen Anpassungen eines Krafttrainings bei Kindern und Jugendlichen im Gegensatz zu Erwachsenen vergleichend dargestellt. Die Autoren verweisen jedoch explizit darauf, dass die Primärstudienlage insgesamt noch sehr eingeschränkt ist, die Erkenntnisse sich im Allgemeinen auf männliche Kinder und Jugendliche beziehen und individuelle Entwicklungsverläufe zu berücksichtigen sind (Falk & Eliakim, 2014, S. 418).

Tabelle 8: Akute Anpassungen verschiedener Hormone bei Erwachsenen, Jugendlichen und Kindern durch ein Krafttraining (modif. n. Falk & Eliakim, 2014, S. 415)

Hormone	Erwachsene	Jugendliche	Kinder
Testosteron	Anstieg	keine Veränderung oder Anstieg	keine Daten
Östrogen	Anstieg	keine Daten	keine Daten
Wachstumshormone	Anstieg	Anstieg oder keine Veränderung	Anstieg
IGF-I	Anstieg inkonsistent	keine Daten	Anstieg
Cortisol	Anstieg	Anstieg oder keine Veränderung	keine Daten
Katecholamine	Anstieg	Anstieg	Anstieg

Tabelle 9: Chronische Anpassungen verschiedener Hormone bei Erwachsenen, Jugendlichen und Kindern durch ein Krafttraining (modif. n. Falk & Eliakim, 2014, S. 414)

Hormone	Erwachsene	Jugendliche	Kinder
Testosteron	inkonsistent	inkonsistent	Anstieg
Östrogen	Abfall bei Frauen	keine Daten	keine Daten
Wachstumshormone	keine Veränderung	keine Veränderung	keine Veränderung
IGF-I	keine Veränderung bei Männern	keine Daten	keine Veränderung
Cortisol	inkonsistent	keine Veränderung	keine Daten
Insulin	keine Veränderung	keine Veränderung	keine Daten

Faigenbaum und Kollegen (1996a, S. 66) schreiben im Position Statement Paper for „Youth resistance training", dass zwar aufgrund des geringeren Testosteronspiegels bei Präpubeszenten eine Zunahme der Muskelmasse im Vergleich zu Erwachsenen schwieriger zu erzielen ist (Trainingsinterventionen bis 20 Wochen), eine generelle Verneinung jedoch nicht haltbar erscheint. Vielmehr sollten Studien mit höherer Belastungsintensität, längerer Studiendauer (> fünf Monate) sowie verbesserte Techniken zur Muskelmassenbestimmung (z. B. Computertomographie CT, Magnetresonanztomoghraphie MRT, Sonographie etc.) eingesetzt werden, um die Effekte eines Trainings auf die fettfreie Körpermasse gezielter untersuchen zu können (vgl. Faigenbaum et al., 2003a, S. 2). Da letztendlich noch keine hinreichend dezidierten Aussagen zur Assoziation von Krafttraining, der Zunahme an Kraft und fettfreier Muskelmasse, bei Heranwachsenden vor der Pubertät gemacht werden können, wird derzeit ein Trend zu neuromuskulären Adaptationsmechanismen favorisiert (Faigenbaum, 1993; Matos & Winsley, 2007).

"... that strength training stimulates the anabolic and androgenic activities differently in prepubertal and pubertal untrained boys." *(Tsolakis et al., 2000, p. 399)*

Fleck und Kraemer (1997, S. 203) stellen hierzu fest: „Es ist wichtig, festzuhalten, dass, obwohl Muskelzuwächse (Hypertrophie) vielleicht nicht bei Kindern jeden Alters auftreten, viele andere Veränderungen in den Muskeln, Nerven und dem Bindegewebe der Kinder darauf hindeuten, dass Verbesserungen bezüglich der Qualität des Muskelgewebes und der neuromuskulären Einheiten eintreten. Veränderungen bezüglich der Muskelprotein-Aktivierungsmuster und des Bindegewebes dürften zu den Verbesserungen hinsichtlich Kraft, sportlichem Leistungsvermögen und Verletzungsprophylaxe beitragen."

Bereits 1987 wurde von Mersch eine für die damalige Zeit methodisch hoch anspruchsvolle Arbeit (mit drei Paaren monozygoter männlicher Zwillinge im Alter von 8,8 bis 11,2 Jahren) vorgelegt, in der dezidiert aufgezeigt werden konnte, dass

"It is important to note that, although increases in quantity of muscle (i.e., hypertrophy) may not occur in children of all ages, many other changes in the muscle, nerve, and connective tissue of children suggest an increase in the quality of muscle tissue and the neuromuscular unit. Changes in muscle protein (myosin forms) recruitment patterns and in connective tissue could contribute to the improvement in strength, sport performance, and injury prevention." *(Fleck & Kraemer, 1997, p. 203)*

a) einer nicht vorhandenen bzw. nicht lohnenden Trainierbarkeit bei Kindern widersprochen werden muss,
b) eine trainingsbedingte, über das normale Wachstum hinausgehende Muskelhypertrophie bei trainierten Muskeln deutlich feststellbar ist und
c) der Muskel- und Kraftzuwachs sowohl entwicklungs- als auch trainingsbedingt ohne den Einfluss des männlichen Geschlechtshormons Testosteron deutlich erkennbar ist.

Einerseits ist seit längerem bekannt, dass allgemein zu Beginn eines Krafttrainings neuromuskuläre Anpassungsprozesse im Sinne einer Zunahme von Rekrutierungs-, Frequenzierungs- und Synchronisationsprozessen stattfinden (Del Vecchio et al., 2019; Moritani, 1992; Sale, 1988; 1992). Hinzu kommen so genannte Lern- und Gewöhnungseffekte an die neue Trainingssituation (z. B. Übung, Testung, Bewegungsablauf etc.) (vgl. Rutherford & Jones, 1986). Chilibeck und Kollegen (1998, S. 170) verweisen darauf, dass komplexere Übungen mit mehreren Freiheitsgraden (i. d. R. mehrgelenkige Übungen und Einbeziehung mehrerer Muskelgruppen) längere neuronale Anpassungsprozesse bedingen und somit morphologische Adaptationen erst verzögert stattfinden.

"In prepubescents it appears that training-induced strength gains are more related to neural mechanisms than to hypertrophic factors [...]." (Faigenbaum et al., 1996a, p. 66)

Andererseits haben empirische Studien von Ozmun et al. (1994) und Ramsay et al. (1990) erstmals bei Heranwachsenden nachweisen können, dass neuromuskuläre Anpassungseffekte bei Kindern und Jugendlichen auf Krafttrainingsreize vorliegen (vgl. Watkins, 1986). Ozmun et al. (1994) fanden bei im Mittel 10,3 Jahre alten Jungen und Mädchen (dreimal pro Woche 7–11 Wiederholungen bei der Übung Biceps Curls über acht Wochen) eine Zunahme der Kraft von 22,6 % (isotonisch) und 27,8 % (isokinetisch) ohne direkte Zunahme des Muskelumfangs bei gleichzeitiger Erhöhung der IEMG-Aktivität von 16,8 %. Die Autoren schließen daraus, dass die ersten Kraftsteigerungen durch die Zunahme der neuronalen Muskelaktivität bedingt sind. Ähnliche Ergebnisse wurden von Ramsay et al. (1990) nach 20-wöchigem Training gefunden. Mittels EMG-Untersuchungen konnte eine Zunahme der Aktivität der motorischen Einheiten, eine verbesserte Koordination sowie die Rekrutierung und Frequenzierung der motorischen Einheiten festgestellt werden. Faigenbaum und Mitarbeiter (1996a, S. 66) konstatieren hierzu: „Bei Präpubertären scheinen trainingsbedingte Kraftgewinne mehr auf neuronale Mechanismen, denn auf eine Muskelhypertrophie zurückzuführen zu sein [...]."

Zur differenzierten Betrachtung von neuromuskulären und muskelmorphologischen Anpassungen in Abhängigkeit von der Komplexität der Übung während eines Krafttrainings wurde von Chilibeck et al. (1998) folgende Untersuchung durchgeführt. 29 junge Frauen (20,2 ± 0,8 Jahre) wurden auf eine Trainingsgruppe (N = 20) und eine Kontrollgruppe (N = 9) verteilt. Die Trainingsgruppe führte zweimal pro Woche über insgesamt 20 Wochen sowohl Komplexübungen (Bankdrücken und Beinpressen) als auch eine Einfachübung (Armcurl) durch. Die einzelnen Oberkörperübungen (Bankdrücken und Armcurl) als auch die Übungen für die unteren Extremitäten (Beinpressen) bestanden aus 5 Sätzen à 6–10-RM. Abhängige Variablen waren das 1-RM sowie die fettfreie Körpermasse. Das 1-RM stieg von Vortest, zu Testmitte (nach 10 Wochen), zu Posttest (nach 20 Wochen) signifikant über alle drei Übungen an. Die Veränderung der fettfreien Körpermasse zeigte in Abhängigkeit von der Komplexität der Übungen unterschiedliche Verläufe (eingelenkige vs. mehrgelenkige Übungen). Während sich die fettfreie Körpermasse von Pretest zu Testmitte nur bei der Armcurlübung steigerte, kam es bei den Komplexübungen Bankdrücken und Beinpressen zu Veränderungen von Testmitte zu Testende, d. h. von der 10. zur 20. Trainingswoche. Die Autoren schließen daraus, dass Komplexübungen im Vergleich zu Einfachübungen verzögerte Anpassungen auf morphologischer Ebene zeigen und somit bei mehrgelenkigen Übungen im zeitlichen Verlauf zu Beginn eher neuronale Adaptationen zu finden sind (Chilibeck et al. 1998, S. 174). Faigenbaum et al. (1996a, S. 66) stellen weiterhin heraus, dass bei Kindern, gegenüber Erwachsenen, die Trainingsadaptationen weit mehr von der Übungsausführung, der Geschwindigkeit mit der die Übung durchgeführt wird, der Kontraktionsform sowie von der Stärke der Kontraktion abhängig erscheinen.

Nach dem derzeitigen Kenntnisstand lässt sich aus den empirischen Studien sowohl für Präpubeszente als auch für Pubeszente bzw. Adoleszente schließen, dass

1. neuromuskuläre, koordinative, hormonelle und muskelphysiologische Anpassungsprozesse bei Heranwachsenden durch Krafttrainingsinterventionen festzustellen sind (vgl. Fleck & Kraemer, 2014; Matos & Winsley, 2007),
2. zu Beginn eines Trainings eher neuromuskuläre und koordinative Adaptationen für die Steigerung der Kraft verantwortlich sind (vgl. Matos & Winsley, 2007; Watkins, 1986).

3. mit dem vermehrten androgenen Einfluss von anabol wirkenden Hormonen bei Präpubeszenten eine vermehrte Muskelmassenzunahme einhergeht (vgl. Matos & Winsley, 2007) und
4. eine letztendliche, relative Gewichtung der einzelnen Faktoren noch aussteht und somit hinreichender Forschungsbedarf bei Kindern und Jugendlichen besteht (vgl. Faigenbaum et al., 1996a, 2003a; Fleck & Kraemer, 1997; Guy & Micheli, 2001; Kraemer & Fleck, 2005; Matos & Winsley, 2007).

Kapitel 7

Knochen, Muskeln, Sehnen und Bänder sind altersspezifisch unterschiedlich belastbar. Bei Kindern unter 10 Jahren stellt der Röhrenknochen die kritische verletzbare Struktur dar. Bei Jugendlichen sind die Epiphysenfugen besonders gefährdet, bei jungen Erwachsenen der Kapsel-Band-Apparat und im Alter ist es wieder der durch die Osteoporose bedingt, vermindert belastbare Knochen.

Zu beachten ist, dass Kinder und Jugendliche hohe Belastungsumfänge aus orthopädischer Sicht erstaunlich gut tolerieren.

Weiterhin scheint eher die Art der Belastungseinwirkung, denn die Dauer der Belastung ausschlaggebend zu sein. Bezüglich der Anpassung des Knochengewebes im Allgemeinen und der des Röhrenknochens im Speziellen wird die Auffassung vertreten, dass die Entwicklung durch Krafttraining verbessert werden kann, indem die entwickelte Muskelkraft, die Belastungsrate sowie die diesbezügliche Stauchung entsprechende Entwicklungsreize bzw. Stimuli für Knochenbildung und/oder Knochenumbildung sind. Empirisch nachgewiesen werden konnte, dass aufgrund äußerer Belastungsreize, wie sie durch spezifische Sportarten (z. B. Turnen, Laufen, Tennis, Eishockey, Gewichtheben etc.) auftreten, die Knochendichte und Knochenmasse in den entsprechenden Strukturen (z. B. Deckflächen der Wirbelkörper, Röhrenknochen etc.) erhöht wird.

Krafttrainingseffekte auf den passiven Bewegungsapparat sowie auf das Wachstum bei Kindern und Jugendlichen

Der Bewegungsapparat besteht vereinfacht betrachtet aus Knochen, Muskeln, Sehnen, Bändern, Faszien und Knorpel (in den weiteren Ausführungen wird speziell der Gelenkknorpel betrachtet). Alle Gewebearten sind im Laufe des Lebens einer Veränderung ihrer Festigkeit oder Elastizität unterworfen, wobei der bedeutendste Unterschied zwischen Kind und Erwachsenem im Vorhandensein des Wachstumsknorpels liegt (Hefti, 2006, S. 48). Das Skelettwachstum findet dabei im Wesentlichen einerseits über das enchondrale Längenwachstum aus knorpeligen Vorstufen an den Epiphysen- und Apophysenfugen sowie andererseits über das appositionelle Dickenwachstum aus Osteoblasten des Periostes statt (Rahn, 1985, S. 145 ff.).

Der kindliche Knochen weist im Vergleich zum Erwachsenen einen niedrigeren Elastizitätsmodul (80 Pa im Alter von 5 Jahren, 150 Pa im Alter von 40 Jahren) sowie eine geringere Biegebelastbarkeit (150 Pa vs. 200 Pa) auf. Hieraus ergibt sich, dass sich der unreife Knochen auf Belastung stärker verbiegt und mehr Energie absorbiert, bevor er bricht. Damit ist er plastischer und weniger elastisch als der reife Knochen, sodass eine geringere Krafteinwirkung zur Fraktur führen kann (Hefti, 2006, S. 49; Neumann & Nehrer, 2006, S. 13). Daraus ergibt sich die für Kinder typische so genannte Grünholzfraktur, bei der der Periostschlauch um den gebrochenen Röhrenknochen noch intakt ist. Der Knochen ist im Kindes- und Jugendalter im Vergleich zum Erwachsenen weniger belastbar, wohingegen Muskel, Sehnen und Bänder kräftig und elastisch sind (Schmitt, 2007, S. 570). Damit ist bei Kindern unter zehn Jahren der Röhrenknochen die kritische verletzbare Struktur, bei Jugendlichen ist es die Epiphysenfuge, bei jungen Erwachsenen der Kapsel-Band-Apparat und im Alter ist es wieder der durch die Osteoporose bedingt vermindert belastbare Knochen (Hefti, 2006, S. 51 ff.).

Körperliche Belastungen, speziell exzentrische Muskelaktionsformen sowie Aktionen im Dehnungs-Verkürzungs-Zyklus (DVZ) mit hohem Krafteinsatz (hohem Impuls), wie sie etwa bei Sprüngen und Läufen auftreten, stellen sowohl für das Bindegewebe als auch für das Knochengewebe einen erheblichen Stressfaktor dar (Kemmler et al., 2003; Stone, 1992), sind jedoch für spezifische Anpassungsprozesse unabdingbare Voraussetzung.

Zernicke und Loitz (1992) verweisen darauf, dass durch Immobilisation der Gehalt an Glykosaminoglykan und zellulärer Flüssigkeit in Sehnen und Bändern abnimmt, die uniforme Ausrichtung der Kollagenfasern verloren geht und es zu einer Zunahme der Querbrücken im Kollagen kommt. Dadurch, so vermutet man, nimmt die Kollagenmasse ab und die Festigkeit des Bandapparates reduziert sich. Des Weiteren soll sich das Verhältnis von altem zu neuem Kollagen verschlechtern. Im Gegensatz dazu konnte in zahlreichen Studien der Nachweis erbracht werden, dass ein körperliches Training zu ausgeprägten Anpassungserscheinungen im Bereich des Binde- und Knochengewebes führt, wobei die Mehrzahl der Trainingsstudien im Ausdauerbereich angesiedelt ist und überwiegend die unteren Extremitäten betrifft.

Nach Neumann und Nehrer (2006, S. 11) verarbeiten Kinder und Jugendliche hohe Belastungsumfänge aus orthopädischer Sicht erstaunlich gut (kenianischer Läufernachwuchs im Alter zwischen 12 und 14 Jahren bewältigt 50–70 km pro Woche).

Weiterhin scheint eher die Art der Belastungseinwirkung, denn die Dauer der Belastung ausschlaggebend zu sein (Kemmler et al., 2003; Zernicke & Loitz, 1992). Stone (1992, S. 283) berichtet, dass die Sehnenbelastung bei Willkürkontraktionen im Allgemeinen nicht höher als 30 % ihres maximalen Dehnungswiderstandes (d. h. bis zum Riss) beträgt und somit eine Sicherheitsreserve von ca. 200 % resultiert. Aufgrund von Studien an Muskel-Sehnenpräparaten zu Zug-, Druck- und Scherbelastungen (oftmals anhand von Tierversuchen und isolierten Modellvorstellungen abgeleitet) kommt Stone (1992) zu der Aussage, dass es unter dem Einfluss eines körperlichen Trainings – speziell eines Krafttrainings – zu einer Veränderung der Eigenschaften von Sehnen und Bändern kommen kann. Insbesondere sollen die Sehnen größer, kräftiger und verletzungsresistenter werden (vgl. Kraemer et al., 1998b, S. 176). Neumann und Nehrer (2006, S. 13) betonen, dass die ligamentären Strukturen gegenüber dem Erwachsenen eine deutlich größere Elastizität aufweisen und dadurch Bandrupturen im Wachstumsalter äußerst selten auftreten. MacDougall und Mitarbeiter (1984) fanden keine relativen Unterschiede von Kollagengehalt und nichtkontraktilen Proteinen im Bizeps von Bodybuildern und von Krafttrainingsanfängern. Die Befunde konnten zwar zeigen, dass im Verlauf eines Krafttrainings beim Bodybuilding die Kollagenmasse parallel mit der Muskelmasse zunimmt, der relative Anteil jedoch unverändert bleibt. Studien, welche den Einfluss eines Krafttrainings auf das Bindegewebe bei Heranwachsenden untersucht haben, sind nur bedingt vorhanden, eher finden sich pauschale Aussagen meist ohne empirische Datenbasis. Da der kindliche Gelenkknorpel elastischer und regenerationsfähiger als derjenige von Erwachsenen ist, kann mit einer verbesserten Regeneration bei Knorpeldefekten gerechnet werden. Weiterhin ist das Knorpelgewebe aufgrund der höheren Wasserbindungsfähigkeit sowie der größeren Dicke des Gelenkknorpels weniger anfällig gegen Überlastungsschäden (Neumann & Nehrer, 2006, S. 13).

Bezüglich der Anpassung des Knochengewebes im Allgemeinen und der des Röhrenknochens im Speziellen wird von Fleck und Kraemer (1997, S. 203) die Auffassung vertreten, dass die Entwicklung durch Krafttraining verbessert werden kann, indem die entwickelte Muskelkraft, die Belastungsrate sowie die diesbezügliche Stauchung entsprechende Entwicklungsreize bzw. Stimuli für Knochenbildung und/oder Knochenumbildung sind (Kemmler et al., 2003).

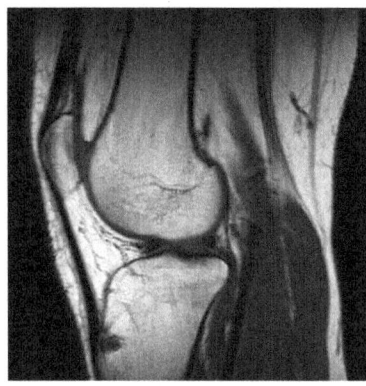

Abbildung 16: Magnetresonanstomographie eines Kniegelenks mit Ober- und Unterschenkelknochen, Minisken, Kniescheibe sowie beteiligter Bandstruktur

Empirisch nachgewiesen werden konnte, dass aufgrund äußerer Belastungsreize wie sie durch spezifische Sportarten (z. B. Turnen, Laufen, Tennis, Eishockey, Gewichtheben etc.) auftreten, die Knochendichte und Knochenmasse in den entsprechenden Strukturen (z. B. Deckflächen der Wirbelkörper, Röhrenknochen etc.) erhöht wird (vgl. Brüggemann & Krahl, 2000; Burrows, 2007; Cohen et al., 1995; Conroy et al., 1993; Kemmler et al., 2003; Pettersson et al., 1999; Ryan et al., 2004; Stone, 1992; Zernicke & Loitz, 1992). Pettersson und Kollegen (1999) konnten zeigen, dass die Höhe und der Umfang an sportlicher Aktivität die Knochenmasse, die Muskelkraft und die Körperzusammensetzung verändern. So hatten Eishockeyspieler der zweithöchsten, Schwedischen Liga (23,4 ± 4,9 Jahre, Trainingsumfang > 10 Stunden pro Woche) im Vergleich zu Freizeitsportlern (24,6 ± 2,3 Jahre, Trainingsumfang ≤ 3 Stunden pro Woche) eine signifikant höhere Knochendichte (z. B. Total 8,1 %; Oberarmknochen 11,4 %, Beckenknochen 12,4 %, Oberschenkelknochen 7,4 %, Schienbeinschaft 7,5 %), eine signifikant geringere Fettmasse von 18,7 %, eine signifikant um 5,4 % höhere fettfreie Körpermasse und höhere Kraftwerte.

Kraemer und Fleck (2005, S. 24) sehen eine erhöhte Verletzungsanfälligkeit bei Kindern und Jugendlichen, bei denen eine nicht altersadäquate Knochendichte vorliegt. Burrows (2007, S. 305) stellt heraus, dass gerade während der Kindheit eine gute Möglichkeit besteht, einen Einfluss auf die Knochenanpassung auszuüben (vgl. Lloyd et al., 2014, S. 3). Weiterhin wird im Review Artikel zum Knochenmineralzuwachs bei Kindern und Jugendlichen von Burrows (2007, S. 305) konstatiert: „Das präpubertäre menschliche Skelett reagiert sensibel auf die mechanische Stimulation durch Training und es gibt vermehrte Hinweise darauf, dass regelmäßiges Krafttraining eine effektive Strategie zur Verbesserung der Mineralisierung der Knochen während der Wachstumsphasen ist."

In einem anderen Review Artikel von Ondrak und Morgan (2007, S. 597 f.) werden explizit Trainings- und Krafttrainingsstudien aufgeführt, die über einen Interventionszeitraum von 7 bis 9 Monaten (z. B. 30 Minuten Krafttraining an 3 Tagen pro Woche) bei 7–12-jährigen Kindern einen signifikant erhöhten Knochenmineralgehalt und Knochendichte an der Lendenwirbelsäule und dem Oberschenkel feststellen konnten. Weiterhin konnten Querschnitts- und Längsschnittstudien ebenso wie die Anwendungsforschung klare Belege anführen, dass einerseits ein hohes Maß an körperlicher Aktivität und andererseits die Calciumzufuhr die Knochenmineraldichte bei Kindern und Jugendlichen erhöht. Auch mit Hilfe eines entsprechenden frühzeitigen Krafttrainings scheint so über eine Erhöhung des maximalen Knochenmineralgehalts und der Knochendichte ein Beitrag zur Osteoporoseprophylaxe möglich zu sein (Fleck & Kraemer, 2014; Smith et al., 2014).

Von Fröhner und Tronick (2007, S. 13) wird auf die Störanfälligkeit vor allem der Reifezentren (z. B. Epiphysenfugen) des Knochens in der Pubertät hingewiesen. Neumann und Nehrer (2006, S. 12) halten in diesem Zusammenhang die Entwicklung des Kraftpotenzials von Kindern und Jugendlichen vor der Pubertät für sehr begrenzt und weisen darauf hin, dass in diesem Zeitraum kein Krafttraining mit Zusatzlasten auszuführen ist, da die Gefahr der Störung der Wachstumszonen beim Knochenaufbau zu groß sei.

Stone (1992) berichtet dezidiert anhand zahlreicher Studien, wie sich unter dem Einfluss eines Krafttrainings sowohl die Knochendichte als auch Knochenmasse spezifisch anpassen. Conroy et al. (1993) verglichen die Knochenmineraldichte von 12 Elite-Juniorengewichthebern (17,4 ± 1,4 Jahre) mit einer gleichaltrigen Kontrollgruppe (N = 11; 16,9 ± 1,1 Jahre) bei lumbalen Wirbelkörpern (L2-L4) und dem proximalen Femurknochen. Die Mineraldichte war bei allen untersuchten Knochen der Gewichtheber signifikant höher als bei der der gleichaltrigen Vergleichsgruppe. Des Weiteren lag eine signifikant höhere Knochenmineraldichte im Vergleich zu Referenzwerten von 20 bis 39 Jahre alten Männern vor. Aufgrund einfacher und multipler Regressionsberechnungen konnten Conroy et al. (1993) eine 30 bis 65-%ige Varianzklärung durch Krafttraining erzielen, was die Autoren das Fazit ziehen lässt, dass ein spezifisches Gewichthebertraining aufgrund langfristiger Überlast die Knochendichte positiv beeinflusst (vgl. allgemein zu positiven Anpassungseffekten eines Krafttrainings auf den Knochenmineralgehalt bzw. die Knochendichte Cohen et al., 1995; Conroy et al., 1993; Fleck & Kraemer. 2014; Kemmler et al., 2003; Pettersson et al., 1999; Ryan et al., 2004).

Über Befunde bei Kindern und Jugendlichen können keine exakten Aussagen geäußert werden, da möglicherweise die einwirkenden Krafttrainingsreize (Intensität, Dauer und Dichte) zu gering sind. Weiterhin können Anpassungseffekte nicht differenziert gegenüber natürlichen Entwicklungs- und Reifungsprozessen unterschieden werden. Daher wird abgeleitet, dass durch ein spezifisches und entwicklungsangepasstes Krafttraining die Möglichkeit besteht, einer schleichenden Osteopenia sowie einer sich entwickelnden Osteoporose gezielt entgegenzuwirken (vgl. Smith et al. 2014; Yu et al., 2005).

Nach den Ausführungen von Kraemer und Fleck (2005, S. 24) ist die Knochendichte bei 11,5 bis 13,5-jährigen Mädchen und bei 13 bis 15-jährigen Jungen im altersspezifischen Bereich am höchsten, was die Wichtigkeit eines Krafttrainings in dieser Altersspanne unterstreichen würde. Dabei darf jedoch nicht übersehen werden, dass neben einem Zusammenhang von Krafttraining und der Zunahme an Knochendichte genetische Aspekte, entsprechende Ernährungsmerkmale (z. B. Vitamin D-Gehalt, Proteinzufuhr, Calciumversorgung etc.) sowie lebensstilbeeinflussende Faktoren (z. B. sitzende Tätigkeiten) einen entscheidenden Einfluss ausüben. So wird bspw. von Huber und Köppel (2017) in Bezug auf lebensstilbeeinflussende Faktoren eine mittlere Sitzzeit von 10,58 (SD = 2,68) Stunden bei Kindern und Jugendlichen pro Werktag angegeben, was die Autoren zu der Aussage veranlasst, in zukünftigen Studien den Zusammenhang von Sitzzeiten und Übergewicht bzw. Adipositas bei Kindern und Jugendlichen stärker zu untersuchen und somit den Einfluss der „Inaktivität" zu quantifizieren (Huber & Köppel, 2017, S. 105).

In diesem Kontext konnten Bloemers et al. (2012) sowie Clark et al. (2011) zeigen, dass körperliche Inaktivität und geringe muskuläre Kraft Risikofaktoren für Verletzungen darstellen. Des Weiteren wird von Faigenbaum et al. (2013) darauf verwiesen, dass a) die von Fachgesellschaften vorgeschlagen täglichen körperlichen Aktivitätszeiten von 60 Minuten kaum mehr umgesetzt werden, b) körperliche Aktivität in der Jugend als protektiver Gesundheitsfaktor für Herz-Kreislauferkrankungen im Erwachsenenalter angesehen wird und c) ein Mindestmaß an körperlicher Aktivität als Gesundheitsressource per se anzusehen ist.

Bereits 1987 konnte Mersch an drei Paaren von monozygoten männlichen Zwillingen im Alter von 8,8 bis 11,2 Jahren den Nachweis erbringen, dass ein systematisches Krafttraining (9 Wochen à 6 Trainingseinheiten pro Woche) keinerlei negative Effekte auf die Körperhöhen- und Gewichtsentwicklung hat. Pheng (1998) konnte positive Anpassungen eines Krafttrainings auf die Körperentwicklung (z. B. Körperhöhe, Gewicht, Länge von Schulter, Armen und Beinen) bei 11,2 Jahre alten Kindern feststellen, wobei die mittleren Zuwächse der Trainingsgruppe im Vergleich zur Kontrollgruppe deutlich überwogen. Nach Dudziak (1980) scheint eindeutig nachgewiesen, dass Krafttraining mit der Hantel im Jugendalter nicht wachstumshemmend wirkt, wenn „methodisch organisiertes Training" mit entsprechender Dosierung der Trainingsbelastung appliziert wird (vgl. Ebada & Krüger, 2004, S. 37).

Zusammenfassend wird im Gemeinsamen Positionspapier zum Krafttraining im Nachwuchsleistungssport des Bundesinstituts für Sportwissenschaft (BISp), der Deutschen Vereinigung für Sportwissenschaft (dvs), der Deutschen Gesellschaft für Sportmedizin und Prävention (DGSP), der Gesellschaft für orthopädisch-traumatologische Sportmedizin (GOTS) und der Gesellschaft für pädiatrische Sportmedizin (GPS) herausgestellt, dass

a) Krafttraining einen primärpräventiven Charakter bzgl. akuter und chronischer Schädigungen des Bewegungsapparates und typischer bewegungsmangelbedingter systemischer Krankheiten haben kann,
b) der Mineralgehalt der Knochen in einem umgekehrt proportionalen Verhältnis zum Frakturrisiko steht und durch ein Krafttraining im Nachwuchsbereich die Knochenmineralisation im Sinne der Verletzungs- und Osteoporoseprophylaxe positiv beeinflusst werden kann,
c) positive Veränderungen der Körperzusammensetzung zu erzielen sind und Übergewichts assoziierten Folgeerkrankungen im Sinne der Primärprophylaxe entgegengewirkt wird und
d) ein Krafttraining mit Kindern und Jugendlichen eine Zunahme der fettfreien Körpermasse und eine Abnahme des Körperfettanteils bewirken kann.

Kapitel 8

In der Vergangenheit wurde Krafttraining pauschalisiert mit Verletzungen und Schädigungen assoziiert. Vergleicht man jedoch Krafttrainingsinterventionen mit anderen Sportarten sowie mit Alltagsaktivitäten, so zeigt sich, dass ein fachgerecht ausgeführtes Krafttraining überaus sicher ist und sowohl relativ als auch absolut wenige Verletzungen resultieren.

Des Weiteren ist Krafttraining bei Kindern und Jugendlichen im Rahmen der Verletzungsprophylaxe sowie der Reduzierung von Überlastungen durch andere sportliche Aktivitäten zu befürworten. Weiterhin wird konstatiert, dass die erzielten positiven Wirkungen eines Krafttrainings ähnlich ausgeprägt seien wie bei Erwachsenen und zu einer Zunahme der Kraft, der Schnellkraft, der Kraftausdauer, der Knochendichte, der Stärkung der Verbindung von Sehne zu Knochen, der körperlichen Leistungsfähigkeit, des Selbstbewusstseins, der Selbsteinschätzung sowie einer positiven Veränderung des Körperbildes führen.

Krafttrainingsaspekte im Rahmen von Verletzungen und Schädigungen bei Kindern und Jugendlichen

„Widersprüchliche Mythen, Spekulationen und Voreingenommenheit haben die philosophische Ansicht geprägt, dass eine Schädigung der Epiphysen, hoher Blutdruck und Verletzungen der Handgelenke, Schultern, Knie- und Hüftgelenke, als Konsequenz der Überbeanspruchung und exzessiv forcierter oder wiederholter Bewegungen, auftreten." (Pitton, 1992, S. 55 f.). Bis in die späten 80er Jahre war diese Sichtweise weit verbreitet (vgl. Kraemer & Fleck, 2005, S. 6). Angelehnt an die Ergebnisse der Consumer Product Safety Commision in den USA, welche im Zeitraum von 1978 bis 1998 insgesamt 20.489 Unfälle im Zusammenhang mit Krafttrai-

Teil 1: THEORIE

"Controversial myths, speculation and biases have molded the philosophic viewpoints that epiphyseal damage, high blood pressure, wrist, shoulder, knee and hip joint damage occur as the results of overuse, and excessive forced or repetitive movements." (Pitton, 1992, p. 55 f.)

ning (weight training-related injuries) identifizierte, wurde diese Perspektive unterstützt (ungeachtet der Tatsache wurde nicht zwischen Krafttraining, Gewichtheben und Kraftdreikampf differenziert, vgl. Faigenbaum et al., 1996a, S. 63; Kraemer & Fleck, 2005, S. 6). Betrachtet man jedoch den Umstand, dass lediglich 2,3 % der Verletzungen so schwerwiegend waren, dass eine Aufnahme ins Hospital (Aufnahme darf nicht mit stationärer Behandlung verwechselt werden) nötig war, relativiert sich das Gefahrenpotential weithin (vgl. Jones et al., 2000). Darüber hinaus haben sich die berichteten Unfälle hauptsächlich im häuslichen Bereich sowie durch unsachgemäßen Umgang mit Krafttrainingsgeräten (Hantelstange fällt auf die Brust etc.) ereignet (vgl. Guy & Micheli, 2001, S. 33). Stellt man die Unfallzahlen anderen sportlichen Aktivitäten sowie verschiedenen Freizeitaktivitäten gegenüber, so relativiert sich das Gefahrenpotential von Krafttraining bei Kindern und Jugendlichen weiter (vgl. Tab. 10).

Tabelle 10: Verletzungen bei Heranwachsenden in verschiedenen Sportarten sowie prozentualer Anteil an Wachstumszonenverletzungen (modif. n. Caine et al., 2006, S. 753)

Sportart	Anzahl	Verletzungen	Physenverletzungen
Football	2 048	48	3 %
6 Sportarten	2 803	20	30 %
Mehrere Sportarten	25 512	1 495	1 %
Football	436	67	3 %
Mehrere Sportarten	62 800	789	10 %
Football	5 128	257	5 %
Turnen	50	147	6,8 %
Krafttraining	217	27	7,4 %
Fußball	12 907	132	6 %
Football	340	55	9,1 %
Turnen	162	321	11,5 %
Turnen	64	349	12,3 %
Football	915	55	7 %

Hinzu kommt, dass sich auch bei anderen Sportarten durch die unsachgemäße Verwendung von Sportgeräten Verletzungen einstellen können. Helms

(1997, S. 161) verweist einerseits auf die große Variabilität bei der Identifizierung von Verletzungen (1 % beim Krafttraining und 70 % beim Ringen) und andererseits auf die Schwierigkeit der Bestimmung der tatsächlichen Prävalenz.

Browne und Lam (2006) untersuchten Kopfverletzungen sowie Gehirnerschütterungen bei Kindern und Heranwachsenden im Alter zwischen 6 und 16 Jahren. Insgesamt wurden 592 Kinder und Jugendliche zwischen 2000 und 2003 ambulant versorgt. Die Autoren fanden lediglich bei ca. 25 % der Untersuchten, Verletzungen welche im Rahmen des organisierten Sports aufgetreten sind. Entsprechend resultierten ca. 75 % der Kopfverletzungen bei Freizeitaktivitäten wie Reiten, Inline-Skating, Skateboardfahren, Spielen etc.

Helms (1997, S. 7) begründet aufgrund einer detaillierten Studienübersicht, dass sportspezifische Verletzungen extrem selten auftreten und gar tödliche Unfälle weit mehr mit alltäglichen Situationen assoziiert sind.

Tabelle 11: Kopfverletzungen im Rahmen des organisierten Sports bzw. während allgemeiner Freizeitaktivitäten (modif. n. Browne & Lam, 2006, S. 165)

Art des Unfalls	Fälle (%)
Stürze (total)	322 (54,4)
Kollisionen (total)	270 (45,6)
Organisierter Sport (total)	152 (25,7)
Baseball	6 (1,0)
Basketball	9 (1,5)
Cricket	8 (1,4)
Football Australian	3 (0,5)
Football rugby	34 (5,7)
Football soccer	29 (4,9)
Football unspezifisch	49 (8,3)
Hockey	2 (0,3)
Tennis	1 (0,2)
Gymnastik	2 (0,3)
Andere sportliche Aktivitäten (total) wie Reiten, Inlineskating, Skateboarding, Schwimmen, Tauchen, Spielen etc.	440 (74,3)

Ähnliche Ergebnisse wurden von Gotsch und Kollegen (2002) im Rahmen des NEISS-AIP Programms in den USA gefunden. Ausgehend von 4,3 Mil-

> „*The evidence is clear. Weight training and weight-lifting are both very safe activities, certainly when competently supervised. [...] First, weight-lifting skills are complex and require a high coach-to-participant ratio, with knowledgeable coaching. Second, the skill can only be learned with light or easy weight at first.*" *(Hamill, 1996, p. 56)*

lionen „nonfatal sports- and recreation-related injuries" in den Jahren von Juli 2000 bis Juni 2001 kommen die Autoren zu folgenden Ergebnissen: Die höchsten Verletzungsraten sind bei Jungen zwischen 10 und 14 Jahren zu finden (51,5 %). Die geringsten bei Männern (6,4 %) und Frauen (3,1 %) über 45 Jahren. In der Alterskohorte 0–9 Jahre ereignen sich die meisten Verletzungen auf dem Spielplatz, beim Fahrradfahren, beim Trampolinturnen sowie beim Fußballspielen. Bei 10–19-Jährigen treten die meisten Verletzungen beim Football und Basketball sowie beim Fahrradfahren auf. Die Verletzungsraten beim Krafttraining (ausgewiesen als „weight lifting"), Aerobic, Stretching, Walking, Jogging und Laufen sind führend bei Frauen über 20 Jahren und belegen Platz vier bei den Männern über 20 Jahren (Gotsch et al., 2002, S. 1978).

Hamill (1994) ermittelte aufgrund einer schriftlichen Befragung bei im Allgemeinen 13-Jährigen bis 16-Jährigen eine Verletzungsrate von 0,0012 pro 100 durchgeführten Stunden beim Krafttraining und beim Gewichtheben. Zum Vergleich resultiert eine Verletzungsrate von 0,8 beim Rugby, von 0,14 beim Fußball sowie von 0,03 beim Cricket.

Im Weiteren konnte Hamill (1994, S. 56) anhand eines zusätzlich durchgeführten Literaturreviews exemplarisch folgende Verletzungsraten ermitteln: Fußball bei Schulkindern 6,2, UK Rugby 1,92, UK Basketball 1,03, USA Leichtathletik 0,57, Squash 0,10, Badminton 0,05, USA Tennis und Krafttraining 0,0035 sowie Gewichtheben 0,0017. Aus den Ergebnissen schließt Hamill (1994, 56): „Die Beweislage ist klar. Widerstandstraining und Gewichtheben sind jeweils sehr sichere Aktivitäten, insbesondere wenn sie kompetent angeleitet werden. [...] Erstens sind die Bewegungsabläufe beim Gewichtheben sehr anspruchsvoll und erfordern eine gute Betreuung der Heber durch eine angemessene Zahl an kompetenten Trainern. Zweitens können die Bewegungsabläufe nur mit leichten Gewichten erlernt werden."

Vergleicht man die Verletzungsraten des Krafttrainings bzw. beim Gewichtheben von Hamill (1994) mit aktuellen Daten von ausgewählten populären Sportarten wie Baseball (1,9), Basketball (4,3), Football (4,3), Eishockey (2,0), Fußball (4,3) und Ringen (5,7) so wird augenscheinlich, dass Krafttraining zu den eher sicheren sportlichen Aktivitäten bzw. zu den Sportarten mit geringer Verletzungsgefahr gehört (Hootman et al., 2007, S. 317; vgl. Guy & Micheli, 2001, S. 33).

Risser et al. (1990) fanden eine Verletzungsrate von 0,082 Verletzungen pro Jahr und Person bei Junior High School Athleten im Krafttraining. Brown und Kimball (1983) konnten bereits 1981 an 71 männlichen Teilnehmern beim Michigan Teenage Powerlifting Championship, bei einer durchschnittlichen Trainingshäufigkeit von 4,1 Trainingseinheiten pro Woche und einer durchschnittlichen Trainingserfahrung von 17,1 Monaten, folgende Befunde erheben: Wenn Verletzungen auftreten, sind hauptsächlich der untere Rücken (50 %), die Knie (8,2 %), die Brust (7,1 %) sowie die Schulter (6,1 %) betroffen (vgl. Kraemer & Fleck, 2005, S. 7). Die nachfolgende Abbildung 17 differenziert die Verletzungsregionen in Abhängigkeit vom Entwicklungsstand.

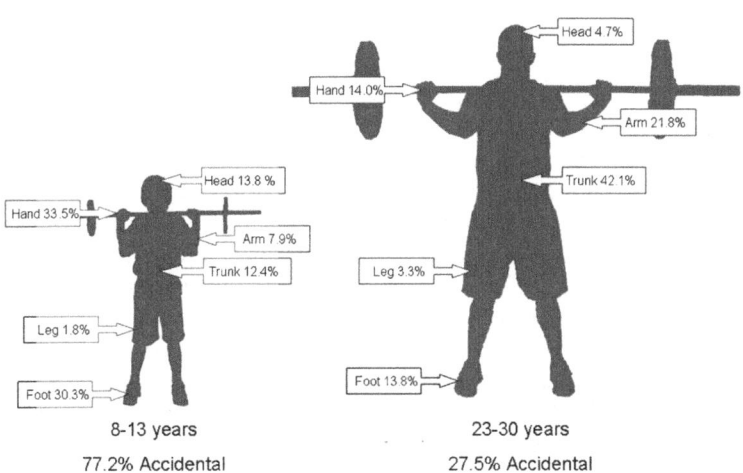

Abbildung 17: Verletzungsregionen bei Kindern und jungen Erwachsenen (n. Faigenbaum & Myer, 2010, S. 60)

Calhoon und Fry (1999, S. 232) spezifizieren die hauptsächlichen Verletzungsregionen wie folgt: Knie, unterer Rücken und Schulter beim Gewichtheben bzw. Schulter, unterer Rücken und Knie beim Bodybuilding. Weiterhin stellen sie fest, dass das Knie zwar einen Verletzungsschwerpunkt bei anderen Aktivitäten darstellt; die Auftretenswahrscheinlichkeit schwerer Knieverletzungen oder Gelenkverletzungen beim Gewichtheben jedoch gering ist. Die Verletzungen sind dabei zu 83,6 % muskulär bedingt (Muskelziehen bzw. -(an)risse, Sehnenansatzreizungen und Muskelkrämpfe) und führen im Mittel zu einer ca. 1,3-tägigen Trainingsunterbrechung (vgl. Benjamin & Glow, 2003, Risser et al., 1990).

Calhoon und Fry (1999) untersuchten über einen Zeitraum von 6 Jahren am United States Olympic Training Center in Colorado nationale und internationale Spitzengewichtheber bzgl. aufgetretener akuter und chronischer Verletzungen bzw. Schädigungen. Insgesamt konnten die Autoren 873 berichtete Ereignisse (560 sportartspezifische und 313 nicht sportartrelevante) feststellen. Die Hauptverletzungsregionen waren in der Rangfolge unterer Rücken, Knie und Schulter sowie differenziert nach der Verletzungsart Überlastungen, Sehnenentzündungen und Verstauchungen. 59,6 % waren akute Verletzungen und 30,4 % chronische Schädigungen (10 % andere). Die Verletzungsrate der Spitzenathleten betrug 3,3 Verletzungen pro 1000 Trainingseinheiten (Calhoon & Fry, 1999, S. 235). Die mittlere Zeitdauer innerhalb derer das Training aufgrund von Verletzungen ausgesetzt werden musste, lag bei weniger als einem Tag.

„It appears that this population of weight-lifters had no increased incidence of spondylolysis." (Calhoon & Fry, 1999, p. 237)

Generell wird die Spondylolysis als meist aufgetretener Sportschaden im Bereich unterer Rücken diagnostiziert. Calhoon und Fry (1999, 237) konnten in ihrer Studie keinen einzigen Fall von Spondylolysis feststellen was sie zu der Aussage kommen lässt, dass unter Gewichthebern kein vermehrtes Auftreten von Spondylolysis vorkommt.

Ausgehend von einer Differenzierung akuter und chronischer Schädigungen kommen Stone und Mitarbeiter (1994) aufgrund von Literaturübersichten zu Verletzungen des unteren Rückens (Spondylolysis) und der Knie bei Gewichthebern zu folgenden Aussagen:

1. Verletzungen im Gewichtheben scheinen primär aufgrund von Überlastung, falscher Technik und der Kollision mit der Hantelstange zu resultieren.
2. Vergleicht man die Verletzungsraten mit anderen Sportarten scheint Gewichtheben relativ sicher zu sein.
3. Trainer und Athleten können das Verletzungsrisiko minimieren, indem sie entsprechende Geräte benutzen und geeignete Kleidung tragen, eine vernünftige Trainingsplanung berücksichtigen (Periodisierung, Erwärmung, entsprechende Übungen etc.) sowie auf eine korrekte Technik achten (Guy & Micheli, 2001, S. 33; Kraemer & Fleck, 2005, S. 6; Stone et al., 1994, S. 19).

Im Position Statement Paper der National Strength and Conditioning Association werden im Weiteren zur Verringerung der Verletzungsrate durch Krafttrainingsinterventionen a) eine adäquate Erwärmung, b) saubere Technikausführung, c) generelle Überwachung des Trainings durch ausgebildete Personen, d) Aufklärung über die verwendeten Übungen e) Durchführung nur noch weniger Wiederholungen nach dem Einsetzen der Ermüdung und f) technisch überwachte Geräte und Maschinen gefordert (Conley & Rozenek, 2001, S. 14).

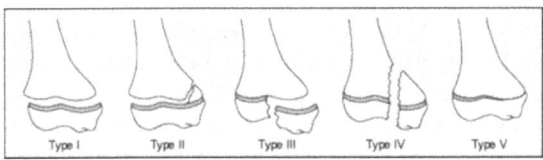

Abbildung 18: Typische Wachstumszonenverletzungen (n. Caine et al., 2006, S. 750)

Verletzungen bei Kindern und Jugendlichen, welche die Epiphysen, Epiphysenfugen, das Knochenwachstum sowie die unteren und oberen Extremitäten in Abhängigkeit von biomechanischen und anatomischen Aspekten betreffen, sind dezidert bei Bilcheck (1989) beschrieben. Leider wird kein Bezug zu eventuellen positiven oder negativen Gesichtspunkten eines Krafttrainings hergestellt. Faigenbaum und Mitarbeiter (2003a, S. 4) verweisen in diesem Zusammenhang, unter Bezugnahme auf zahlreiche Primärstudien, auf die positive Wirkungsweise von Krafttraining auf die Verletzungsrate, jedoch ohne explizite empirische Belege anzugeben. Die Autoren führen weiter aus, dass durch eine Erhöhung der Muskelkraft und der Entwicklung einer Muskelbalance um die beteiligten Gelenke herum ein Widerstandstraining zu einer Verringerung der Verletzungsgefahr bei jungen Athleten beitragen kann. Sothern et al. (1999, S. 272) betonen die positiven Aspekte eines Krafttrainings bei Kindern und Jugendlichen im Rahmen der Verletzungsprophylaxe sowie der Reduzierung von Überlastungen durch andere sportliche Aktivitäten. Weiterhin wird konstatiert, dass die erzielten positiven Wirkungen eines Krafttrainings ähnlich ausgeprägt seien wie bei Erwachsenen und zu einer Zunahme der Kraft, der Schnellkraft, der Kraftausdauer, der Knochendichte, der Stärkung der Verbindung von Sehne zu Knochen, der körperlichen Leistungsfähigkeit, des Selbstbewusstseins, der

„*Resistance training integrated with free play and other structured physical activity training can provide protective mechanisms against injury and positive catalysts for the development of physical literacy to offset the impact of diminishing physical activity and early sport specialization among today's youth.*"
(Zwolski et al. 2017, p. 441)

Selbsteinschätzung sowie einer positiven Veränderung des Körperbildes führen (Sothern et al., 1999, S. 272). Zu vergleichbaren Einschätzungen kommen Zwolski et al. (2017, S. 441) im Rahmen eines Reviews, in dem die Autoren zusammenfassend konstatieren: „Widerstandstraining integriert mit freiem Spiel und weiteren körperlichen Aktivitäten kann ein Schutzmechanismus für Verletzungen und positiver Katalysator für die Entwicklung der körperlichen Kompetenz sein, um die Auswirkungen der abnehmenden körperlichen Aktivität und der frühen sportlichen Spezialisierung der heutigen Jugend auszugleichen."

Moreno (1992, S. 53 f.) berichtet aus einer pädagogischen Perspektive und stellt die Förderung physischer Fitness in bereits ganz jungen Jahren heraus. Seiner Ansicht nach kann physische Fitness zu einem gestärkten Selbstbewusstsein und einer positiven Grundhaltung beitragen sowie die schulischen Leistungen verbessern. Kinder für Kraft- und Fitnesstraining zu begeistern kann nicht nur dazu beitragen, ihre spezifischen Sportaktivitäten zu fördern, sondern auch einen generellen athletischen und gesunden Lebensstil auszuprägen.

Diese Erziehung kann außerdem das Selbstbewusstsein stärken und in einer Reihe weiterer positiver Vorteile resultieren.

Inwieweit diese Aspekte durch Krafttraining bei Kindern und Jugendlichen tatsächlich erzielt werden können, muss derzeit spekulativ bleiben. Des Weiteren sollte eine inhaltliche Überfrachtung der Ziele und Wirkmechanismen von Krafttrainingsinterventionen kritisch überdacht werden (vgl. u. a. Kraemer & Fleck, 2005, S. 29 ff.).

Malina (2006, S. 485) fand im Rahmen eines Evidence-Based Reviews anhand von 22 Primärstudien lediglich bei drei Studien die Angabe von Verletzungen (nur Jungen). Die Verletzungen betrafen einerseits die Körperregion der Schulter und andererseits wurden die Verletzungen durch unsachgemäßen Gerätegebrauch hervorgerufen. Die geschätzten Verletzungsraten werden mit 0,176, 0,053 und 0,055 pro 100 Trainingsstunden angegeben. Die geringen Verletzungsraten werden mit der Überwachung durch Trainer und Übungsleiter sowie durch das adäquate zahlenmäßige Verhältnis von Trainer und Trainierendem begründet. In der Zusammenschau kommt Malina (2006, S. 486) zu folgenden Ergebnissen:

1. Die Informationen der retrospektiven Surveys scheinen eine erhöhte Auftretenswahrscheinlichkeit von Verletzungen beim Krafttraining oder Gewichtheben widerzuspiegeln.
2. Im Gegensatz dazu steht der Nachweis, dass bei jüngeren Kohorten die Verletzungsrate reduziert ist.
3. Obwohl Verletzungen der Wachstumsfugen während Krafttrainingsinterventionen oder bei Gewichtheben in der klinischen Literatur berichtet werden, ist die Auftretenswahrscheinlichkeit gering und sowohl mit einer unsauberen Technik sowie mit mangelnder Trainingsüberwachung assoziiert.
4. In prospektiven Studien wurden keine Verletzungen angegeben (vgl. Kraemer & Fleck, 2005, S. 8).

Ebada und Krüger (2004) fanden während eines sechsmonatigen Gewichthebertrainings bei elf Kinder- und Jugendgewichthebern (ca. 14 Jahre im Mittel) keine Verletzungen. Nach den Ausführungen der Autoren sind die Übungen mit der Freihantel nicht schädlich für den sich entwickelnden Organismus, sondern es ist eher von einer positiven Wirkung auszugehen [„Gewichthebertraining fördert die Entwicklung des Körperbaus hinsichtlich einer besseren Stabilität und damit auch die alltags- und sportmotorische Belastbarkeit" (Ebada & Krüger, 2004, S. 38)], ohne dies jedoch explizit untersucht zu haben.

Bezüglich typischer pathologischer Veränderungen des Bewegungsapparates bei Kindern und Jugendlichen, die im Rahmen von sportmedizinischen Gesundheitsuntersuchungen erfasst werden, konnte bisher kein Nachweis über nachteilige Auswirkungen eines angemessenen Krafttrainings erbracht werden. Vielmehr werden Kräftigungsübungen zahlreicher haltungsrelevanter Muskelgruppen empfohlen (Fröhner, 1993, S. 145 ff.). So konnten Ludwig et al. (2017; 2018) anhand einer Längsschnittstudie über 6 Jahre zeigen, dass sich verschiedene Haltungsparameter vom Jugendalter (14 Jahre) bis zum Erwachsenenalter (20 Jahre) durch spezifische Kräftigungsübungen sowie durch die Schulung der Beweglichkeit bzw. Mobilität positiv beeinflussen lassen und somit haltungsspezifische Fehlstellungen korrigiert werden können.

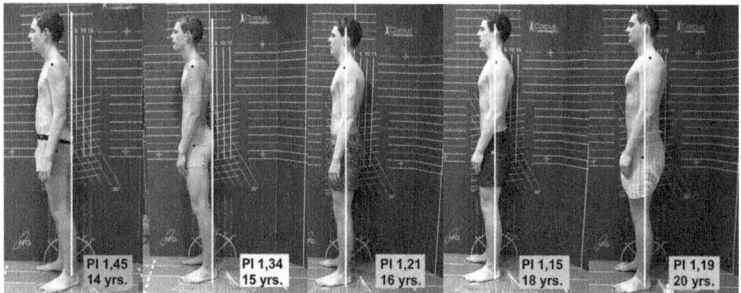

Abbildung 19: Veränderung des Haltungsindex (< 1,30 zeigt eine stabile posturale Haltung an) (n. Ludwig et al., 2018, S. 10)

Für den M. Scheuermann, der als juvenile Osteochondrose zu einer Minderbelastbarkeit der Wirbelkörperdeck- und Wirbelkörpergrundplatten führt, ist ein vermehrtes Auftreten bei Leichtathleten, Skirennfahrern, Ruderern und Radrennfahrern, jedoch nicht bei Gewichthebern beschrieben (Hefti, 2006, S. 51). Die betroffenen Aktiven kommen meist aus Sportarten, die in einer kyphotischen Haltung die Wirbelsäule belasten. Im floriden Stadium der Erkrankung soll auf kyphosierende Sportarten und solche mit axialer Belastung verzichtet werden, wobei Erwachsene mit einem Zustand nach M. Scheuermann und ohne Beschwerden nicht therapiebedürftig sind und keine Einschränkungen im Sport haben (Krämer et al. 2005, S. 129).

Weiterhin konnte bis heute kein valider Nachweis erbracht werden, dass eine fixierte Skoliose (Seitverbiegung der Wirbelsäule mit Rotationskomponente) durch sportliche Aktivität entstanden sei (Krämer et al., 2005, S. 131 ff.; Neumann & Nehrer, 2006, S. 17). Auch wenn aus nachvollziehbaren Gründen von Gewichtheben und Leistungssport bei Kindern mit Skoliose ab einem Cobb-Winkel von 25° abgeraten wird, so ist doch hervorzuheben, dass rumpfstabilisierende Kräftigungsübungen sowie alle Sportarten ohne Stoßbelastungen der Wirbelsäule bis zu einem Cobb-Winkel von 40° im Rahmen des therapeutischen Gesamtkonzeptes empfohlen werden (Krämer et al., 2005, S. 131 ff.; Neumann & Nehrer, 2006, S. 17; Schmitt, 2007, S. 335 ff.).

Auch für weitere sportorthopädisch relevante Krankheitsbilder wie die Hüftdysplasie, die aspetischen Knochennekrosen, die Epiphyseolysis capitis femoris, die Insertionstendopathien oder die Beinachsfehlstellungen kann einem alters- und befundgerechtem Krafttraining kein nachteiliger Effekt zugeschrieben werden. Vielmehr hat sich das Krafttraining in der Prävention von Erkrankungen und Beschwerden des Stütz-, Haltungs- und Bewegungsapparates sowie in der posturalen Kontrolle einen festen Stellenwert gesichert (vgl. Ludwig et al., 2016; 2017; 2018). Vorrangig wird hierbei eine Stabilisierung des Rumpfes, die periphere Gelenkstabilisierung und der Gleichgewichtserhalt in der Bewegungsausführung angestrebt (Mayer, 2007, S. 470 ff.).

Im National Strength and Conditioning Association Position Statement (Conley & Rozenek, 2001, S. 9 f.) sowie im Position Statemenat on youth resistance training: the 2014 International Consensus (Lloyd et al., 2014, S. 2 ff.) werden, bezogen auf Krafttrainingsinterventionen und gesundheitliche Auswirkungen, u. a. folgende Punkte herausgestellt:

1. Krafttraining verbessert die Körperzusammensetzung, indem die fettfreie Körpermasse vergrößert und somit der relative Körperfettanteil verringert wird.
2. Krafttraining scheint die Knochenmineraldichte zu erhöhen und kann so einer schleichenden (altersbedingten) Osteoporose entgegenwirken.
3. Krafttraining scheint einen Einfluss auf die Reduktion von Angstzuständen und Depression zu haben und verbessert die Selbsteinschätzung sowie das psychische Wohlbefinden.
4. Krafttraining kann das Verletzungsrisiko bei der Ausführung anderer sportlicher Aktivitäten minimieren, die Leistungsfähigkeit zielgerichtet steigern und ist bei korrekter Anleitung mit geringer Verletzungsrate assoziiert.
5. Krafttraining steigert die Muskelkraft und Ausdauer, was sich positiv auf die aktive Lebensgestaltung auswirken kann.

Vergleichende Aussagen werden im Weiteren vom American College of Sports Medicine gemacht und in entsprechenden Statementpapieren publiziert (vgl. Feigenbaum & Pollock, 1999; Kraemer et al., 2002; Mazzeo et al., 1998; explizit für das Krafttraining bei Kindern und Jugendlichen von Lloyd und Kollegen in 2014 als Vertreter für zahlreiche Fachgesellschaften wie American Academy of Pediatrics, American Medical Society for Sports Medicine oder International Federation of Sports Medicine). Dabei sollte jedoch berücksichtigt werden, dass Veränderungen, welche das Herz-Kreislauf-System betreffen, mit eher geringer Belastungsintensität, höherer Wiederholungszahl, mehreren Sätzen und der Beteiligung großer Muskelgruppen erzielt werden, während strukturelle Anpassungen auf Seiten des Skelett-Systems hohe Belastungsintensitäten und schnelle Bewegungsmuster erfordern (vgl. Faigenbaum et al., 2009; Lesinski et al., 2016). Zu den Dosis-Wirkbeziehungen für verschiedene Kraft- als auch sportartspezifischer Parameter siehe u. a. das systematische Review bzw. die Metaanalyse von Lesinski et al. (2016) sowie für die Prävention von Verletzungen die Übersichtsarbeit von Steib et al. (2017).

Kapitel 9

Krafttrainingsinterventionen bei Kindern und Jugendlichen in Abhängigkeit von unterschiedlichen Schädigungen, Verletzungen bzw. Erkrankungen sind im klinischen und therapeutischen Setting zahlreich dokumentiert. Die Bandbreite der Trainingsmethoden, der verschiedensten Schädigungen und Verletzungen, der therapeutischen Mittel und Indikationen ist jedoch so vielfältig, dass eine vertiefende wissenschaftliche Auseinandersetzung sowie die Aufklärung der Wirkungsweise eines Krafttrainings im Kindes- und Jugendalter in weiten Teilen noch aussteht. Kräftigungsübungen scheinen einen Einfluss auf den Energieumsatz zu haben. Somit könnten durch Krafttrainingsmaßnahmen positive Wirkungen im Bereich der Gewichtsreduktion bei Übergewichtigen erzielt werden. In der Literatur wird berichtet, dass bei Schulkindern nicht nur positive Effekte auf die Körperzusammensetzung erzielt werden können, sondern auch Einflüsse auf das Essverhalten sowie die positive Lebenseinstellung festzustellen sind.

Krafttrainingsaspekte in der Therapie, bei Übergewicht sowie auf psychische Merkmale bei Kindern und Jugendlichen

Im klinischen und therapeutischen Bereich existieren zahlreiche Erfahrungen mit Krafttrainingsinterventionen bei Kindern und Jugendlichen bei unterschiedlichen Schädigungen, Verletzungen bzw. Erkrankungen. Um die Fülle der existierenden Studien, die verschiedenen Interventionen sowie die unterschiedlichen Rahmenbedingungen (Trainingssetting, Teilnehmer, Art der Verletzung, Schädigung bzw. Erkrankung, Auslöser bzw. Grund für die Therapie und/oder klinische Intervention etc.) subsumieren zu können, werden im Weiteren die einzelnen Studien eher überblicksartig aufgezählt, denn explizit inhaltlich strukturiert. Der interessierte Leser möge dies entschuldigen und sei in Abhängigkeit der Spezifik auf die einzelnen Studien verwiesen: So konnten beispielsweise Darrah et al. (1997, S. 13) innerhalb eines Reviews zeigen, dass ein progressives Training bei Kindern mit Kinderlähmung zu einer Zunahme der Kraft spezifischer Muskeln und Muskelgruppen führt. Zu gleichen Ergebnissen kamen Blundell et al. (2003), Bundonis (2007) sowie Fowler et al. (2001). Morton et al. (2005) und Patikas et al. (2006) zeigten darüber hinaus bei dieser Klientel eine Verbesserung kinematischer und kinetischer Gangparameter nach einem Krafttraining auf.

Lin und Wuang (2012) konnten signifikante Verbesserungen zahlreicher Kraft- und Agilityparameter nach einem kurzfristigen Krafttrainingsinterventionsprogramm (6 Wochen) bei im Mittel 11-jährigen Kindern mit Down-Syndrom gegenüber einer Kontrollgruppe feststellen.

Auch in einer randomisierten 12-wöchigen Trainingsstudie bei 34 Kindern mit einer milden bis moderaten Form der Osteogenesis imperfecta konnte u. a. ein 12 %iger Kraftzuwachs der Trainingsgruppe gegenüber der Kontrollgruppe nachgewiesen werden, ohne dass relevante Gesundheitsschäden bei dieser sensiblen Untersuchungsgruppe aufgetreten wären (Van Brussel et al., 2008).

Weiterhin konnten Benson et al. (2007), Hunter et al. (2000), LeMura und Maziekas (2002), Maziekas et al. (2003), Schwingshandl et al. (1999) sowie Yu et al. (2005) als auch Wabitsch et al. (2005) den Einfluss von Krafttraining auf die Veränderung des Körperfetts und der Körpergewebezusammensetzung bei übergewichtigen Kindern bzw. Adipösen zeigen.

In der Metaanalyse von Collins et al. (2018) wurden anhand zahlreicher Primärstudien die in Abbildung 20 wiedergegebenen positiven Effekte (Hedges g und 95 % Konfidenzintervalle) eines Krafttrainings auf Körperfett (%), Körpermasse (kg), Body-Mass-Index, fettfreie Masse (kg), Fettmasse (kg), Magermasse (kg), Haltfaltendicke (mm) und Hüftumfang (cm) gefunden. Dies verdeutlicht umso mehr den zunehmenden Einfluss von „körperlicher Aktivität" auf Energiestoffwechsel, zivilisationsbedingte Erkrankungen und lebensstilassoziierte Beeinträchtigungen (vgl. Smith et al., 2014).

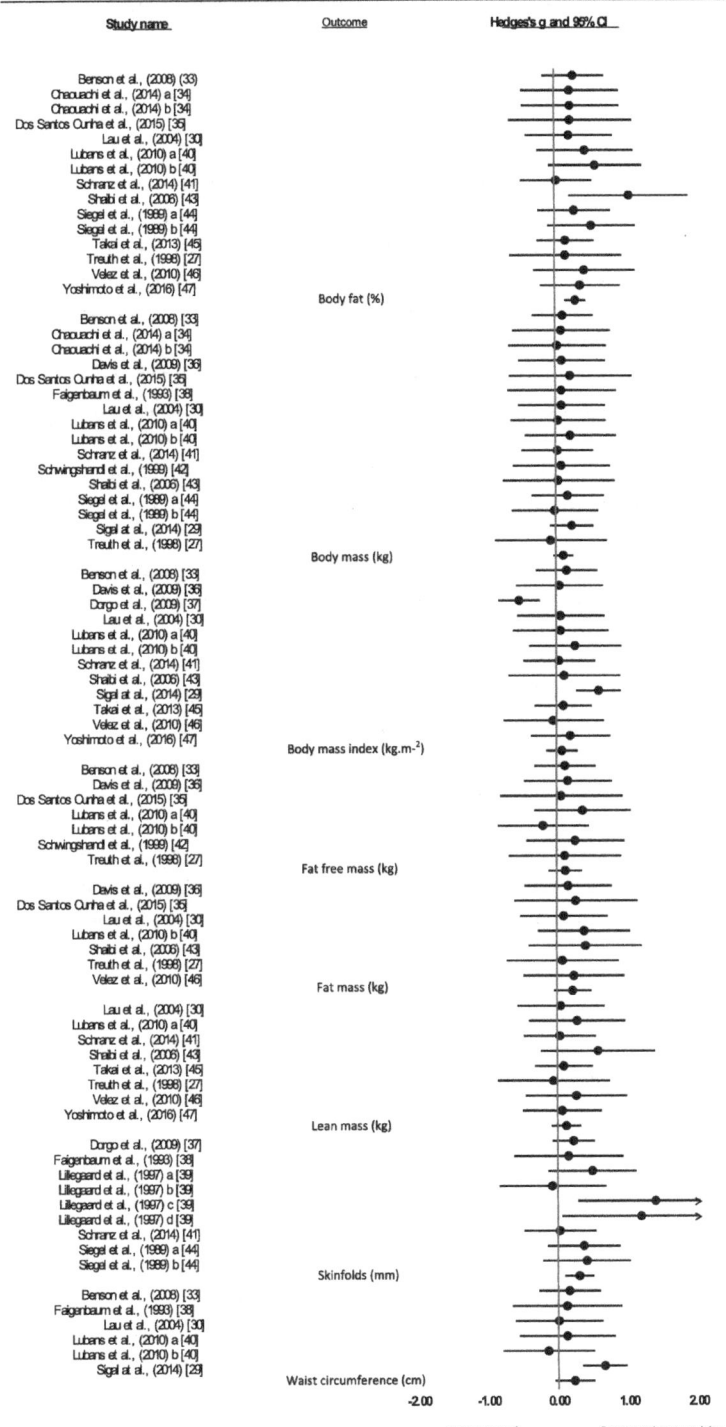

Abbildung 20: Effekte eines Krafttrainings auf ausgewählte Körpergewichtsparameter anhand verschiedener Primärstudien (n. Collins et al., 2018, S. 11)

Im Gegensatz dazu stehen die Untersuchungsergebnisse von Falk et al. (2002), welche keinen Effekt eines Krafttrainingsprogramms, das bei normalgewichtigen Kindern zu einer Kraftsteigerung führte, bei übergewichtigen Kindern feststellen. Eine Steigerung der Muskelkraft durch ein spezifisches Krafttraining – und somit eine Verbesserung der Lebensqualität – bei Kindern mit Leukämie zeigten San Juan et al. (2007) auf.

Die oben genannten, nicht den Anspruch auf Vollzähligkeit erhebenden Darstellungen einiger Anwendungsgebiete von Krafttrainingsinterventionen als therapeutisches Mittel zeichnen sich durch eine hohe Heterogenität der applizierten Trainingsverfahren in puncto Belastungsnormativa aus. In der Zusammenschau können folgende Aspekte charakterisiert werden:

1. Die eingesetzten Trainingsverfahren unterscheiden sich insbesondere bezüglich der Belastungsintensität von den sportlich, trainingsmäßig durchgeführten Intensitäten – und dies zum Teil erheblich. Generell zeigt sich in dieser Thematik eine Prädisposition von intervallartig durchgeführten Trainingsbelastungen. Abgrenzungen zum Training anderer Hauptbeanspruchungsformen, bspw. zur Ausdauer, sind in Teilen nicht vorhanden bzw. werden unreflektiert eingesetzt.
2. Darüber hinaus ist das durchgeführte Krafttraining zum Teil konsekutiv nach der klinischen Therapie, zum Teil aber auch parallel zur klinischen Therapie appliziert worden; dies erschwert aufgrund möglicher Wechselwirkungen bzw. Interaktionen die Quantifizierung der Adaptation durch den Kraftstimulus (Ursache-Wirkungs-Problematik).
3. In allen vorliegenden Studien stellt das Krafttraining also nur einen Einzelaspekt im Kanon weiterer therapeutischer Anwendungen dar; somit sind aufgezeigte Veränderungen prinzipiell nicht nur auf einen Reiz bzw. auf ein Therapiemittel zurückzuführen, sondern können in der Summe zu einer Veränderung (Interaktion) geführt haben.
4. Es lassen sich zwei Typen von Outcomes-Measurements identifizieren: Während ein Typus die Veränderung der speziellen Kraftparameter aufzeigt, ist ein zweiter Typus der Outcomes krankheitsspezifisch (klinischer Parameter) ausgelegt. Jeweils beide, aber zum Teil auch nur einer dieser Outcomes, werden in obigen Studien durch ein Krafttraining beeinflusst.
5. Die Verwendung unterschiedlicher Untersuchungsdesigns (Einzelfallstudie, RCT, CT, Trial) sowie zum Teil sehr geringe Probandenkollektive erschweren konkrete Handlungsempfehlungen für die spezifische Klientel.

Somit ist der Forderung zahlreicher Autoren (vgl. u. a. Falk et al., 2002; Maziekas et al., 2003; Morton et al., 2005; San Juan et al., 2007) nach weiterführenden und vertiefenden Studien dringend nachzukommen, indem die Notwendigkeit der wissenschaftlichen Auseinandersetzung sowie die Aufklärung der Wirkungsweise eines Krafttrainings als therapeutisches Mittel im Kindes- und Jugendalter zu untersuchen ist.

Bezüglich der Effektivität eines Krafttrainings bei übergewichtigen Kindern in der Altersspanne von 8 bis 11 Jahren (1. Phase: 6 Wochen à 3 Trainingseinheiten zu je 75 Minuten; 2. Phase: 28 Wochen à 1 Trainingseinheit zu je 60 Minuten) kommen Yu et al. (2005) im Vergleich zu einer randomisierten Kontrollgruppe zu den in Tabelle 12 dargestellten Befunden. Die Ergebnisse werden von den Autoren wie folgt zusammengefasst: Wir schlussfolgern, dass bei ernährungsüberwachten, präpubertären übergewichtigen bzw. adipösen Kindern die Teilnahme an einem Trainingsprogramm mit der Betonung auf Krafttraining in einer Verbesserung der Magermasse und des Mineralgehalts der Knochen resultierte. Da Übergewicht nicht nur bei Erwachsenen, sondern auch bei Kindern u. a. mit der Insulinaktivität, dem Anstieg an Blutfetten und der Wahrscheinlichkeit an Herzkreislauferkrankungen zu leiden assoziiert scheint, halten Hunter und Mitarbeiter (2000) Kräftigungsübungen mit hoher Belastungsintensität (ohne diese jedoch zu spezifizieren) für sinnvoll, um insgesamt den Energieumsatz zu steigern. Ähnliches wird von Westcott et al. (1995) bei Schulkindern berichtet, wobei diese nicht nur den positiven Effekt auf die Körperzusammensetzung erwähnen, sondern zusätzlich noch den Einfluss auf das Essverhalten sowie die positive Lebenseinstellung herausstellen.

Tabelle 12: Körperzusammensetzung von Kontrollgruppe und Trainingsgruppe bei adipösen Kindern während eines Krafttrainings (modif. n. Yu et al., 2005, S. 670)

Parameter	Kontrollgruppe			Trainingsgruppe		
	Baseline (N = 41)	6 Wochen (N = 41)	36 Wochen (N = 41)	Baseline (N = 41)	6 Wochen (N = 41)	36 Wochen (N = 22)
BMI	24,7 (3,0)	-0,6 (1,1)	-0,1 (1,3)	25,5 (3,1)	-0,2 (0,8)	+0,1 (1,2)
Fettmasse (kg)	19,3 (4,1)	+0,01 (0,9)	+1,5 (2,1)	21,2 (5,3)	-0,03 (1,1)	+0,8 (2,4)
freie Fettmasse (kg)	31,2 (4,9)	+0,3 (1,2)	+4,1 (2,4)	33,0 (4,9)	+0,8 (1,1)	+5,1 (2,4)
% Fettmasse	37,2 (3,3)	-0,2 (1,4)	-1,2 (2,9)	38,0 (4,1)	-0,7 (1,5)	-2,2 (3,0)

Bezüglich der Belastungsintensität und der zu realisierenden Wiederholungen wird von Faigenbaum und Kollegen (1996a, S. 69) die Auffassung vertreten, dass mit eher moderater Intensität und hoher Wiederholungszahl pro Serie bei Kindern und Jugendlichen zu trainieren sei, wenn es darum geht, das Körpergewicht sowie den Körperfettanteil zu beeinflussen. Während bei präpuberalen Kindern eher geringe bzw. keine Effekte eines spezifischen Krafttrainings auf den Körperfettanteil auszumachen sind, scheinen Adoleszente wesentlich stärker von entsprechenden Reizen zu profitieren, was unter anderem mit dem Hormonhaushalt in Verbindung gebracht wird.

Inwieweit ein zweimal pro Woche über insgesamt acht Wochen durchgeführtes Krafttraining (1.–4. Woche: 1 Erwärmsatz mit 10 Wdh. sowie 2 Sätze mit 6–8 Wdh.; 5.–8. Woche: 3 Sätze mit 6–8 Wdh. mit der Übung Brustpresse und Beinstrecken) zu Effekten auf das Selbstkonzept sowie auf die Selbsteinschätzung bei Kindern (durchschnittliches Alter der Treatmentgruppe 10,8 ± 0,4 Jahre) führt, wurde von Faigenbaum et al. (1997) untersucht. Obwohl es zu signifikanten Kraftsteigerungen (6-RM) von 53,4 % bei der Beinstreckung und von 41,1 % bei der Brustpresse kam, wurden keinerlei positive Effekte auf die psychische Komponente (Selbstkonzept und Selbsteinschätzung) festgestellt. Zusammenfassend kann gesagt werden, dass empirische Erkenntnisse nahelegen, dass potenzielle Vorteile des Krafttrainings für Heranwachsende auch Verbesserungen hinsichtlich des psychischen Wohlbefindens umfassen, auch wenn die wissenschaftlichen Ergebnisse dieser Kurzzeit-Studie diese Einschätzung nicht belegen können.

Im Handbuch „Strength training for youth athletes" von Kraemer und Fleck (2005, S. 29 ff.) wird eine sehr realistische Perspektive bzgl. Motivation, Selbsteinschätzung, Selbstbild, Fitnessanspruch etc. vertreten. Einerseits werden überzogene Erwartungshaltungen, unrealistische Sichtweisen und übertriebener Anspruch seitens der Gesellschaft, der Eltern sowie der Kinder selbstkritisch reflektiert und andererseits herausgestellt, dass ein spezifisches Krafttraining bei Kindern und Jugendlichen positive Auswirkungen auf das Gesundheitsverhalten, die eigene Erwartungs- und Zufriedenheitshaltung sowie das Partizipationsverhalten usw. haben kann (vgl. Lloyd et al., 2014, S. 4).

Kapitel 10

Im folgenden Kapitel werden konkrete pädagogische Hinweise sowie dezidierte Trainingsempfehlungen, Anweisungen für die Hinführung, Umsetzung und Evaluation von Krafttrainingsinterventionen bei Kindern und Jugendlichen gegeben und diskutiert. Generell ist anzumerken, dass es keine allgemeingültigen Trainingsempfehlungen und Trainingsprogramme geben kann, da die individuelle Spezifik, genetische Prädisposition, physische und psychische Voraussetzung sowie die jeweilige Zielstellung für jedes Kind und jeden Jugendlichen immer individuell vorzunehmen sind.

Vor der Ausführung eines Krafttrainings ist unbedingt zu klären, inwieweit das Kind physisch und psychisch in der Lage ist, ein kontinuierliches Training durchzuführen.

Weitere Hinweise, welche bei der Gestaltung und Durchführung eines Krafttrainings zu berücksichtigen sind, betreffen u. a. die zu verwendenden Trainingsgeräte, die umfassende Gewährleistung einer Betreuung und Aufsicht, die Hinweise und Einwände, die die Kinder und Jugendlichen äußern, deren geistige und soziale Voraussetzungen sowie die Durchführung der korrekten Bewegungstechnik.

Pädagogische Aspekte sowie Trainingsempfehlungen zum Krafttraining bei Kindern und Jugendlichen

Bevor konkrete pädagogische Hinweise sowie dezidierte Trainingsempfehlungen für die Anweisung, Hinführung, Umsetzung und Evaluation von Krafttrainingsinterventionen bei Kindern und Jugendlichen gegeben und diskutiert werden, ist die Forderung von Faigenbaum und Kollegen (1996a, S. 70) zu berücksichtigen: „Um ein Widerstandstraining zu beginnen, muss ein Kind mental und emotional bereit sein, die Anweisungen des Trainers

> „In order to begin resistance training, a child must be mentally and emotionally ready to comply with coaching instructions and undergo the stress of a training program. In general, if a child is ready for participation in sports, he or she is ready for some type of resistance training." (Faigenbaum et al., 1996a, p. 70)

umzusetzen und die Belastungen eines Trainingsprogramms aushalten zu können. Wenn ein Kind bereit ist, eine Sportart auszuüben, hat es i. d. R. auch die Voraussetzungen, um eine Form des Widerstandstrainings zu absolvieren." Grundsätzlich ist anzumerken, dass es keine allgemeingültigen Trainingsempfehlungen und Trainingsprogramme geben kann, da die individuelle Spezifik, genetische Prädisposition, physische und psychische Voraussetzungen und die jeweilige Zielstellung für jedes Kind und jeden Jugendlichen immer individuell sind (Granacher et al., 2016, S. 12). Jedoch lassen sich einige generalisierbare Hinweise und Handlungsempfehlungen aussprechen (vgl. Grosser et al., 2008).

Nach Kraemer und Fleck (2005, S. 10) beinhalten Krafttrainingsempfehlungen bei Heranwachsenden u. a. folgende Aspekte: Ein gutes Krafttrainingsprogramm berücksichtigt eine entsprechende Vorbereitung (fragen Sie sich, ob Ihr Kind wirklich bereit ist, mit einem Krafttraining zu beginnen), Kontinuität, (die Einsicht in die Bedeutung einer regelmäßigen und langfristigen Ausführung des Programms während der Wachstumsjahre) und ein entsprechendes Verständnis (Kenntnisse der anatomischen und physiologischen Komponenten im Zusammenhang mit einem Krafttraining). Faigenbaum und McFarland (2016, S. 20 f.) benennen für die Gestaltung eines Krafttrainings mit Kindern und Jugendlichen 7 übergeordnete Prinzipien: a) Progression (Anstieg der Trainingsbelastung über die Zeit), b) Regularity (Regelmäßigkeit und Kontinuität im Trainingsprozess), c) Overload (Setzung eines trainingswirksamen Reizes), d) Creativity (Kreativität, vermeiden von Monotonie im Training), e) Enjoyment (Freude/Spaß am Training, Balance zwischen Anspruch und Realität), f) Sozialization (eingebunden sein, gemeinsam trainieren) und g) Supervision (Anleitung, Überwachung, Rückmeldung).

Freiwald (2005, S. 272) stellt vergleichbare Überlegungen an, erweitert diese jedoch u. a. durch die Merkmale wie sie in Tabelle 13 dargestellt sind (vgl. Ehlenz et al., 1998; Faigenbaum, 1993; Faigenbaum et al., 1996a; Fleck & Kraemer, 1997; Grosser et al., 2008; Guy & Micheli, 2001; Kraemer & Fleck, 2005; Lloyd et al., 2014; Weineck, 2003):

Tabelle 13: Planungsaspekte von Krafttrainingsinterventionen mit Kindern und Jugendlichen (in Ergänzung an Freiwald, 2005, S. 272)

Nr.	Pädagogische Hinweise und planungstechnische Anmerkungen zur Durchführung eines Krafttrainings mit Kindern und Jugendlichen
1)	Wurden alle Vorsorgeuntersuchungen (V 1 bis V 8) durchgeführt? Ist das Kind bzw. der Jugendliche sportmedizinisch vor allem internistisch und orthopädisch untersucht bzw. organisch und orthopädisch belastbar? Sind medizinische Folgeuntersuchungen in regelmäßigen Abständen notwendig? Eventuell orientiert an den D-Kaderuntersuchungen im Nachwuchsleistungssport (vgl. American Academy of Pediatrics, 2001; Birnesser et al., 2001; Faigenbaum et al., 1993).
2)	Sind die durch Krafttraining verfolgten Ziele wie Kraftsteigerung in bestimmter Zeit, Gewichtsreduktion, Muskelmassezunahme etc. realistisch (vgl. Kraemer & Fleck, 2005)?
3)	Sind der Trainingsraum und die Trainingsgeräte für Kinder bzw. Jugendliche geeignet (u. a. Geräte, Hebellängen, Gewichtsabstufungen, Sicherheit)? Lassen sich die Geräte individuell auf die jeweiligen anatomischen und biomechanischen Drehachsen einstellen und sind geringe Gewichtsabstufungen an den Geräten möglich (vgl. Mellerowicz et al., 2000)?
4)	Ist eine umfassende Aufsicht und Betreuung der Kinder und Jugendlichen durch speziell ausgebildete Trainer (Lehrer) gewährleistet? Ist das Krafttraining theoretisch reflektiert? Hat der Trainer Kenntnisse über die Besonderheiten des Krafttrainings bei Kindern und Jugendlichen (vgl. Faigenbaum, 1993; Faigenbaum et al., 1996a; Kraemer & Fleck, 2005)?
5)	Ist der Trainer für das Krafttraining mit Kindern und Jugendlichen geeignet (z. B. pädagogische Fähigkeiten)? Hat er Erfahrungen mit Krafttraining im Kinder- und Jugendtraining, kann er die geeigneten Bewegungstechniken vermitteln und besitzen die Betreuungspersonen genügend Verantwortungsbewusstsein? D. h. kein übertriebener Ehrgeiz und Projektion eigener Ziele auf die Heranwachsenden (vgl. Faigenbaum, 2003).
6)	Werden Hinweise, Einwände und Bedenken der Kinder bzw. Jugendlichen wahrgenommen? Wird auf die aktuelle Tagesverfassung und die Motivation eingegangen? Werden situative Bedingungen wie besondere Alltagsbelastungen oder zusätzliche Aktivitäten in anderen Sportarten hinreichend berücksichtigt (vgl. Kraemer & Fleck, 2005)?
7)	Sind die Eltern in den Informationsfluss integriert? Werden die Kinder bzw. Jugendlichen gelobt und mit den nötigen Informationen versorgt (vgl. Guy & Micheli, 2001)?
8)	Besitzt das Kind bzw. der Jugendliche die körperlichen, geistigen und sozialen Voraussetzungen für ein Krafttrainingsprogramm? Sind die verschiedenen Übungen und Trainingsprogramme altersadäquat gestaltet (vgl. Guy & Micheli, 2001; Kraemer & Fleck, 2005)?
9)	Ist das Kind bzw. der Jugendliche in der Lage, Anweisungen der Trainer konsequent zu befolgen? Kann die Konzentrationsfähigkeit über die Übungssituation hin beibehalten werden?
10)	Ist das Kind bzw. der Jugendliche in der Lage, technisch korrekte Bewegungsabläufe zu produzieren? Ist die Übungstechnik hinreichend gefestigt, korrekt ausgeprägt und auch unter Ermüdung reproduzierbar?

Nr.	Pädagogische Hinweise und planungstechnische Anmerkungen zur Durchführung eines Krafttrainings mit Kindern und Jugendlichen
11)	Welche weiteren Sportarten betreibt das Kind bzw. der Jugendliche und welchen anderen Belastungen ist das Kind bzw. der Jugendliche ausgesetzt? Wird auf eventuelle Wechselwirkungen hinreichend Rücksicht genommen? Werden hinreichend viele unterschiedliche Übungen und verschiedene Reize gesetzt?
12)	Wie werden den Kindern bzw. den Jugendlichen die kurz-, mittel- und langfristigen Zielsetzungen und die korrekten Trainingstechniken (kindgerecht) vermittelt (Gespräch, Poster, Demonstration, Video u. a.)? Findet eine permanente Überwachung und Sicherung der Technik statt und wird auf die motorische Entwicklung geachtet?
13)	Wie werden Schulungen über die theoretischen Grundlagen von Krafttraining (Ernährungsberatung, Fragen der Lebensführung, Sinn der Trainingsmaßnahmen) in den Trainingsprozess integriert?

Bezogen auf die konkrete Trainingsplanung innerhalb der ersten Trainingsphase wird von Kraemer und Fleck (2005, S. 47 f.) u. a. zunächst folgende Vorgehensweise angegeben: Zeigen und erklären der einzelnen Übung, wobei keine oder nur geringe Belastungen zu bewältigen sind. In der ersten Trainingseinheit sollte nur eine Serie mit geringer Belastung durchgeführt werden. Die ersten drei bis vier Wochen sind als Lernphase zu konzipieren, wobei Teilkörperübungen zu Anfang favorisiert werden und erst im weiteren Trainingsprozess spezifische, komplexe mehrgelenkige Übungen (multi-joint structural exercises) hinzukommen. Des Weiteren sollten die Serien und die Belastungen derart erhöht werden, dass nach vier bis fünf Wochen die eigentliche Startphase für das geplante Trainingsprogramm beginnen kann. Während des gesamten Prozesses ist darauf zu achten, dass keine physische und psychische Überlastung (Motivation, Freude auf das Training etc.) stattfindet.

Granacher et al. (2016, S. 12) geben anhand einer systematischen Übersichtsarbeit für die erste Trainingsphase folgende Belastungsmerkmale an: 1–2 Sätze mit 8–15 Wiederholungen und einer moderaten Belastungsintensität (30–60 % 1-RM) bei 2 nicht aufeinander folgenden Trainingseinheiten pro Woche.

Freiwald (2005) verweist im Weiteren darauf, dass auch im Kinder- und Jugendbereich auf der Basis von Leistungstests die Trainingsplanung vorgenommen werden sollte (vgl. Faigenbaum et al., 2003b). Innerhalb der Übungsauswahl (sechs bis acht Übungen sind ausreichend) sind zunächst die Hauptmuskelgruppen, speziell die rumpfstabilisierenden (z. B. gerade und schräge Bauchmuskulatur, Rückenstrecker etc.) und gelenkstabilisierenden (z. B. Rotatorenmanschette der Schulter) Muskeln zu trainieren. Dabei sollten sowohl Agonisten als auch Antagonisten gleichmäßig berücksichtigt werden. Die Muskelarbeitsweise sollte hauptsächlich konzentrisch-exzentrisch durchgeführt werden (dynamische Ausführungen sind statischen vorzuziehen). Die Trainingshäufigkeit sollte bei zwei bis dreimal pro Woche liegen, wobei die Zielstellung, andere sportliche Aktivitäten, die Trainingsmethode, die Periodisierung des Trainings usw. berücksichtigt werden sollten (Fröhlich et al., 2007b; Fröhlich & Schmidtbleicher, 2008; Lesinski et al., 2016). Zwischen den einzelnen Trainingseinheiten sollte auf jeden Fall ein Ruhetag liegen. Inwieweit Anfänger mit Grundübungen auch ohne Zusatzlasten wie Liegestütze, Klimmzüge, Kniebeugen, Sit-ups, Rückenübungen etc. beginnen sollten, wird kontrovers diskutiert. Bezüglich dieser Übungen ist zu erwähnen, dass

1. die Übungen einen zu hohen Belastungsreiz darstellen können (Relation von Körpergewicht und aufzubringender Kraft ist negativ),
2. generell nicht davon auszugehen ist, dass ein hinreichender Belastungsumfang (z. B. mehrere Wiederholungen und Serien) realisiert werden kann, und
3. koordinative Aspekte (Einbeziehung synergistischer Muskelgruppen usw.) limitierend wirken können (vgl. Gießing, 2006).

Andererseits werden obige Übungen im Sinne einer methodischen Übungsreihe – vom Einfachen zum Komplexen – sowie unter Beachtung methodischer Aspekte durchaus empfohlen (Kempf & Fischer, 2003).
    Die Bewegung sollte kontrolliert und langsam ausgeführt werden. Das bedeutet, die Aufwärtsphase (konzentrische Muskelarbeitsweise) sollte mindestens ein bis zwei Sekunden dauern und die Abwärtsphase (exzentrische Muskelarbeitsweise) zwei bis drei Sekunden. Isometrische Muskelanspannung an den Endpunkten der Bewegungsumkehr im Sinne von zusätzlichen Intensitätstechniken (Fröhlich et al., 2007a) ist nicht vonnöten. Somit kommt man auf eine Zeitspanne von ca. drei bis fünf Sekunden für eine vollständige Wiederholung. Bei dieser betont kontrollierten Übungsausführung ist gewährleistet, dass die Bewegung nicht ruckartig ausgeführt und durch Schwungkräfte verfälscht wird, was nicht nur der Muskelbeanspruchung abträglich wäre, sondern auch eine Gefährdung für den gesamten Bewegungsapparat darstellen würde. Für die Auslösung von Anpassungen an Krafttrainingsinterventionen haben sich Mehrsatztrainingsme-

thoden gegenüber Einsatztrainingsmethoden als überlegen im Hinblick auf die Steigerung der Kraft als auch der hormonellen und cardiozirkulatorischen Auslenkung herausgestellt (Fröhlich, 2006; Fröhlich, Emrich & Schmidtbleicher, 2010).

Obwohl sich in mehreren Studien bereits nach vier Wochen messbare Leistungsverbesserungen einstellten (vgl. Falk & Tenenbaum, 1996), sind die Zugewinne nach acht Wochen Training wesentlich stabiler (Faigenbaum et al., 2002). Wenn das Training dann eingestellt wird, reduzieren sich die Leistungsgewinne wieder von Woche zu Woche.

Für langfristige Trainingsinterventionen (> 23 Wochen) wurden von Lesinski et al. (2016) eine Dosis-Wirkbeziehung von 5 Sätzen pro Übung, 6–8 Wiederholungen, 80–89 % 1-RM und 3–4 Minuten Pause zwischen den Sätzen angegeben. Diese Belastungskonfiguration zielt jedoch auf bereits langfristig Trainierende ab und fokussiert auf Maximalkraft- und Schnellkraftparameter.

In Tabelle 14 sind exemplarisch die Trainingsparameter für ein gesundheitsorientiertes Krafttraining bei Kindern und Jugendlichen dargestellt. Diese Hinweise sind nur als grober Rahmen zu verstehen. Eine dezidierte Auseinandersetzung mit den eigentlichen Zielen und individuellen Gegebenheiten ist jedoch die Voraussetzung, damit qualifizierte und pädagogisch geschulte Trainerinnen und Trainer eine zielgruppenadäquate Trainingsplanung vornehmen können. Dem Grundsatz, dass eine Umfangssteigerung (Wiederholungen, Übungen, Trainingshäufigkeit) einer Intensitätssteigerung vorausgehen sollte, ist Beachtung zu schenken. Bezogen auf das Verhältnis von Trainer und betreutem Kind bzw. Jugendlichem wird von Faigenbaum (1993, S. 25) ein Quotient von 1 zu 10 angegeben, wobei ein geringeres Verhältnis, speziell bei Neulernen, wünschenswert wäre. In Tabelle 15 sind die allgemeinen Belastungsnormativa eines Krafttrainings für Kinder und Jugendliche in Abhängigkeit vom aktuellen Trainingszustand dargestellt.

Pädagogische Aspekte sowie Trainingsempfehlungen

Tabelle 14: Trainingsparameter für ein gesundheitsorientiertes Muskelkrafttraining bei Kindern und Jugendlichen

Belastungs-normativa	Beschreibung der spezifischen Merkmale für ein Krafttraining mit Kindern und Jugendlichen
Erwärmung	5–10 Minuten allgemeine Erwärmung, wobei sich Ruderergometer bzw. Crosstrainer eignen, da hier der ganze Körper (Arme und Beine) mobilisiert wird. Spezifische Erwärmung, z. B. in Form von Langhantelübungen, Kurzhantelübungen, Gymnastikbandübungen etc.
Wiederholungszahlen	10–15 (mindestens 6, höchstens 25), je nach Trainingsphase und angestrebtem Ziel (8–12 für Muskelaufbau; 15–25 für Kraftausdauer; 6–8 für Schnellkraft). Die Wiederholungszahlen sollten im vorgegebenen Wiederholungszahlkorridor bleiben.
Belastungsabbruch	Kein Training bis zur maximalen Ausbelastung, sondern je nach Trainingsziel sollten noch 2–3 zusätzliche Wiederholungen möglich sein. Das bedeutet, die Belastung liegt bei 2–3 Wiederholungen unterhalb des X-RM (nWM).
Satzzahl	2–3 pro Übung
Übungen	6–8
Häufigkeit	2–3 mal pro Woche
Dauer	6–8 Wochen (mindestens 4, höchstens 12), Verwendung von Periodisierungsstrategien sind hilfreich und zielführend.
Zykluswiederholung	mindestens 2 mal pro Jahr

Tabelle 15: Belastungsnormativa eines allgemeinen Krafttrainings für Kinder und Jugendliche in Abhängigkeit vom Trainingszustand (n. Faigenbaum et al., 2009, S. 13)

	Anfänger	Fortgeschrittene	Könner
Muskelarbeitsweise	EXZ. und KONZ.	EXZ. und KONZ.	EXZ. und KONZ.
Übungsauswahl	SJ und MJ	SJ und MJ	SJ und MJ
Intensität (% 1-RM)	50–70 % 1-RM	60–80 % 1-RM	70–85 % 1-RM
Umfang	1–2 x 10–15 Wdh.	2–3 x 8–12 Wdh.	$\geq$ 3 x 6–10 Wdh.
Pause (min.)	1	1–2	2–3
Geschwindigkeit	Moderat	Moderat	Moderat
Häufigkeit pro Woche	2–3	2–3	3–4
EXZ. = exzentrische Muskelarbeitsweise, KONZ. = konzentrische Muskelarbeitsweise, SJ = eingelenkige Übungen, MJ = mehrgelenkige Übungen, 1-RM = konzentrische Maximalkraft (1-Wiederholungsmaximum)			

An die Trainingseinheit sollte sich eine Cool-down-Phase anschließen, innerhalb derer eine Beruhigung (Herabregulation) von psychologischen und physiologischen Variablen stattfinden kann. Hinzu kommt, dass während der Phase des Krafttrainings mit Kindern und Jugendlichen auf eine ausgewogene Ernährung und eine adäquate Lebensführung wie ausreichend Schlaf, erholter Zustand vor dem Training, geachtet wird. Vor, während und nach dem Training sollte eine hinreichende Flüssigkeitsaufnahme gewährleistet sein. Freiwald (2005, S. 273 f.) verweist zusätzlich auf folgende Aspekte für Trainerinnen und Trainer:

1. Auf geeignete Trainingskleidung achten (Handschuhe, Trainingsanzug, Schuhe, Handtuch)!
2. Beachten Sie Schmerzen, bagatellisieren Sie sie nicht und gehen Sie den Ursachen auf den Grund!
3. Achten Sie mehr auf die korrekte Technik als auf das bewältigte Gewicht!
4. Assistieren Sie bei schwierigen Übungen!
5. Zeigen Sie den Kindern und Jugendlichen, wie man die Trainingspläne liest und wie sie das Training zu dokumentieren haben!
6. Verschaffen Sie Erfolgserlebnisse!
7. Protokollieren Sie exakt die Trainingsmaßnahmen. Beobachten Sie, wie die Kinder bzw. Jugendlichen das Trainingsprogramm mental und körperlich verkraften!

Bezüglich der zu verwendenden Geräte und Maschinen ist ausdrücklich darauf hinzuweisen, dass alle Geräte auf die individuellen Körperverhältnisse von Kindern und Jugendlichen einstellbar sein müssen (z. B. Hebelarme, Sitzhöhen, Gewichtsabstufungen). Verschiedene Gerätehersteller bieten u. a. spezielle Krafttrainingsgeräte und -maschinen für Kinder und Jugendliche an, welche z. B. geringere Gewichtsabstufungen, achsengerechte Positionierungen etc. erlauben und somit biomechanisch einen geringeren Stressor auf das arthromuskuläre System ausüben. Die Gerätesicherheit muss jederzeit gewährleistet sein. Last but not least sollten alle Trainingseinheiten von ausgebildeten, im Krafttrainingsbereich speziell mit Kindern geschulten, pädagogisch verantwortlichen Übungsleitern, Instruktoren und Trainern überwacht werden (Guy & Micheli, 2001; Faigenbaum, 2003a; Kraemer & Fleck, 2005).

Fleck und Kraemer (1997, S. 209) geben die in Tabelle 16 aufgeführten Übungen mit den entsprechenden Satz- und Wiederholungszahlen für ein

Gerätetraining mit Kindern an. Werden zusätzliche Periodisierungsmodelle eingesetzt, was auch bei Kindern und Jugendlichen zu präferieren ist, so sind die entsprechenden Sätze und Wiederholungen nach Fleck und Kraemer (1997, S. 213) wie folgt zu modifizieren: Basis (Base): 3 x 10–15; Kraft (Strength): 3 x 6–10; Schnellkraft (Power): 2–3 x 6–8; Maximalkraft (Peaking): 1–2 x 6–8.

Tabelle 16: Übungen und Satz- bzw. Wiederholungszahlen für ein Krafttraining mit Kindern (n. Fleck & Kraemer, 1997, S. 209)

Übung	Satz- und Wiederholungszahlen
Kniebeuge bzw. Beinpressen	3 X 10–15
Bankdrücken	3 X 10
Knie-Curls	3 X 10
Arm-Curls	3 X 10
Beinstrecken	3 X 10
Überkopfdrücken	3 X 10–15
Sit-ups	3 X 15–20
Rückenstrecken	3 X 10–15

Unter pädagogischer Perspektive wird von Gießing (2005) die Bedeutung der unmittelbaren Rückmeldung, welche Kinder und Jugendliche über den Erfolg ihrer Bemühungen erhalten, betont. Die Primärerfahrung am eigenen Körper, nämlich, dass es sich durchaus lohnt, systematisch und gezielt Sport zu treiben, um dadurch den gewünschten Anpassungseffekt zu erzielen, sei hervorgehoben. So erhält man durch Krafttrainingsinterventionen unmittelbar Feedback über mögliche Verbesserungen (vgl. Gießing, 2006). Aus pädagogischer Sicht spricht ebenfalls für ein Krafttraining, speziell wenn es in Gruppenform oder in der Schule durchgeführt wird, die Tatsache, dass es dabei nicht darum geht, einen Gegner zu bezwingen, sondern vielmehr soll gemeinschaftlich die eigene Leistungsfähigkeit verbessert werden. Gerade im schulischen Bereich stellt ein gewichtsbasiertes Krafttraining zudem eine gute Möglichkeit dar, die Schüler gezielt an weitere Übungen heranzuführen, die ein hohes Maß an Kraftfähigkeiten voraussetzen. Hier sei explizit auf Übungen und Inhalte aus dem Turnen hingewiesen, deren Durchführung ohne ein bestimmtes Kraftniveau kaum realisierbar erscheint. So stellt Steinmann (1988, S. 21) fest, dass Schüler „beim Erlernen von Bewegungsfertigkeiten scheitern, weil ihnen die notwendige Kraft fehlt". Es ist kaum nachvollziehbar warum sich Schüler die notwendige Kraft für Übungen im Sportunterricht (z. B. Turnen – Reck, Barren, Bodenturnen) in einer Vielzahl von Fehlversuchen aneignen sollen, wenn ein zielgerichtetes Krafttraining die Vorbereitung hierauf erheblich vereinfacht. Zumal eine enge wechselseitige Beziehung der Kraft im Rahmen der jeweiligen Leistungsstruktur als konditionelle Fähigkeit mit anderen konditionellen Fähigkeiten wie Ausdauer, Schnelligkeit und der sportlichen Technik besteht.

Eine weitere zentrale Forderung, nämlich die nach einer angemessenen Binnendifferenzierung, wird beim Muskelkrafttraining ebenfalls in besonderer Weise eingelöst, da die Intensitätssteuerung hierbei individuell erfolgt. Wenn beispielsweise Übungen mit jeweils 20 bis 25 Wiederholungen absolviert werden, kann dies für jedes Kind und jeden Jugendlichen einen anderen Widerstand bedeuten, aber alle arbeiten mit einer individuellen Belastung.

Fazit und Ausblick zum Krafttraining bei Kindern und Jugendlichen

Faigenbaum und Kollegen (1996a, S. 62) fassen in einem Überblicksartikel zum Thema Krafttraining bei Kindern in den Kategorien motorische Fitness und sportliche Leistungsfähigkeit, Prävention und Verletzungsprophylaxe, psycho-soziale Effekte und gesundheitliche Wirkungen die Effekte eines gezielten Krafttrainings mit den Kernaussagen zusammen: Ein genau geplantes und überwachtes Krafttrainingsprogramm ist sicher, kann zu entsprechenden Kraftverbesserungen führen, kann helfen die allgemeine und sportartspezifische motorische Leistungsfähigkeit zu verbessern, kann im Sinne einer Verletzungsprophylaxe sowie im Rahmen der Wiederherstellung nach Verletzung positiv wirksam sein, kann das psychosoziale Wohlbefinden steigern und die allgemeine Gesundheit von Kindern verbessern (vgl. Faigenbaum et al., 2009).

Obwohl sich die Forschung speziell im angloamerikanischen Raum seit den 90er Jahren intensiver mit der Wirkungsweise, den entsprechenden Anpassungseffekten, den möglichen Risiken und den individuellen psycho-physischen, gesundheitlichen Nutzenerwartungen auseinander gesetzt hat, ist zu konstatieren, dass immer noch nur sehr wenige empirische, qualitativ hochwertige Studien zum Kinder- und Jugendkrafttraining existieren. Speziell in Deutschland ist ein entsprechendes Forschungsdesiderat zu erkennen (vgl. Behringer et al., 2010; Hartmann et al., 2010). Zusammenfassend kann grundsätzlich festgehalten werden, dass insbesondere mögliche Gefahren für die Entwicklung und negative körperliche Folgen aufgrund eines regelmäßig durchgeführten Krafttrainings nicht zu erwarten sind (Kraemer & Fleck, 2005; Faigenbaum et al., 2009). Dementsprechend kann eine z. T. immer noch vorhandene, kritische Sichtweise zum Kinderkrafttraining (Fleck & Kraemer, 1997, S. 199) zurückgewiesen werden. Grosser et al. (2008, S. 191) konstatieren: „Die biologischen Gegebenheiten (Skelettlabilität, Muskelschwächen usw.) im Kindes- und Jugendalter sprechen absolut für ein gezieltes Muskeltraining und niemals dagegen, wobei hinsichtlich kindgemäßer Belastbarkeit (nochmals) betont werden soll: Fehlbelastungen vermeiden und die Belastbarkeit des Stütz- und Bewegungssystems durch ein gezieltes Präventivtraining auf hohem Stabilitätsniveau halten [...]."

„Kindheit" stellt aus Sicht der Autoren keine Kontraindikation für ein gewichtsbasiertes Krafttraining dar. Gleichzeitig ist eine Vielzahl von positiven Effekten zu nennen, die sich sowohl auf physiologische, morphologische als auch psychosoziale Bereiche erstrecken.

Teil 2
Übungsbeispiele

Kapitel Übungsbeispiele

Im nachfolgenden zweiten Teil des Buchs werden Krafttrainingsübungen mit und ohne Geräte bzw. Hilfsmittel für sämtliche Körperpartien und Körperregionen vorgestellt. Die Übungsformen und deren Varianten sind dabei nach verschiedenen Hauptkörperregionen untergliedert. Hinweise zu einzelnen Übungsausführungen, Hauptmuskelgruppen sowie zu Ausgangsposition und Endposition sind bei den jeweiligen Übungen beschrieben. Dezidierte Anmerkungen zu Trainingsempfehlungen für Anfänger, Fortgeschrittene und Könner sowie für verschiedene Altersgruppen werden exemplarisch im Rahmen von Beispieltrainingsplänen im dritten Teil dargestellt. Mögliche Griffvarianten, Grundsätze zum Gerätetraining und Sicherheitsaspekte sind den verschiedenen Übungsbeschreibungen zu entnehmen.

Die Darstellung der Bewegungsausführungen ist so aufgebaut, dass die Ausgangsposition die eigentliche Startposition sowie die Endposition beschreibt. Teilweise muss die Ausgangsposition zunächst aktiv vom Übenden eingenommen werden. Die Beschreibung hierzu ist den verschiedenen Übungen zu entnehmen. Die Umkehrposition der Übung (i. d. R. zweites Bild) markiert den Abschluss nach Übungsausführung. Die konzentrische Muskelarbeitsweise (dynamisch überwindend) war hierzu ausschlaggebend. Des Weiteren wurde diese Vorgehensweise einerseits zur didaktischen Verdeutlichung (praktische Sicht) und andererseits zur vereinfachten Übungsbeschreibung gewählt. Bei einzelnen Übungen kann aufgrund der besseren inhaltlichen Verdeutlichung von diesem prinzipiellen Vorgehen abgewichen werden. Die folgende Bildreihe „Bankdrücken" verdeutlicht die Ausgangsposition (Bild 1), die dazwischenliegende Umkehrposition der Bewegung (Bild 2) sowie die Endposition der Bewegung (Bild 1).

Die Hinweise zu den beanspruchten Hauptmuskelgruppen sowie deren Schreibweise ist an Tittel (1994) angelehnt.

Teil 2: ÜBUNGSBEISPIELE

Bild 1   Bild 2

Kurzer Exkurs zur Übungsausführung komplexer Freihantelübungen

Sowohl in der sportartspezifischen Literatur als auch in der Sportpraxis wird die optimale Ausführung von bestimmten Krafttrainingsübungen, speziell komplexer Freihantelübungen, zum Teil recht kontrovers diskutiert. Dies wird mit am deutlichsten bei der Übung Kniebeugen und hier insbesondere bzgl. der optimalen Bewegungsamplitude (primär repräsentiert über den Beugewinkel im Kniegelenk). Bei der Entscheidung, ob eine viertel (45° Beugewinkel im Kniegelenk), halbe (90° Beugewinkel im Kniegelenk) oder tiefe (> 90° Beugewinkel im Kniegelenk) Kniebeuge angebracht ist, sind mit der koordinativen Beanspruchung, der Beanspruchung des Bewegungssystems (speziell der Kniegelenke) sowie den Effekten/Adaptationen drei zentrale Aspekte zu beachten (vgl. Abbildung 21). Diese müssen je nach Zielstellung, Zielperson usw. unterschiedlich akzentuiert werden. In der Abbildung ist beispielsweise der Aspekt der Beanspruchung des Bewegungssystems am stärksten akzentuiert. Somit ist eine einzige pauschale Vorgabe für alle Trainierenden nicht zielführend und fachlich nicht nachvollziehbar.

Abbildung 21: Aspekte der Übungsausführung

Die Beanspruchung der zentralen, passiven Strukturen des Kniegelenkes (z. B. retropatellarer Knorpel, Menisken, vordere Kreuzbänder) wird mit zunehmender Bewegungsamplitude respektive einem zunehmendem Beugewinkel im Kniegelenk größer. Ab einem Beugewinkel von ca. 120° wird der retropatellare Anpressdruck im Kniegelenk durch die Abnahme des äußeren Drehmomentes wieder geringer (vgl. Schönle, 2004, S. 270). Dies ist jedoch bei entsprechenden individuellen Voraussetzungen sowie bei entsprechender Bewegungsausführung, muskulärer Sicherung des Kniegelenkes und Belastungsintensität (Trainingsgewicht) für das intakte Kniegelenk unschädlich.

Bezüglich der Effekte weisen Schmidtbleicher et al. (2009, S. 97) darauf hin, dass zwar in der Literatur (mit einer Überlegenheit gegenüber der tiefen Kniebeuge) die halbe und/oder viertel Kniebeuge für ein (sportart-)spezifisches Krafttraining empfohlen wird, dies „jedoch bisher empirisch nicht verifiziert werden" konnte. Schmidtbleicher et al. (2009, S. 101) konstatieren vielmehr auf der Basis ihrer eigenen Befunde eine deutliche Überlegenheit tiefer Kniebeugen, insbesondere der Frontalkniebeugen bzgl. der Schnellkraftentwicklung, der Zunahme des 1-RM sowie der Muskelquerschnittszunahme. Als Fazit stellen die Autoren fest: „Als grundlegender Bestandteil eines allgemeinen Krafttrainings in Schnellkraftsportarten sollte die Maximalkraft der Knie- und Hüftflexoren über den gesamten Bewegungsbereich der tiefen Kniebeugen trainiert werden, um einen maximalen Transfer auf Schnellkraftleistungen der unteren Extremitäten sicherzustellen."

Die koordinative Beanspruchung einer („freien") Kniebeuge mit einer Hantel ist grundsätzlich höher als beispielsweise bei der Übung „Beinpresse an der Maschine". Auch zwischen den einzelnen Varianten der Übung Kniebeugen ergeben sich in Abhängigkeit der Bewegungsamplitude bzw. des Beugewinkels im Kniegelenk sowie der Hantelablage und -führung zum Teil erhebliche Unterschiede bzgl. der koordinativen Beanspruchung (so steigt beispielsweise mit zunehmendem Beugewinkel im Kniegelenk die koordinative Beanspruchung). Wie bereits oben erwähnt, gilt es hierbei zu bedenken, dass die koordinative Beanspruchung mit der Beanspruchung des Bewegungssystems in Zusammenhang steht (kann beispielsweise bei einer koordinativ anspruchsvollen Übungsausführung die Kniebeuge nicht korrekt ausgeführt werden, wirkt sich dies ggf. negativ auf die Beanspruchung des Bewegungssystems aus).

Insgesamt bleibt festzuhalten, dass tiefe Kniebeugen bei entsprechenden individuellen Voraussetzungen sowie der Beachtung methodischer Aspekte (konsequente und genauen Übungsunterweisung, „behutsame" Heranführung an die Übung im Sinne einer methodischen Übungsreihe) gegenüber viertel und halben Kniebeugen zu favorisieren sind.

Übungsbeispiele zur Kräftigung der Bauchmuskulatur

Crunches gerade – Hauptmuskelgruppen: Gerader Bauchmuskel, äußerer schräger Bauchmuskel, innerer schräger Bauchmuskel, querverlaufender Bauchmuskel

Grundübung

In der Rückenlage die Beine mit ca. 90 Grad Kniewinkel anbeugen. Die Fußspitzen anziehen und die Fersen aktiv gegen den Boden drücken. Arme vor der Brust verschränkt halten. Kopf und die Schultern anheben und den Oberkörper langsam aufrollen. Dabei hält die Lendenwirbelsäule Kontakt zum Boden. Zwischen Kinn und Brustbein etwa einen faustgroßen Abstand einhalten. Beim Einrollen aktives atmen.

Ausgangs- und Endposition   *Umkehrposition*

Teil 2: ÜBUNGSBEISPIELE

Crunches Variation 1

Die Finger sind an der Kopfaußenseite angelegt. Die Ellenbogen bleiben dabei nach hinten gerichtet. Durch die größere Hebelwirkung verstärkt sich die Beanspruchung der Bauchmuskulatur.

Ausgangs- und Endposition   *Umkehrposition*

Crunches Variation 2

Während der Übung eine Kurzhantel mit gestreckten Armen vor der Brust halten und den Oberkörper langsam einrollen. Der Blick ist auf die Hände gerichtet. Lendenwirbelsäulenbereich (LWS) aktiv auf die Unterlage drücken.

Ausgangs- und Endposition   *Umkehrposition*

Bauchmuskulatur

Crunches Variation 3 (Sit-up)
Im Gegensatz zur Variante 2 sind bei dieser Übung die Beine mit ca. 90 Grad in Hüft- und Kniegelenk angewinkelt und angehoben, sodass die Unterschenkel parallel zum Boden sind.
Die gestreckten Arme führen eine Kurzhantel Richtung Decke. Der Blick geht zu den Händen. Lendenwirbelsäulenbereich aktiv auf die Unterlage drücken.

Bereits in der Ausgangsposition sind die Schultern von der Unterlage abgehoben. Zwischen linkem und rechtem Knie ist ein ca. faustbreiter Abstand. Beim Einrollen findet eine aktive Ein- oder Ausatmung statt.

Teil 2: ÜBUNGSBEISPIELE

Bein-/Beckenheben – Hauptmuskelgruppen: Gerader Bauchmuskel, äußerer schräger Bauchmuskel, innerer schräger Bauchmuskel, querverlaufender Bauchmuskel

Grundübung

Die Beine sind bei der Grundübung fast senkrecht zur Decke gestreckt. Die Hände greifen diagonal zur gegenüberliegenden Schulter. Durch Anspannen der Bauchmuskulatur wird das Becken minimal senkrecht nach oben angehoben. Die Spannung wenige Sekunden halten und danach langsam wieder absenken.

Ausgangs- und Endposition　　　　　　*Umkehrposition*

Bein-/Beckenheben Variation 1

Entsprechend der Grundübung, jedoch mit 90 Grad angewinkelten Beinen, wobei die Oberschenkel in der Senkrechten bleiben. Durch diese Beinhaltung vergrößert sich der Hebel und die Übung wird anspruchsvoller. Die Füße können auch überschlagen werden.

Bauchmuskulatur

Crunches schräg – Hauptmuskelgruppen: Gerader Bauchmuskel, äußerer schräger Bauchmuskel, innerer schräger Bauchmuskel, querverlaufender Bauchmuskel

Grundübung

In Rückenlage die Beine mit etwa 90 Grad Kniewinkel anstellen. Die Fersen gegen den Boden drücken. Die Hände liegen seitlich an den Schläfen. Nun Kopf und Schultern anheben und den Oberkörper zur Seite aufrollen. Die Lendenwirbelsäule hält dabei Kontakt zum Boden.

Crunches schräg Variation 1

Die Arme nach vorne ausgestreckt halten und beim Aufrollen abwechselnd jeweils eine Hand zum gegenüberliegende Knie führen. Die andere Hand wird über dem Boden nach vorne geschoben. Bei dieser Variation sind die Beine mit ca. 90 Grad in Hüft- und Kniegelenk angewinkelt und vom Boden abgehoben (siehe Abbildung).

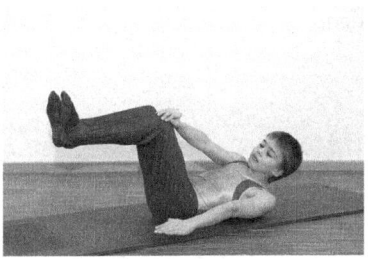

Crunches schräg Variation 2

Beinhaltung wie bei Variation 1. Bei der zweiten Variation führen die gestreckten Arme eine Kurzhantel schräg seitlich nach oben. Der Oberkörper dreht leicht schräg zur Seite und die Schultern werden von der Unterlage abgehoben. Der Kopf dreht in Richtung der gestreckten Arme. Die Unterschenkel können auch überschlagen werden.

Teil 2: ÜBUNGSBEISPIELE

Käfer (Bauchpendel) – Hauptmuskelgruppen: Gerader Bauchmuskel, äußerer schräger Bauchmuskel, innerer schräger Bauchmuskel, querverlaufender Bauchmuskel

Grundübung

In Rückenlage die 90 Grad gebeugten Beine anheben. Den Kopf und die Schultern etwas vom Boden abheben. Abwechselnd das rechte und linke Bein nach vorne strecken, während das jeweils andere Bein angezogen wird. Zeitgleich zur Streckbewegung des Beines den gegengleichen Arm zum Knie führen. Der andere Arm wird parallel zum Boden geführt. Die Übung ruhig und sauber ausführen. Die Lendenwirbelsäule hält Kontakt zum Boden.

Käfer Variation 1

Die Beinbewegung wie in der Grundübung beschrieben ausführen. Die Hände verweilen jedoch an der Kopfaußenseite. Die Ellenbogen bleiben nach hinten gerichtet.

Käfer Variation 2

Ausgangsposition ist Variation 1. Gleichzeitig zur beschriebenen Beinbewegung wird jeweils eine schräge Crunchbewegung ausgeführt. Hierzu den linken Ellenbogen in Richtung des rechten Knies bewegen und den Oberkörper nach rechts rotieren. Anschließend entsprechend den rechten Ellenbogen zum linken Knie führen usw. Auch diese Variante langsam und sauber ausüben. Die Lendenwirbelsäule hält stets Kontakt zum Boden.

Bauchmuskulatur

Seitliches Übergeben des Medizinballs – Hauptmuskelgruppen: Gerader Bauchmuskel, äußerer schräger Bauchmuskel, innerer schräger Bauchmuskel, querverlaufender Bauchmuskel, lange tiefe Rückenmuskeln

Grundübung

Im Sitz den Oberkörper leicht zurücklehnen, Beine angewinkelt aufstellen und Fersen auf den Boden drücken. Zwei Übende sitzen seitlich nebeneinander mit Blick in dieselbe Richtung und etwa einer Armlänge Abstand. Beide führen eine ruckfreie und langsame Rumpfrotation aus. Den Medizinball mit fast gestreckten Armen vor der Brust halten, von einer Seite auf die andere Seite drehen und dort dem Partner übergeben. Anschließend die Bewegung ohne Ball ausführen, bis der Medizinball bei der nächsten Rotation wieder übernommen wird. Nach einigen Wiederholungen die Seiten wechseln.

Teil 2: ÜBUNGSBEISPIELE

Medizinballstoßen aus der Rückenlage – Hauptmuskelgruppen: Gerader Bauchmuskel, äußerer schräger Bauchmuskel, innerer schräger Bauchmuskel, querverlaufender Bauchmuskel

Grundübung

Ausgangsposition ist die Rückenlage. Die Beine sind angewinkelt aufgestellt und die Fersen werden aktiv auf den Boden gedrückt. Der Oberkörper wird langsam eingerollt wobei die Schultern von der Unterlage abheben. Der Medizinball wird mit beiden Händen vor der Brust gehalten.

Den Ball beim Aufrichten dem gegenüber stehenden Partner zuwerfen. Der Abwurf erfolgt bei einer ca. 45 Grad Position des Oberkörpers. In dieser Position kurz verbleiben. Der stehende Partner wirft den Medizinball wieder zurück und es erfolgt eine Abrollbewegung zum Boden hin. In der Endposition liegt der Übende wieder auf der Unterlage und hält den Ball mit beiden Händen zum erneuten Aufrollen vor der Brust. Unbedingt darauf achten, dass es zu keiner Überstreckung (Hyperlordose) des Rückens kommt. Abstand zum Fänger individuell anpassen.

Bauchmuskulatur

Bauchübung am Zuggerät – Hauptmuskelgruppen: Gerader Bauchmuskel, äußerer schräger Bauchmuskel, innerer schräger Bauchmuskel, querverlaufender Bauchmuskel

Grundübung

Im Kniestand frontal vor dem Zuggerät die Griffe fassen. Der Ellbogenwinkel bleibt während der Übung bei 90 Grad fixiert. Die Ellenbogen zeigen nach unten und leicht nach vorne. Rumpf und Oberschenkel bilden eine senkrechte Linie. Aus dieser Position wird der Rumpf langsam und ruckfrei eingerollt, bis die Ellenbogen die Knie berühren. Zur Intensivierung kurz in dieser Position verbleiben. Anschließend langsam in die Ausgangsstellung zurückkehren.

Bewusst auf die Anspannung der Bauchmuskulatur sowie auf die aktive Ein- und Ausatmung achten.

Ausgangs- und Endposition *Umkehrposition*

Teil 2: ÜBUNGSBEISPIELE

Beinheben im Hang – Hauptmuskelgruppen: Gerader Bauchmuskel, äußerer schräger Bauchmuskel, innerer schräger Bauchmuskel, querverlaufender Bauchmuskel, Lendendarmbeinmuskel, gerader Schenkelmuskel, Schneidermuskel

Grundübung

Stabiler Ellbogenstütz im Barren. Beine hängen senkrecht nach unten. Der Blick ist nach vorne gerichtet.

Die Oberschenkel ruckfrei bis in die Waagrechte anheben. Die Unterschenkel bleiben stets in der Senkrechten. Nun die Oberschenkel wieder ruhig in die senkrechte Position ablassen. Rücken aktiv an das Rückenpolster des Gerätes anpressen.

Ausgangs- und Endposition

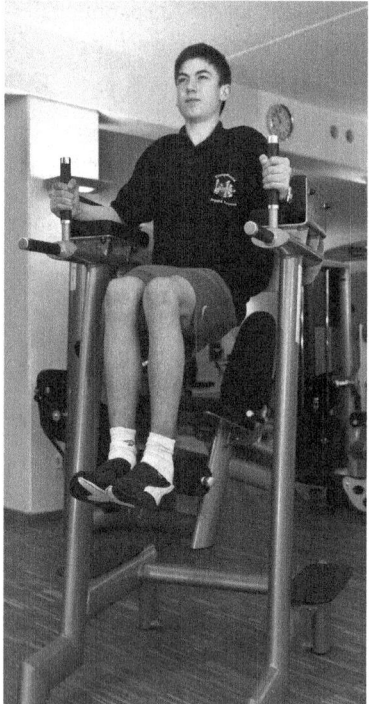
Umkehrposition

Beinheben im Hang Variation 1

Entsprechend der Grundübung, jedoch mit Gewichtsmanschetten oder Zusatzbelastung um die Fußfesseln.

Bauchmuskulatur

Beinheben im Hang Variation 2
Ausgangsposition ist die Endposition der Grundübung. Das heißt im stabilen Ellbogenstütz im Barren sind die Oberschenkel waagerecht und die Unterschenkel senkrecht. Nun das Becken anheben und die Oberschenkel (über die Waagrechte hinaus) in Richtung Brustkorb bewegen, danach die Oberschenkel wieder langsam in die waagerechte Ausgangsstellung bringen.

Crunch am Seitpferd – Hauptmuskelgruppen: Gerader Bauchmuskel, äußerer schräger Bauchmuskel, innerer schräger Bauchmuskel, querverlaufender Bauchmuskel, Lendendarmbeinmuskel, gerader Schenkelmuskel, Schneidermuskel

Grundübung
Der Partner fixiert die Unterschenkel auf dem Seitpferd, indem er die Kniegelenke mit den Händen umfasst und dabei als Gegengewicht fungiert. Der Oberkörper ist in der Ausgangsposition eingerollt. Aus dieser Position wird der Oberkörper langsam in etwa eine 90 Grad Position zwischen Oberkörper und Oberschenkel abgelassen. Die Ellenbogen zeigen nach außen und die Hände liegen seitlich am Kopf. Aus der waagrechten Position den Oberkörper langsam nach vorne einrollen. Darauf achten, dass der Oberkörper max. 90 Grad abrollt und die Wirbelsäule nicht überstreckt (Hyperlordose) wird. Diese und die nachfolgenden Übungen sind nur geeignet, wenn bereits ein sehr gutes Ausgangsniveau der beanspruchten Rumpfmuskulatur vorhanden und ein entsprechendes Körpergefühl entwickelt ist (Fortgeschrittene, Leistungssportler)!

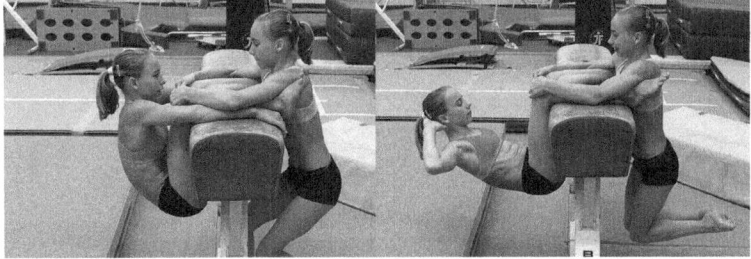

Ausgangs- und Endposition   *Umkehrposition*

Teil 2: ÜBUNGSBEISPIELE

Crunch am Seitpferd Variation 1

Die Übungsausführung ist entsprechend der Grundübung. Im Gegensatz zur Grundübung werden jedoch zur zusätzlichen Beanspruchung der Rumpfmuskulatur die Arme in der ausgerollten 90 Grad Position nach hinten oben gestreckt. Durch die Verlängerung der Hebelwirkung ist diese Übung noch schwerer als die Grundübung. Nur für Könner geeignet!

Unbedingt auf die Atmung achten, d. h. beim Einrollen ausatmen und beim Ausrollen einatmen.

Ausgangs- und Endposition

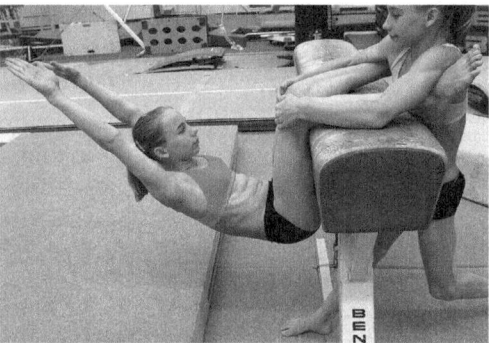

Umkehrposition

Crunch am Pauschenpferd Variation 2

Bei der Variation 2 werden die Unterschenkel nicht vom Partner fixiert, sondern die Füße finden Halt in den Holmen des Pauschenpferds. Das Gesäß befindet sich am Ende des Pauschenpferds. Je nach Armhaltung (angewinkelt am Kopf oder gestreckt nach hinten) wird die Rumpfmuskulatur zusätzlich beansprucht.

Die Übung kann statisch und dynamisch ausgeführt werden, indem der Rumpf eingerollt wird.

Hände berühren den Kopf

Arme sind nach hinten gestreckt

Teil 2: ÜBUNGSBEISPIELE

Crunch am Seitpferd Variation 3
Das Gesäß und die Oberschenkel liegen auf dem Seitpferd auf. Die Unterschenkel bzw. Füße werden vom Partner fixiert. Der Oberkörper ragt über das Seitpferd hinaus. Die Arme sind gestreckt und der Oberkörper ist angespannt. In dieser Position ca. 3-5 Sekunden verbleiben und dann wieder nach vorne einrollen. Unbedingt darauf achten, dass der Rücken nicht überstreckt (Hyperlordose). Die Atmung ganz bewusst unterstützen. Die Stellung der Arme und Hände kann variiert werden.

Bauchmuskulatur

Brücke – Hauptmuskelgruppen: Komplette Beugeschlinge

Grundübung
In der Ausgangsposition gestreckt auf dem Boden liegen. Die Hände, Arme und Beine sind gestreckt. Durch Anspannen der Gesäß-, Rücken- und Bauchmuskulatur den Oberkörper vom Boden abheben, sodass nur die Handflächen und die Zehen den Boden berühren. Diese Position 3-5 Sekunden halten und dann den Oberkörper wieder ablegen. Der Kopf ist in Verlängerung der Wirbelsäule und der Blick ist auf den Boden gerichtet. Unbedingt darauf achten, dass nicht mit Schwung gearbeitet wird. Das Atmen bewusst unterstützen.

Übungsbeispiele zur Kräftigung der Rücken- und Rumpfmuskulatur

Rücken-/Rumpfübungen – Hauptmuskelgruppen: Gerader Bauchmuskel, äußerer schräger Bauchmuskel, innerer schräger Bauchmuskel, querverlaufender Bauchmuskel, Rautenmuskel, Kapuzenmuskel, vorderer Sägemuskel

Grundübung
In Bauchlage stützen die Unterarme schulterbreit auf den Boden, wobei die Oberarme nahezu senkrecht stehen.
Die Fußspitzen nebeneinander aufstellen, die Beine strecken und den Körper anheben. Der Blick ist nach unten gerichtet. Kopf, Rumpf und Beine bilden eine Linie. Der Rücken ist gerade, die Rumpfmuskulatur angespannt und der Schultergürtel ist fixiert. Durch das vollständige Abheben des Rumpfes (Verlagerung des Körperschwerpunktes) ist diese Übung im Gegensatz zur Variation 1 für die Rücken- und Rumpfmuskulatur beanspruchender.

Rücken- und Rumpfmuskulatur

Unterarmstütz Variation 1
Die Übung mit etwa 90 Grad Beugung in Hüft- und Kniegelenken ausführen. Die Beanspruchung für die Rückenmuskulatur fällt geringer aus, weswegen diese Übung für Beginner eher geeignet ist.

Unterarmstütz Variation 2
Ausgehend von der Grundübung abwechselnd ein Bein für mehrere Sekunden leicht anheben (ca. eine Fußlänge).

Teil 2: ÜBUNGSBEISPIELE

Unterarmstütz Variation 3
Wie Variation 2, jedoch zusätzlich den gegengleichen Arm zum angehobenen Bein anheben und nach vorne strecken.

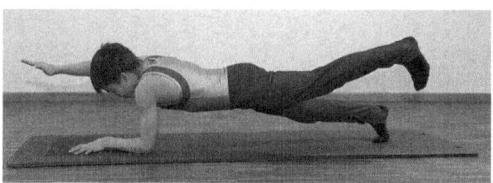

Hantelstrecken im Liegen – Hauptmuskelgruppen: Deltamuskel (hinterer Anteil), Trapezmuskel (oberer Anteil), vorderer Sägemuskel, lange tiefe Rückenmuskulatur

Grundübung
In Bauchlage auf der flachen Hantelbank stützen die Füße nach hinten unten auf den Boden. Der Blick ist senkrecht nach unten gerichtet. Beide Hände fassen je eine Kurzhantel im Obergriff. Die Ellbogengelenke sind mit 90 Grad angewinkelt (U-Halte) und die Hanteln befinden sich jeweils seitlich neben dem Kopf.
Aus dieser Stellung die Hanteln in gleich bleibender Höhe nach vorne führen. Dabei das Ellbogengelenk fast vollständig zur Streckung bringen.

Ausgangs- und Endposition

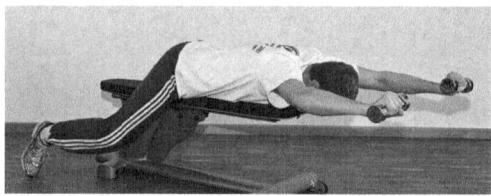

Umkehrposition

Rücken- und Rumpfmuskulatur

Butterfly reverse im Liegen – Hauptmuskelgruppen: Deltamuskel (hinterer Anteil), Trapezmuskel (mittlerer Anteil), vorderer Sägemuskel, lange tiefe Rückenmuskulatur

Grundübung

In Bauchlage auf der flachen Hantelbank stützen die Füße nach hinten unten auf den Boden. Der Blick ist senkrecht nach unten gerichtet. Beide Hände fassen je eine Kurzhantel im Obergriff. Die Ellbogengelenke sind mit 90 Grad angewinkelt und zeigen jeweils schräg nach unten. In der Ausgangsstellung befinden sich die Hanteln unterhalb des Kopfes. Nun die Hanteln unter Beibehaltung des Ellbogenwinkels nach oben heben, bis Oberarm, Unterarm und Hände in einer Ebene liegen (U-Halte). Anschließend die Arme ruhig in die Ausgangsposition zurückführen.

Ausgangs- und Endposition

Umkehrposition

Teil 2: ÜBUNGSBEISPIELE

Kreuzheben – Hauptmuskelgruppen: Vierköpfiger Schenkelstrecker, großer Gesäßmuskel, lange tiefe Rückenmuskulatur, Trapezmuskel (oberer Anteil)

Grundübung

Im schulterbreiten, aufrechten Stand eine Langhantel im Ober- oder Wechselgriff fassen. Der Oberkörper ist aufrecht und der Blick geradeaus gerichtet. Die Arme sind gestreckt und liegen seitlich am Körper an.

Aus dieser Stellung unter Beibehaltung der Armstreckung die Kniegelenke beugen, bis die Hantelstange knapp über den Knien liegt. Darauf achten, dass der Rücken gerade bleibt. Nun die Knie langsam wieder zur Streckung bringen und dabei den Rumpf aufrichten.

Zur Intensivierung der Beanspruchung die Knie bis ca. 90 Grad beugen und sodann den Oberkörper aufrichten.

Ausgangs- und Endposition *Umkehrposition*

Rücken- und Rumpfmuskulatur

Seitstütz – Hauptmuskelgruppen: Äußerer schräger Bauchmuskel, innerer schräger Bauchmuskel, lange tiefe Rückenmuskulatur

Grundübung

Seitlich mit einem Unterarm auf den Boden stützen, der Ellenbogen ist dabei senkrecht unter der Schulter. Die Zehen sind angezogen und die Fußaußenkante stützt auf dem Boden ab. Der obere Fuß liegt locker auf dem unteren. In dieser Position den Körper gestreckt anheben, sodass er eine Linie bildet. Der freie Arm liegt seitlich am Körper. Die Spannung für mehrere Sekunden halten.

Seitstütz Variation 1

Armhaltung wie bei der Grundübung. Bei dieser vereinfachten Variante werden die Unterschenkel mit 90 Grad angewinkelt. Oberschenkel und Rumpf bilden eine Linie. Knie und Unterschenkel stützen auf dem Boden.

Seitstütz Variation 2

Wie Variation 1 jedoch mit nach oben gestrecktem Arm.

Teil 2: ÜBUNGSBEISPIELE

Seitstütz Variation 3
Wie Variation 1 jedoch mit nach oben gestrecktem Arm und Kurzhantel in der oberen Hand. Die Hand kann aus der gestreckten Position Richtung Hüfte geführt und anschließend wieder angehoben werden.

Seitstütz Variation 4
Entsprechend der Grundübung mit dem Unterschied, dass das obere Bein gestreckt bis in die Waagrechte angehoben ist.

Seitstütz Variation 5
Ausgangspunkt ist Variation 4. Zusätzlich ist der obere Arm nach oben gestreckt.

Rücken- und Rumpfmuskulatur

Schulterbrücke – Hauptmuskelgruppen: Großer Gesäßmuskel, lange tiefe Rückenmuskulatur

Grundübung
Aus der Rückenlage die Füße aufstellen, sodass die Beine mit 90 Grad Kniewinkel angebeugt sind. Die Hüfte ist dabei gestreckt. Die Arme liegen gestreckt neben dem Körper auf dem Boden und drücken leicht gegen den Boden. Das Becken ist angehoben, sodass Rumpf und Oberschenkel eine Linie bilden. Diese Position für mehrere Sekunden halten.

Schulterbrücke Variation 1
Aus der Ausgangsposition abwechselnd jeweils für mehrere Sekunden ein Bein anheben und im Kniegelenk strecken. Dabei sind beide Oberschenkel weiterhin auf einer Höhe. Diese Position halten und anschließend das Bein wechseln.

Schulterbrücke Variation 2
Ausgehend von der Grundstellung wird ein Bein angehoben. Dabei ist das Bein mit ca. 90 Grad in Knie- und Hüftgelenk angebeugt. Nach mehreren Sekunden das Bein wechseln.

Teil 2: ÜBUNGSBEISPIELE

Beinheben in Bauchlage – Hauptmuskelgruppen: Lange tiefe Rückenmuskulatur, großer Gesäßmuskel, zweiköpfiger Schenkelmuskel, Plattsehnenmuskel, Halbsehnenmuskel

Grundübung

Ausgangsstellung ist die Bauchlage. Die Stirn liegt auf den Händen. Die Oberschenkel liegen flach auf dem Boden, ein Unterschenkel zeigt senkrecht nach oben. Nun den Oberschenkel leicht vom Boden abheben, für einige Sekunden halten und anschließend wieder absenken. Die Zehenspitzen sind dabei angezogen. Nach mehreren Wiederholungen die Seite wechseln.

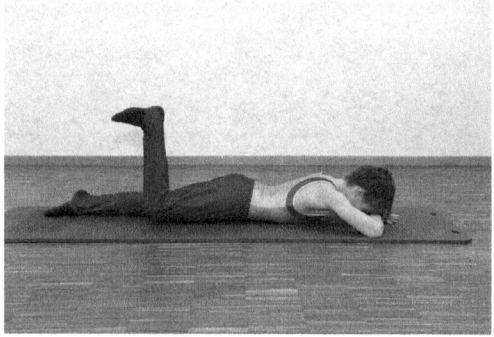

Ausgangs- und Endposition

Umkehrposition

Beinheben in Bauchlage Variation 1

Beide Beine gleichzeitig leicht anheben und die Spannung halten. Die Übungsausführung ist eher für Fortgeschrittene geeignet.

Ausgangs- und Endposition

Umkehrposition

Rückenstrecken in der Maschine – Hauptmuskelgruppen: Lange tiefe Rückenmuskulatur, großer Gesäßmuskel

Grundübung

Im aufrechten Sitz in der Maschine hat der Rücken Kontakt zum Polster des Hebelarms. Der Hüftwinkel beträgt ca. 90 Grad. Die Hände umfassen die Griffe und fixieren den Oberkörper auf dem Sitz. Der Kopf ist in neutraler Stellung, der Blick ist geradeaus gerichtet. Die Beine sind angespannt und die Füße drücken fest nach unten.

Nun den Oberkörper ruckfrei nach hinten strecken und anschließend wieder in die Ausgangsposition zurückkehren.

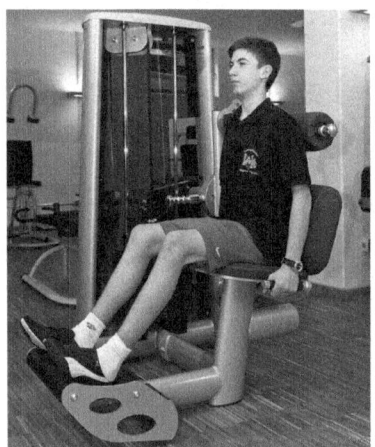 

Ausgangs- und Endposition   *Umkehrposition*

Rücken- und Rumpfmuskulatur

Rückenstrecken an der schrägen Rückenstation – Hauptmuskelgruppen:
Lange tiefe Rückenmuskulatur, großer Gesäßmuskel, zweiköpfiger Schenkelmuskel, Plattsehnenmuskel, Halbsehnenmuskel

Grundübung
Die Maschine so einstellen, dass der Beckenkamm auf dem Polster der Rückenstation aufliegt. Die Füße stehen fest auf der Fußplatte. Der Oberkörper ist aufgerichtet und liegt in einer Linie mit den Oberschenkeln. Der Kopf ist in Neutralstellung. Die Arme sind vor der Brust verschränkt und die Hände umfassen dabei eine Hantelscheibe. Anstelle der Hantelscheibe können auch Gewichtsmanschetten verwendet werden.

Nun den Rumpf langsam bis zu einer Beugung von ca. 90 Grad im Hüftgelenk absenken und anschließend wieder kontrolliert bis zur Ausgangsposition strecken (Hyperlordose vermeiden). Der Kopf bleibt in Verlängerung der Wirbelsäule. Es ist unbedingt auf die regelmäßige Atmung zu achten. Die Schulterblätter sind fixiert und leicht nach hinten gezogen.

Ausgangs- und Endposition   *Umkehrposition*

Rückenstrecken an der schrägen Rückenstation Variation 1
Entsprechend der Grundübung, jedoch ohne Hantelscheibe. Die Arme sind ebenfalls vor der Brust verschränkt. Diese Übung ist im Schwierigkeitsgrad deutlich leichter und somit gerade für Einsteiger besser geeignet.

Teil 2: ÜBUNGSBEISPIELE

Butterfly reverse in der Rückenstation – Hauptmuskelgruppen: Deltamuskel (hinterer Anteil), Trapezmuskel (oberer Anteil), vorderer Sägemuskel, lange tiefe Rückenmuskulatur

Grundübung
Das Polster der Rückenstation ist so eingestellt, dass der Beckenkamm darauf aufliegt. Die Beine stehen fest auf der Fußplatte. Der Oberkörper ist waagrecht zum Boden. Der Blick ist senkrecht nach unten gerichtet. Beide Hände fassen je eine Kurzhantel im Obergriff. Die Ellbogengelenke sind ca. 90 Grad angewinkelt und die Oberarme nahezu senkrecht. In der Ausgangsstellung befinden sich die Hanteln unterhalb des Kopfes vor dem Gesicht.

Nun die Hanteln unter Beibehaltung des Ellbogenwinkels nach oben führen, bis Oberarme, Unterarme und Hände auf einer Höhe sind (U-Halte). Anschließend die Hanteln ruhig in die Ausgangsposition zurückführen. Während der gesamten Übung die Spannung in der Rückenmuskulatur halten.

Ausgangs- und Endposition   *Umkehrposition*

Variation 1
Dieselbe Übung jedoch ohne eine Gewichtsbelastung ausführen. Dabei ist der Schwierigkeitsgrad deutlich geringer. Die Arme können auch in der oberen Position aus der 90 Grad Ellbogenwinkelstellung nach vorne gestreckt werden. Unbedingt wieder auf die Atmung achten.

Rücken- und Rumpfmuskulatur

Rumpfanheben – Hauptmuskelgruppen: Lange tiefe Rückenmuskulatur, Deltamuskel

Grundübung
In Bauchlage den Kopf in Verlängerung der Wirbelsäule halten. Der Blick ist dabei zum Boden gerichtet. Die Füße sind entweder komplett gestreckt (Bild) oder stützen aktiv mit den Zehen auf. Bauch und Gesäß sind angespannt. Die Arme sind nach vorne gestreckt.

Dabei Arme und Schultern leicht vom Boden abheben und diese Position halten. Der Blick ist weiterhin nach unten gerichtet.

Rumpfanheben Variation 1
Die Arme werden bei 90 Grad in den Ellbogengelenken gehalten (U-Halte). Die Unterarme sind dabei nahezu parallel zum Boden. Nun ebenfalls Arme sowie Schultern anheben und halten.

Rumpfanheben Variation 2
Ausgangsposition ist die Variation 1. In der oberen Halteposition werden die Arme im Wechsel nach vorne gestreckt und wieder angebeugt.

Teil 2: ÜBUNGSBEISPIELE

Rumpf und Beine anheben – Hauptmuskelgruppen: Lange tiefe Rückenmuskulatur, Deltamuskel, großer Gesäßmuskel

Grundübung
In Bauchlage, den Kopf in Verlängerung der Wirbelsäule halten. Die Arme sind nach vorne gestreckt. Die Beine sind geschlossen und ebenfalls gestreckt.

Aus dieser Position Arme und Beine gleichzeitig leicht vom Boden abheben und die Spannung für mehrere Sekunden halten. Der Blick bleibt weiterhin senkrecht nach unten gerichtet. Die Fußspitzen sind entweder gestreckt (Bild) oder zum Schienbein hin angezogen (größerer Spannungsaufbau).

Rücken- und Rumpfmuskulatur

Diagonales Arm-Beinstrecken – Hauptmuskelgruppen: lange tiefe Rückenmuskulatur, großer Gesäßmuskel, zweiköpfiger Schenkelmuskel, Halbsehnenmuskel, Plattsehnenmuskel, Deltamuskel

Grundübung

Auf den Unterschenkeln, Knien und Händen abstützen (Vierfüßlerstand). Die Arme und Oberschenkel sind annähernd senkrecht zum Boden. Der Kopf ist in Verlängerung zur Wirbelsäule und der Blick ist nach unten gerichtet.

Aus dieser Position ein Bein nach hinten oben, bis in die Waagrechte strecken. Die Fußspitze ist stets zum Körper herangezogen. Gleichzeitig den gegenüberliegenden Arm nach vorne ausstrecken und diese Stellung halten. Anschließend die Seite wechseln.

Diagonales Arm-Beinstrecken Variation 1

Die Übung kann durch Gewichtsmanschetten sowie kleine Hanteln zusätzlich erschwert werden. Es ist unbedingt darauf zu achten, dass das Becken seitlich nicht abkippt und die Wirbelsäule nicht überstreckt wird (Hohlkreuz vermeiden!).

Diagonales Arm-Beinstrecken Variation 2

Der angehobene Arm wird nicht nach vorne gestreckt, sondern ist im Ellbogengelenk bei 90 Grad gebeugt. Diese Übung kann als Einstiegsübung verwendet werden, da die Anforderungen an das Gleichgewicht geringer sind.

Teil 2: ÜBUNGSBEISPIELE

Übungsbeispiele zur Kräftigung der Armmuskulatur

Armcurl mit Kurzhantel – Hauptmuskelgruppen: Zweiköpfiger Armbeuger, Armbeuger, Oberarmspeichenmuskel

Grundübung

Im hüftbreiten, aufrechten Stand liegen die Oberarme seitlich am Körper an. Beide Hände fassen je eine Kurzhantel mit dem Untergriff, das heißt die Handflächen zeigen nach vorne. Die Ellbogengelenke sind fast gestreckt.

Aus dieser Position die Unterarme beugen und die Hände jeweils in Richtung Schultergelenk führen. Danach wieder langsam nahezu vollständig strecken. Oberarme und Ellenbogen bleiben dabei möglichst am Oberkörper fixiert.

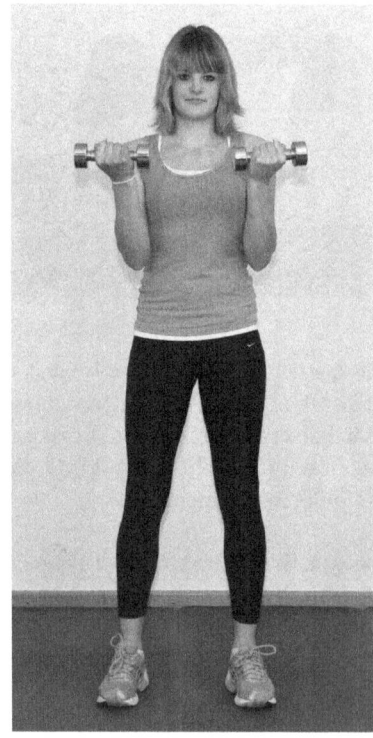

Ausgangs- und Endposition   *Umkehrposition*

154

Armmuskulatur

Hammercul – Hauptmuskelgruppen: Zweiköpfiger Armbeuger, Armbeuger, Oberarmspeichenmuskel

Grundübung
Ausgangsposition ist der aufrechte, schulterbreite Stand. Beide Hände fassen je eine Kurzhantel im Hammergriff. Die Arme sind gestreckt und liegen seitlich am Körper an.

Nun die Ellbogengelenke gleichmäßig beugen, sodass sich die Hände den Schultergelenken annähern. Anschließend die Hanteln wieder kontrolliert in die Ausgangsposition ablassen.

Die Oberarme sind während der gesamten Übung parallel zueinander und liegen seitlich am Körper an.

Ausgangs- und Endposition   *Umkehrposition*

Armbeugen mit SZ-Hantel – Hauptmuskelgruppen: Zweiköpfiger Armbeuger, Armbeuger, Oberarmspeichenmuskel

Grundübung

Ausgangsstellung ist der hüftbreite, aufrechte Stand. Die Oberarme liegen seitlich am Körper. Beide Hände fassen die SZ-Stange mit dem Untergriff in Schulterbreite. Die Ellbogengelenke sind nahezu gestreckt.

Aus dieser Position die Unterarme anbeugen, wobei sich die Hände den Schultergelenken annähern. Die Hantel anschließend wieder langsam ablassen und die Arme nahezu vollständig strecken. Während der Übung die Ellenbogen und Oberarme am Oberkörper fixieren.

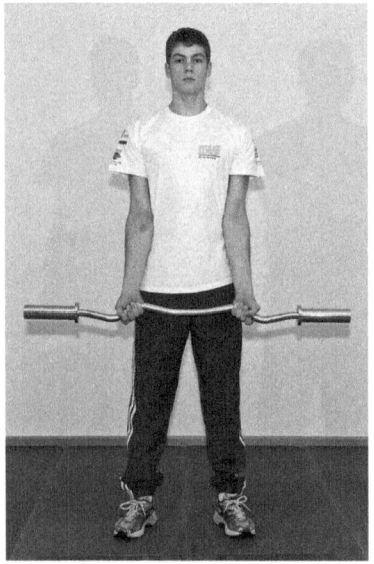
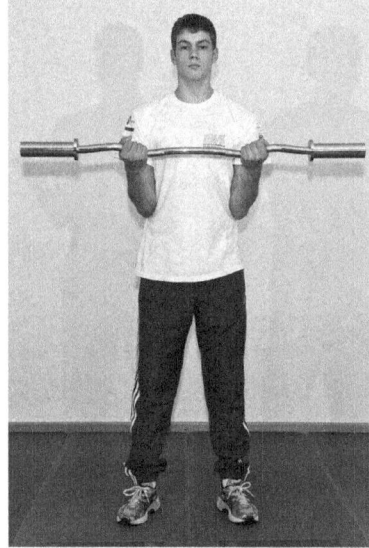

Ausgangs- und Endposition *Umkehrposition*

Hinweis: Werden zusätzlich noch Hantelscheiben verwendet, ist darauf zu achten, dass diese mit entsprechenden Verschlüssen fest fixiert werden. Dies gilt für alle Hantelübungen bei denen noch Zusatzgewichte genutzt werden.

Armmuskulatur

Kick-Backs – Hauptmuskelgruppen: Armstrecker, Deltamuskel (hinter Abschnitt)

Grundübung
Mit der linken Hand und dem linken Unterschenkel auf der Hantelbank abstützen, sodass der linke Oberschenkel nahezu senkrecht zum Boden steht. Der Rumpf ist annähernd waagrecht. Die rechte Hand hält eine Kurzhantel im Hammergriff. Der rechte Oberarm liegt seitlich am Rumpf und wird dort fixiert.

Aus dieser Stellung die Hantel durch Strecken des Ellbogengelenks nach hinten oben führen und langsam wieder beugen.

Ausgangs- und Endposition

Umkehrposition

Teil 2: ÜBUNGSBEISPIELE

Armstrecken (Trizeps) – Hauptmuskelgruppen: Armstrecker

Grundübung

Aufrechter Stand in leichter Schrittstellung. Der rechte Oberarm ist etwa senkrecht über dem Schultergelenk. Der Ellenbogen zeigt nach oben. Die rechte Hand hält eine Kurzhantel im Hammergriff hinter dem Kopf. Die linke Hand umfasst den rechten Oberarm um diesen zu fixieren.

Aus der Ausgangsstellung das Ellbogengelenk des rechten Arms kontrolliert strecken und anschließend wieder beugen. Danach die Übung mit dem linken Arm durchführen.

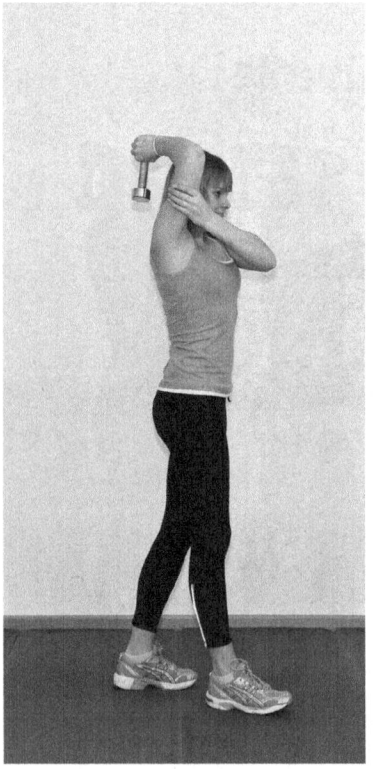   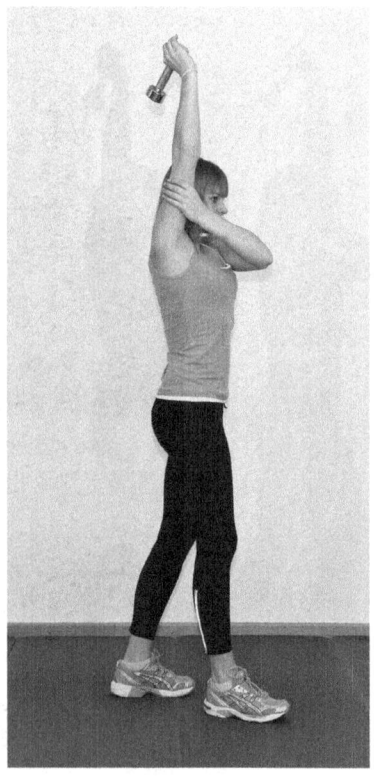

Ausgangs- und Endposition   *Umkehrposition*

Armmuskulatur

Bank-Dips – Hauptmuskelgruppen: Armstrecker, großer Gesäßmuskel, lange tiefe Rückenmuskulatur

Grundübung

Die Hände umgreifen etwas weiter als schulterbreit die Kante einer Hantelbank, wobei die Finger nach vorne zeigen. Die Fersen sind auf dem Boden aufgestellt. Die Arme sind gestreckt.

Aus dieser Position die Arme bis zu einem Winkel von 90 Grad in den Ellbogengelenken beugen. Anschließend den Körper durch Streckung der Arme wieder nach oben drücken. Hierbei Spannung im Rumpf aufbauen und aktiv die Bauchmuskulatur anspannen.

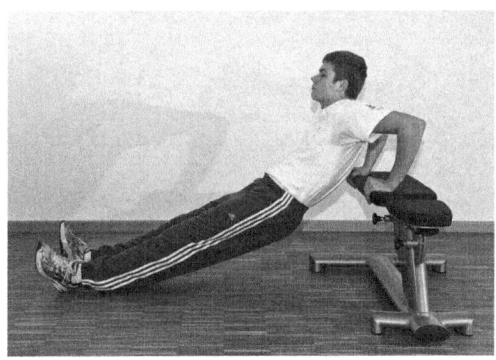

Ausgangs- und Endposition

Umkehrposition

Teil 2: ÜBUNGSBEISPIELE

Bank-Dips Variation 1

Gegenüber der Grundübung liegen die Füße auf einer weiteren Bank auf. Durch die Erhöhung des Körperschwerpunktes ist diese Übung deutlich schwieriger und erfordert ein hohes Maß an Körpergrundspannung. Es ist darauf zu achten, dass die komplette Rumpfmuskulatur angespannt ist.

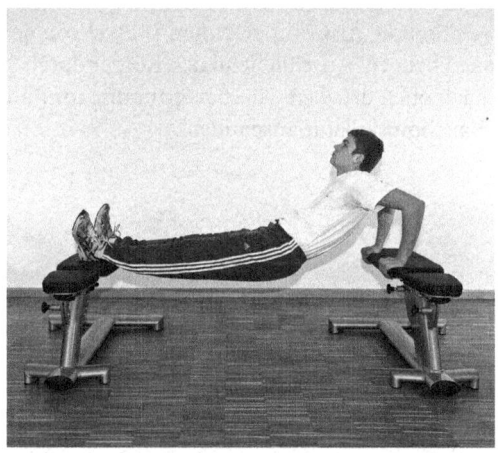

Ausgangs- und Endposition

Umkehrposition

Armmuskulatur

Armstrecken am Zugseil – Hauptmuskelgruppen: Armstrecker

Grundübung
Im hüftbreiten Stand frontal zum Zuggerät die Griffe im Obergriff fassen. Der Rücken ist gerade und die Oberarme liegen seitlich am Körper an und sind dort fixiert. Der Blick ist geradeaus gerichtet. In der Ausgangsstellung sind die Unterarme angebeugt.
Nun erfolgt die gleichmäßige Streckung in den Ellbogengelenken. Die Stange wird dabei vor dem Körper senkrecht nach unten gezogen. Anschließend die Unterarme wieder ruckfrei in die Beugung bringen.

Ausgangs- und Endposition   *Umkehrposition*

SZ-Handgelenk-Beugen – Hauptmuskelgruppen: Radialer und ulnarer Handbeugemuskel, langer Hohlhandmuskel

Grundübung

Im Sitz mit leicht vorgebeugtem Oberkörper die Ellenbogen jeweils auf den Oberschenkeln bzw. Knien auflegen. Die Hände greifen die SZ-Stange im Untergriff. Der Ellbogenwinkel beträgt ca. 150 Grad. Während der Übung bleibt dieser Winkel unverändert.

Nun die Hantel durch Beugung des Unterarms nach oben drücken. Anschließend das Handgelenk wieder langsam strecken und die Hantel ablassen.

Ausgangs- und Endposition   *Umkehrposition*

Armmuskulatur

SZ-Handgelenk-Strecken – Hauptmuskelgruppen: langer und kurzer radialer Handstreckmuskel, ulnarer Handstreckmuskel

Grundübung

Im Sitz mit leicht vorgebeugtem Oberkörper die Ellenbogen jeweils auf den Oberschenkeln bzw. Knien auflegen. Die Hände greifen die SZ-Stange im Obergriff. Der Ellbogenwinkel beträgt ca. 150 Grad. Während der Übung bleibt dieser Winkel unverändert.

Nun durch Streckung der Handgelenke die Hantel nach oben ziehen und anschließend wieder langsam ablassen.

Ausgangs- und Endposition   *Umkehrposition*

Übungsbeispiele zur Kräftigung der Schultermuskulatur

Kurzhantelziehen im Stehen – Hauptmuskelgruppen: Trapezmuskel, Deltamuskel, Obergrätenmuskel, zweiköpfiger Armbeuger, Armbeuger, Oberarmspeichenmuskel, Schulterblattheber

Grundübung
Schulterbreiter Stand mit etwa 130 Grad Beugung in den Kniegelenken. Der Oberkörper ist bei geradem Rücken nach vorne geneigt. Die Arme sind senkrecht nach unten gestreckt. Beide Hände greifen je eine Kurzhantel im Obergriff. Die Hände bzw. Hanteln berühren die Oberschenkel knapp oberhalb der Knie.

In dieser Position die Rumpfmuskulatur anspannen, die Schultern anheben und die Hanteln bei kontinuierlicher Beugung der Ellbogengelenke senkrecht anheben. Die Ellenbogen zeigen nun nach außen und sind in der Endposition auf Schulterhöhe. Anschließend die Hanteln wieder bis zu den Oberschenkeln ablassen.

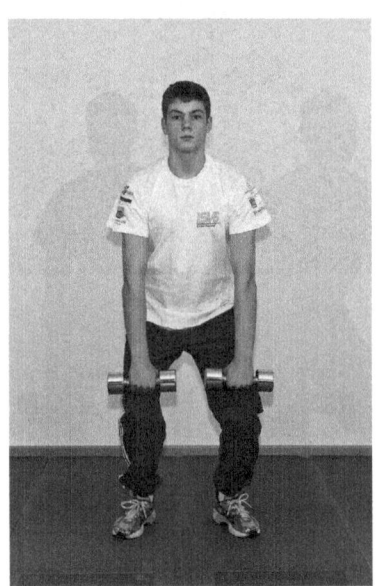

Ausgangs- und Endposition   *Umkehrposition*

Hantelzug Variation 1
Statt der beiden Kurzhanteln wird eine Langhantel verwendet. Die Stange wird in Schulterbreite im Obergriff gehalten und Richtung Brust gezogen. Der Kopf verbleibt in der Verlängerung der Wirbelsäule.

Ausgangs- und Endposition

Umkehrposition

Teil 2: ÜBUNGSBEISPIELE

Power-Zug – Hauptmuskelgruppen: Trapezmuskel, Deltamuskel, Obergrätenmuskel, zweiköpfiger Armbeuger, Armbeuger, Oberarmspeichenmuskel, Schulterblattheber

Grundübung
Im schulterbreiten, aufrechten Stand die SZ-Stange vor dem Körper im Obergriff in Hüftbreite halten. Rumpfmuskulatur anspannen und die Hantel in Richtung Kinn anheben und dabei die Ellbogengelenke kontinuierlich beugen. In der Endposition zeigen die Ellenbogen nach außen und sind in Schulterhöhe. Anschließend die Stange wieder kontrolliert ablassen. Alternativ kann die Übung auch an einem Seilzug oder mit zwei Kurzhanteln ausgeführt werden.

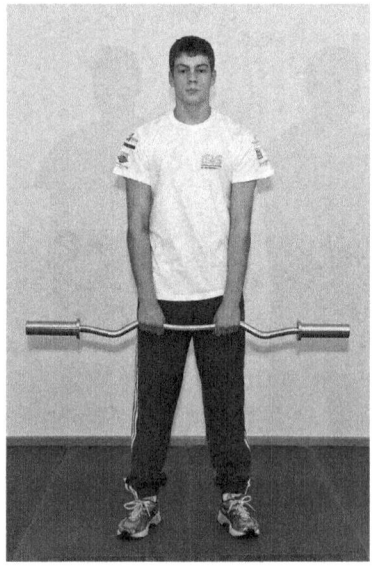 

Ausgangs- und Endposition   *Umkehrposition*

Armmuskulatur

Langhanteldrücken im Stand – Hauptmuskelgruppen: Kapuzenmuskel, Deltamuskel, Schulterblattheber, Armstrecker

Grundübung

Im schulterbreiten, aufrechten Stand die Hantelstange unter dem Kinn und vor dem Hals mit etwa schulterbreitem Griff auf den Schultern positionieren. Die Ellenbogen zeigen nach vorne und die Oberarme sind parallel zueinander.

Aus dieser Position die Hantelstange senkrecht über den Kopf strecken. Dabei den Rumpf stabil halten. Die Langhantel anschließend wieder in die Ausgangsstellung ablassen.

Ausgangs- und Endposition

Umkehrposition

Teil 2: ÜBUNGSBEISPIELE

Armstrecken mit Kurzhanteln – Hauptmuskelgruppen: Kapuzenmuskel, Deltamuskel, Schulterblattheber, Armstrecker

Grundübung

Im schulterbreiten, aufrechten Stand zeigen die Ellenbogen nach vorne unten. Beide Hände fassen je eine Kurzhantel im Hammergriff. Die Hanteln befinden sich knapp oberhalb der Schultern.

Nun die Arme senkrecht nach oben strecken. Die Hanteln bewegen sich möglichst in einer Ebene und befinden sich stets über den Schultergelenken. Der Rumpf ist fixiert.

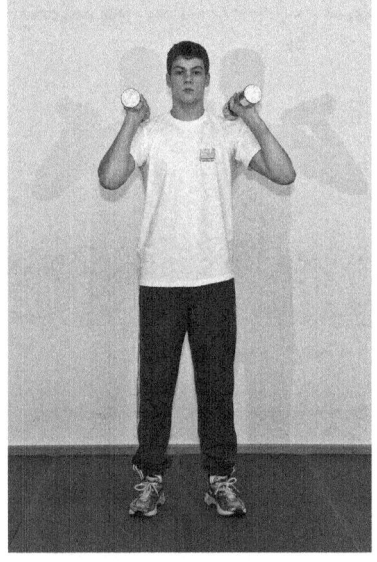

Ausgangs- und Endposition *Umkehrposition*

Armmuskulatur

Kurzhantelziehen – Hauptmuskelgruppen: Deltamuskel, großer Rundmuskel, breiter Rückenmuskel, Armstrecker

Grundübung

Mit der linken Hand und dem linken Unterschenkel auf der Bank abstützen, sodass der linke Oberschenkel ca. senkrecht zum Boden steht. Der Rumpf ist annähernd waagrecht. Der Blick ist nahezu senkrecht nach unten gerichtet. Die rechte Hand hält eine Kurzhantel im Hammergriff. Der rechte Arm ist gestreckt und hängt senkrecht nach unten.

Nun die Hantel durch Beugung im Ellbogengelenk senkrecht nach oben ziehen, bis der Oberarm waagrecht ist. Ellenbogen und Oberarm liegen in der Endposition direkt am Rumpf an. Danach die Hantel wieder langsam in die Ausgangsstellung ablassen. Die Übung danach mit der anderen Seite durchführen.

Ausgangs- und Endposition

Umkehrposition

Übungsbeispiele zur Kräftigung der Arm-, Rücken- und Brustmuskulatur

Butterfly an der Maschine – Hauptmuskelgruppen: Großer Brustmuskel, Deltamuskel (vorderer Anteil)

Grundübung

Stabilen Sitz am Gerät einnehmen und den Rücken an die Lehne pressen. Die Sitzhöhe so einstellen, dass die Hände unterhalb der Schultergelenke sind. Die Ellbogengelenke sind leicht gebeugt und die Ellenbogen zeigen nach hinten unten.

Aus dieser Position beide Hebelarme gleichzeitig und ruckfrei zur Mitte zusammenführen und danach wieder nach außen bewegen, bis sich die Ellenbogen seitlich neben dem Körper befinden. Darauf achten, dass beide Arme gleich stark beansprucht werden.

Ausgangs- und Endposition   *Umkehrposition*

Hinweis: Bei alternierenden Krafttrainingsmaschinen (d. h. die beiden Hebelarme können unabhängig voneinander bewegt werden) ist auf eine gleichmäßige Bewegungsausführung des rechten und des linken Arms zu achten. Dies gilt auch für alle nachfolgend beschriebenen alternierenden Krafttrainingsmaschinen.

Arm-, Rücken- und Brustmuskulatur

Butterfly mit Kurzhanteln – Hauptmuskelgruppen: Großer Brustmuskel, Deltamuskel (vorderer Anteil)

Grundübung

Im schulterbreiten, stabilen Stand fassen beide Hände je eine Kurzhantel im Hammergriff. Die Ellbogengelenke sind während der Übung stets etwa 90 bis 120 Grad gebeugt. In der Ausgangsstellung befinden sich die Hanteln seitlich vom Körper etwa in Kopfhöhe.

Nun die Kurzhanteln in gleich bleibender Höhe vor dem Körper zusammenführen und anschließend wieder in die Ausgangsposition bringen. Die Bewegung erfolgt dabei nur aus den Schultergelenken.

Ausgangs- und Endposition *Umkehrposition*

Teil 2: ÜBUNGSBEISPIELE

Butterfly mit Kurzhanteln Variation 1

Rückenlage auf der Flachbank einnehmen. Die Füße stehen fest auf dem Boden. Die Arme mit beinahe gestrecktem Ellbogengelenk seitlich in Höhe des Rumpfes halten.

Aus dieser Stellung die Hanteln über dem Brustkorb zusammenführen und anschließend langsam wieder bis auf Schulterniveau absenken.

Ausgangs- und Endposition

Umkehrposition

Arm-, Rücken- und Brustmuskulatur

Kurzhanteldrücken – Hauptmuskelgruppen: Großer Brustmuskel, Deltamuskel, Armstrecker

Grundübung
Stabile Position auf der Schrägbank einnehmen. Die Füße haben Bodenkontakt. Beide Hände greifen jeweils eine Kurzhantel im Obergriff. Der Ellbogenwinkel beträgt 90 Grad. Die Oberarme sind in der Waagrechten. Die Unterarme zeigen senkrecht nach oben. Aus dieser Position die Hanteln gleichmäßig auf einer leicht bogenförmigen Bahn nach oben führen. Die Unterarme sind während der gesamten Übung stets nahezu senkrecht.

Ausgangs- und Endposition

Umkehrposition

Teil 2: ÜBUNGSBEISPIELE

Kurzhanteldrücken Variation 1
Aus der beschriebenen Ausgangsstellung die Unterarme während des Hochdrückens eine Vierteldrehung einwärts drehen. Die Arme sind in der Endstellung fast gestreckt und orthogonal zum Rumpf.

Ausgangs- und Endposition

Umkehrposition

174

Arm-, Rücken- und Brustmuskulatur

Hantelüberzüge – Hauptmuskelgruppen: Großer Brustmuskel, Deltamuskel, Armstrecker, breiter Rückenmuskel

Grundübung

Ausgangsposition ist die stabile Rückenlage auf der Flachbank. Die Füße stehen auf dem Boden. Die Hände fassen etwa schulterbreit eine SZ-Hantel im Obergriff. Die Ellbogengelenke sind mit 90 Grad angewinkelt. Die Oberarme sind jeweils neben dem Kopf. Die Ellenbogen zeigen nach hinten und leicht nach oben.

Nun die Hantel nach vorne oben ziehen und dabei die Ellbogengelenke kontinuierlich strecken, bis die Arme senkrecht zum Rumpf stehen. Anschließend die Hantel bei steter Beugung der Ellbogengelenke wieder ruhig bis in die Ausgangsstellung hinter den Kopf führen.

Ausgangs- und Endposition

Umkehrposition

Teil 2: ÜBUNGSBEISPIELE

Hantelüberzüge Variation 1
Ausgangsstellung und Bewegung entsprechen der Grundübung. Jedoch umfassen beide Hände gemeinsam eine Kurzhantel. Dabei umschließen Daumen und Zeigefinger die Hantelstange.

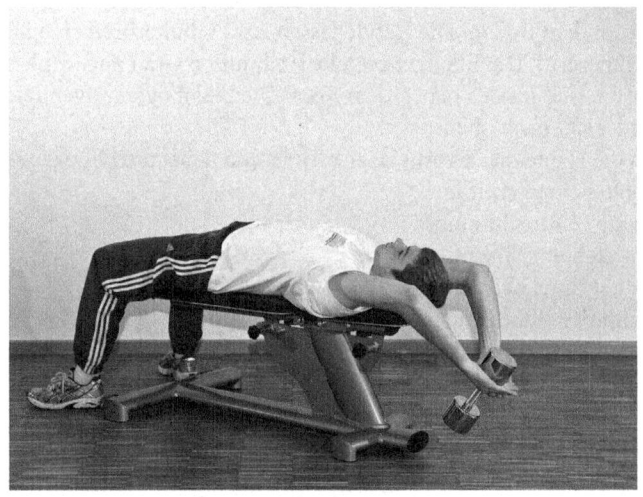

Ausgangs- und Endposition

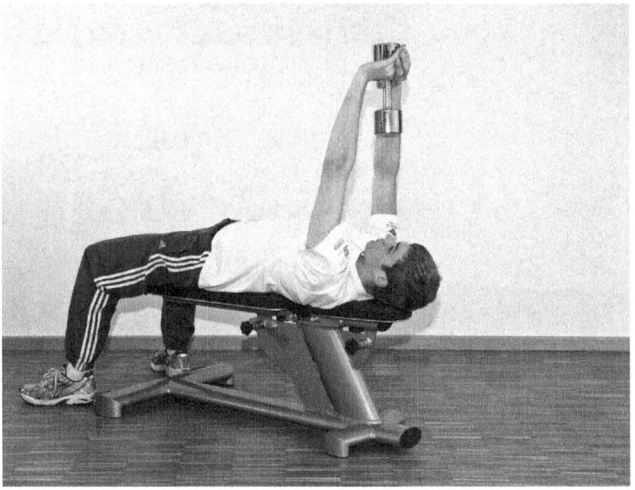

Umkehrposition

Arm-, Rücken- und Brustmuskulatur

Bankdrücken – Hauptmuskelgruppen: Großer Brustmuskel, Deltamuskel, Armstrecker

Grundübung
In stabiler Rückenlage auf der Flachbank eine Langhantel im Obergriff fassen. Die Griffbreite so wählen, dass in der untersten Position (Ausgangs- und Endposition) die Unterarme senkrecht zum Boden stehen.

Hantelstange kontrolliert bis knapp vor die Brust ablassen. Aus dieser Ausgangsposition die Hantel senkrecht nach oben drücken, bis die Ellbogengelenke fast gestreckt sind.

Ausgangs- und Endposition

Umkehrposition

Bankdrücken Variation 1

Entsprechend der Grundübung, jedoch in der Multipresse, anstatt an der Freihantel. Dadurch sind die Freiheitsgrade reduziert und somit ist diese Variante für Anfänger und Beginner leichter zu realisieren. Hinzu kommt, dass die Übung aufgrund eines speziellen Hantelablagesystems etwas sicherer durchgeführt werden kann.

Ausgangs- und Endposition

Umkehrposition

Bankdrücken Variation 2

Bei der zweiten Variation werden anstatt der Langhantel zwei Kurzhanteln verwendet. Die Bewegungsausführung entspricht derjenigen der Grundübung. Es ist unbedingt darauf zu achten, dass beide Arme gleich belastet werden und keine Ausgleichbewegung zur Seite ausgeführt wird. Der Blick ist zur Decke gerichtet.

Ausgangs- und Endposition

Umkehrposition

Teil 2: ÜBUNGSBEISPIELE

Schrägbankdrücken an der Multipresse – Hauptmuskelgruppen: Großer Brustmuskel, Deltamuskel, Armstrecker

Grundübung

An der Multipresse die Bank mit einer Neigung von etwa 45 Grad einstellen. Die Stange im Obergriff fassen. Die Griffbreite so wählen, dass in der tiefsten Position die Unterarme (90 Grad Ellbogenwinkel) senkrecht stehen.

Aus dieser Ausgangsposition die Hantel nach oben führen, bis die Arme nahezu vollständig gestreckt sind. Darauf achten, dass der Rücken die ganze Zeit fest an das Polster der Bank gepresst wird.

Ausgangs- und Endposition

Umkehrposition

Arm-, Rücken- und Brustmuskulatur

Schrägbankdrücken Variation

Die Übungsausführung entspricht der Grundübung, es werden jedoch Kurzhanteln verwendet. In der Ausgangsposition sind die Oberarme parallel zum Boden und zwischen Unter- und Oberarm ist ein 90 Grad Ellbogenwinkel (U-Halte). Aus dieser Position die Hanteln nach oben strecken.

Ausgangs- und Endposition

Umkehrposition

Teil 2: ÜBUNGSBEISPIELE

Seitheben – Hauptmuskelgruppen: Deltamuskel, Obergrätenmuskel

Grundübung

Ausgangsposition ist der stabile, aufrechte Stand. Der Blick ist geradeaus gerichtet. Beide Hände fassen je eine Kurzhantel im Hammergriff. Die Arme liegen gestreckt seitlich am Körper an.

Aus dieser Position beide Hanteln mit leicht gebeugten Armen bis in die Waagrechte führen. Die Arme sind seitlich vom Körper. Danach die Arme wieder kontrolliert in die Ausgangsposition bringen. Die Rumpfmuskulatur anspannen und den Oberkörper gerade halten.

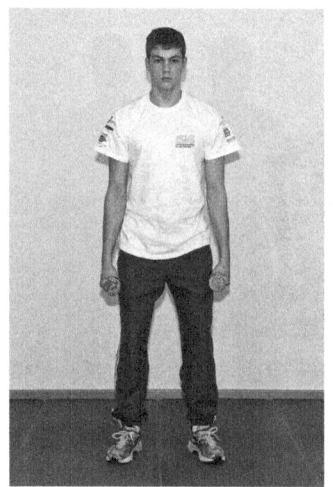
Ausgangs- und Endposition

Umkehrposition

Arm-, Rücken- und Brustmuskulatur

Nackendrücken an der Multipresse – Hauptmuskelgruppen: Kapuzenmuskel, Schulterblattheber, Deltamuskel, Armstrecker

Grundübung

Im aufrechten Sitz in der Multipresse so positionieren, dass die Hantelstange hinter den Kopf geführt werden kann. Der Blick ist nach vorne gerichtet. Die Hantelstange im Obergriff fassen und die Griffbreite so wählen, dass die Unterarme in der tiefsten Position etwa senkrecht stehen.

Die Hantelstange langsam hinter den Kopf ablassen, bis diese leichten Kontakt mit dem Nacken hat. Aus dieser Ausgangsposition die Hantelstange nach oben drücken, wobei die Ellenbogen nicht ganz durchgestreckt werden.

Ausgangs- und Endposition

Umkehrposition

Frontdrücken an der Multipresse – Hauptmuskelgruppen: Kapuzenmuskel, Schulterblattheber, Deltamuskel, Armstrecker

Grundübung

Die Sitzposition in der Multipresse einnehmen, welche es ermöglicht die Hantelstange dicht vor dem Gesicht zu führen. Der Blick ist geradeaus gerichtet. Die Hantel etwas über Schulterbreite im Obergriff fassen. Die Hantelstange langsam bis auf die Höhe der Schultergelenke vor der Brust ablassen. Aus dieser Ausgangsposition die Hantelstange nach oben drücken. Ellenbogen bleiben in der höchsten Position leicht gebeugt.

Ausgangs- und Endposition *Umkehrposition*

Arm-, Rücken- und Brustmuskulatur

Klimmzüge – Hauptmuskelgruppen: Breiter Rückenmuskel, großer Rundmuskel, Trapezmuskel, Deltamuskel, zweiköpfiger Armbeuger, Armbeuger, Oberarmspeichenmuskel

Grundübung
Die Hände greifen die Klimmzugstange im Hammergriff. Rumpf und Oberschenkel bilden eine Linie. Die Unterschenkel sind bei 90 Grad Kniewinkel angehoben und verschränkt und die Arme sind gestreckt.

Aus dieser Position den Körper nach oben ziehen, sodass sich die Schlüsselbeine den Griffen nähern. Danach den Körper kontrolliert wieder ablassen bis die Ellbogengelenke nahezu gestreckt sind. Unbedingt darauf achten, dass ohne Schwung gearbeitet wird.

Ausgangs- und Endposition   *Umkehrposition*

Variation 1
Die Übung wie beschrieben ausführen, jedoch die Stange mit dem Obergriff fassen.

Variation 2
Entsprechend der Grundübung jedoch mit Untergriff.

Variation 3
Die Übung wie in der Grundübung ausführen, jedoch nicht zur Brust ziehen, sondern Richtung Rücken. Durch die Variationen werden die einzelnen beteiligten Muskeln unterschiedlich beansprucht.

Teil 2: ÜBUNGSBEISPIELE

Latziehen – Hauptmuskelgruppen: Breiter Rückenmuskel, großer Rundmuskel, Trapezmuskel, Deltamuskel, zweiköpfiger Armbeuger, Armbeuger, Oberarmspeichenmuskel

Grundübung

Im aufrechten Sitz frontal zum Zugturm die Stange im Hammergriff fassen. Der Blick ist geradeaus gerichtet und die Arme sind nahezu vollständig nach oben gestreckt.

Nun die Stange unter Beugung der Ellbogengelenke nach unten ziehen. In der Endposition befindet sich die Stange vor der Stirn. Danach die Arme wieder kontrolliert nach oben in die Ausgangsstellung bringen. Darauf achten, dass die Bauchmuskulatur angespannt ist.

Ausgangs- und Endposition

Umkehrposition

Arm-, Rücken- und Brustmuskulatur

Überkopfstrecken mit SZ-Hantel – Hauptmuskelgruppen: Armstrecker

Grundübung

Im aufrechten, stabilen Stand die SZ-Stange mit beiden Händen im Obergriff fassen. Dabei etwas enger als schulterbreit greifen. Die Hantel befindet sich in Höhe der Schultergelenke hinter dem Kopf. Die Ellenbogen sind hoch und zeigen nach oben. Die Ellbogengelenke sind maximal gebeugt.

Nun durch Streckung der Ellbogengelenke die Hantel senkrecht über den Kopf führen. Anschließend wieder kontrolliert in die Ausgangsposition ablassen. Unbedingt darauf achten, dass der Rumpf stabilisiert ist.

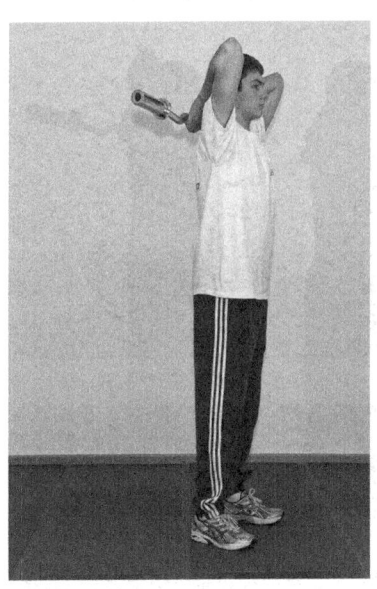

Ausgangs- und Endposition   *Umkehrposition*

Übungsbeispiele zur Kräftigung der Rumpf-, Oberkörper- und Armmuskulatur

Rudern horizontal (Zugturm) – Hauptmuskelgruppen: Breiter Rückenmuskel, Trapezmuskel (mittlerer Anteil), Deltamuskel

Grundübung
Stabilen, aufrechten Sitz am Gerät einnehmen. Der Hüftwinkel beträgt ca. 90 Grad und die Knie sind leicht gebeugt. Der Blick ist geradeaus gerichtet. Die Hände fassen die Griffe im Hammergriff und die Unterarme sind waagrecht. Die Arme sind nach vorne gerichtet, jedoch nicht ganz gestreckt. Die Schultern werden nun nach unten und hinten gezogen.

Aus dieser Haltung werden die Hände unter Beugung der Ellbogengelenke in Richtung Brust geführt bis die Handgelenke die unteren Rippenbögen berühren. Dabei stabilisiert die Rumpfmuskulatur die Position. Anschließend die Arme gleichmäßig in die Ausgangsstellung bewegen.

Ausgangs- und Endposition

Umkehrposition

Rumpf-, Oberkörper- und Armmuskulatur

Zug horizontal (Rudermaschine) – Hauptmuskelgruppen: Breiter Rückenmuskel, Trapezmuskel (mittlerer Anteil), Deltamuskel

Grundübung

Ausgangsposition ist der aufrechte Sitz in der Rudermaschine. Das Brustpolster ist so eingestellt, dass die Griffe gerade noch mit den Fingerspitzen erreicht werden (Einstiegshilfe nutzen). Die Sitzhöhe so einstellen, dass Schultern, Ellenbogen und Hände in der Ausgangsposition in einer Höhe liegen. Die Griffe im Obergriff fassen. Die Beine sind leicht geöffnet.

Nun die Arme gegen den Widerstand nach hinten führen, bis die Oberarme eine Linie mit der Schulterachse bilden. Danach die Arme wieder ruckfrei, fast vollständig strecken.

Ausgangs- und Endposition

Umkehrposition

Teil 2: ÜBUNGSBEISPIELE

Brustpresse – Hauptmuskelgruppen: Großer Brustmuskel, Deltamuskel, Armstrecker

Grundübung

Die Sitzhöhe in der Brustpresse so einstellen, dass in der aufrechten Sitzposition die Ellenbogen ca. auf Höhe der Brustspitze sind. Beide Hände fassen die Griffe im Obergriff. Die Beugung im Ellbogengelenk beträgt ca. 90 Grad. Die Füße stehen fest auf dem Boden und der Blick ist nach vorne gerichtet. Der Rücken ist fest an das Rückenpolster gedrückt.

Aus dieser Position die Arme gleichmäßig nach vorne strecken und anschließend in die Ausgangsstellung zurückführen. Die Ellbogengelenke sind in der vorderen Position noch leicht gebeugt.

Ausgangs- und Endposition   *Umkehrposition*

Rumpf-, Oberkörper- und Armmuskulatur

Brustpresse Variation 1
Diese Variante entspricht der Grundübung mit dem Unterschied, dass die Griffe im Neutralgriff gefasst werden.

Teil 2: ÜBUNGSBEISPIELE

Zug frontal – Hauptmuskelgruppen: Deltamuskel, breiter Rückenmuskel, großer Rundmuskel

Grundübung

In leichter Schrittstellung und mit leicht gebeugten Knien frontal zum Zugturm stehen. Der Oberkörper ist aufrecht und die Rumpfmuskulatur angespannt. Die Oberarme sind parallel zueinander, die Ellenbogen zeigen nach unten und sind ca. 90 Grad gebeugt. Die Hände sind in der Anfangsposition auf Schulterhöhe vor dem Körper und fassen das Seil im Hammergriff.

Aus dieser Position das Seil schräg nach unten in Richtung Oberschenkel ziehen, während die Ellenbogen fast zur Streckung gebracht werden. In der Endposition befinden sich die Arme jeweils seitlich neben dem Körper und die Hände berühren die Oberschenkel. Nun wieder kontrolliert zur Ausgangsstellung zurückkehren.

 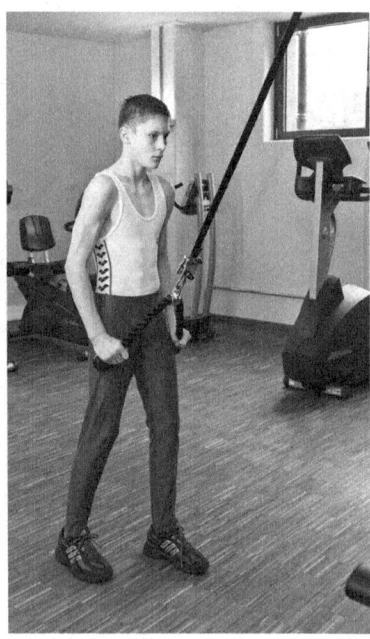

Ausgangs- und Endposition   *Umkehrposition*

Zug diagonal Variante 1

Die Ausgangsstellung ist dieselbe wie die der Grundübung, jedoch ist die Schrittstellung etwas weiter.

Aus der Anfangsposition das Seil schräg nach unten, seitlich neben den vorderen Oberschenkel ziehen, während die Ellenbogen fast zur Streckung gebracht werden. Der Rumpf rotiert leicht zur Seite, wobei das Becken gerade und aufrecht verbleibt. Der Kopf steuert die Bewegung. In der Endposition befinden sich die Hände etwas neben dem Körper in Höhe des Beckens. Nun wieder kontrolliert zur Ausgangsstellung zurückkehren.

Nach mehreren Wiederholungen die Seite wechseln. Das andere Bein nach vorne stellen und zur entsprechend anderen Seite ziehen.

Die Übung kann intensiviert werden, indem das Becken in die gleiche Richtung rotiert wie die Arme. Dabei wären die Füße jedoch parallel zueinander bzw. das rechte Bein wäre nach hinten versetzt.

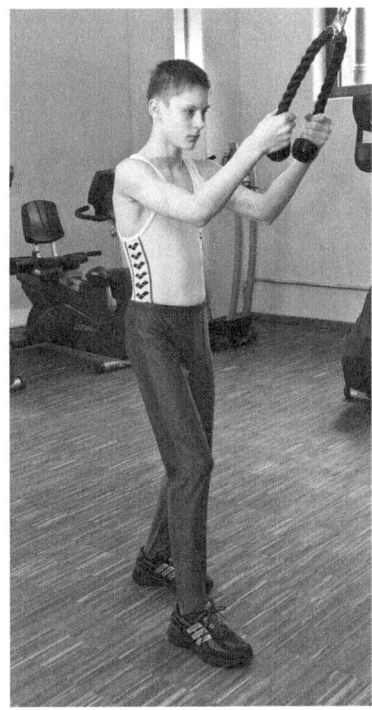
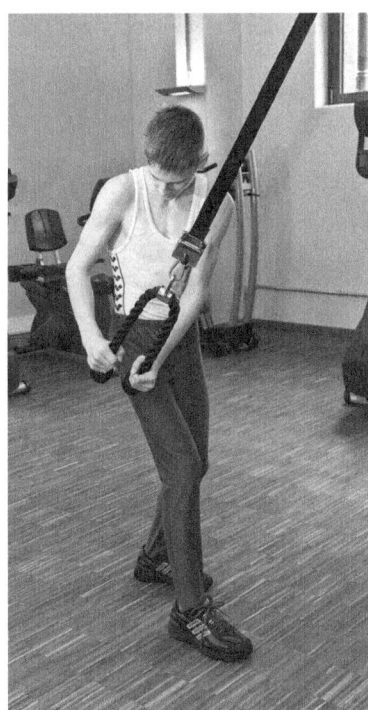

Ausgangs- und Endposition *Umkehrposition*

Teil 2: ÜBUNGSBEISPIELE

Zug im Sitz – Hauptmuskelgruppen: Deltamuskel, breiter Rückenmuskel, großer Rundmuskel, lange tiefe Rückenmuskulatur

Grundübung

Aufrechter Sitz auf dem Gymnastikball oder einer Hantelbank frontal zum Zuggerät. Die Füße haben Bodenkontakt und der Blick ist geradeaus gerichtet. Die Oberarme sind parallel zueinander und etwa waagrecht. Beide Hände fassen das Zugseil im Hammergriff. Die Unterarme sind mit 90 Grad angewinkelt. Die Rumpfmuskulatur ist angespannt.

Nun das Zugseil unter Beibehaltung des Ellbogenwinkels nach unten ziehen, bis die Hände Kontakt zu den Oberschenkeln haben. Danach die Arme wieder kontrolliert in die Ausgangsstellung bringen.

Im Gegensatz zur Übung im Stand ist diese Übung aufgrund der geringeren Freiheitsgrade für Anfänger leichter zu koordinieren.

Ausgangs- und Endposition   *Umkehrposition*

Rumpf-, Oberkörper- und Armmuskulatur

Zug im Liegen – Hauptmuskelgruppen: Deltamuskel, breiter Rückenmuskel, großer Rundmuskel

Grundübung

Bauch und Hüfte liegen auf dem Gymnastikball. Der Rumpf bildet eine Linie mit den Beinen. Die Fußspitzen stützen auf den Boden und der Kopf ist in Verlängerung zur Wirbelsäule. Die Rumpfmuskulatur ist angespannt. Die Hände greifen das Zugseil im Hammergriff. Die Oberarme sind parallel zueinander und etwa waagrecht. Die Ellbogengelenke sind leicht gebeugt.

Nun das Seil schräg nach unten ziehen, bis die Hände fast senkrecht unter dem Kopf sind bzw. die Unterarme den Gymnastikball berühren. Der Ellbogenwinkel bleibt dabei unverändert. Anschließend die Arme ruckfrei zurück in die Ausgangsstellung führen.

Ausgangs- und Endposition

Umkehrposition

Kurzhantelheben seitlich – Hauptmuskelgruppen: Deltamuskel, Obergrätenmuskel, Schulterblattheber, Kapuzenmuskel

Grundübung

Ausgangsposition ist der aufrechte, schulterbreite Stand. Beide Hände fassen je eine Kurzhantel im Hammergriff. Die Arme sind gestreckt und liegen seitlich am Körper an.

Aus dieser Position die gestreckten Arme halbkreisförmig bis zur Senkrechten nach oben führen. Während des Anhebens drehen die Unterarme nach außen, sodass die Hanteln nun im Obergriff über den Schultergelenken gehalten werden. Beim ruhigen Ablassen der Hanteln die Arme wieder einwärts drehen.

Ausgangs- und Endposition   *Umkehrposition*

Übungsbeispiele zur Kräftigung der Bein- und Gesäßmuskulatur

Beinabduktion in der Maschine – Hauptmuskelgruppen: Kleiner und mittlerer Gesäßmuskel

Grundübung

Aufrechten Sitz in der Maschine einnehmen. Die Beine sind geschlossen und die Beinpolster sind so eingestellt, dass sie jeweils die Außenseite der Oberschenkel bzw. der Knie berühren. Die Hände fassen die Griffe. Der Blick ist nach vorne gerichtet.

Nun die Beine gegen den Widerstand so weit wie möglich, ruckfrei nach außen drücken und anschließend wieder ruhig in die Ausgangsposition zurückführen. Unbedingt darauf achten, dass der Rücken immer fest an das Rückenpolster gedrückt wird.

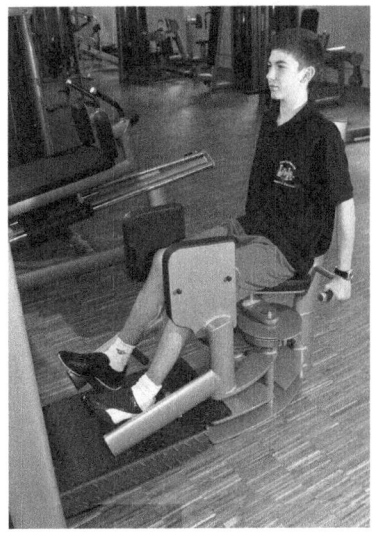
Ausgangs- und Endposition

Umkehrposition

Teil 2: ÜBUNGSBEISPIELE

Ausfallschritt-Kniebeuge – Hauptmuskelgruppen: Vierköpfiger Schenkelstrecker, großer Gesäßmuskel, zweiköpfiger Schenkelmuskel, Halbsehnenmuskel, Plattsehnenmuskel, Schollenmuskel, Zwillingswadenmuskel

Grundübung

Ausgangsstellung ist der aufrechte, schulterbreite Stand. Die Hantelstange (hier SZ-Hantelstange) liegt hinter dem Kopf auf den Schultern auf und die Hände greifen diese in etwa doppelter Schulterbreite im Obergriff.

Nun einen Ausfallschritt nach vorne ausführen. Der Kniewinkel des vorderen Beines beträgt etwas mehr als 90 Grad. Darauf achten, dass das Knie nicht über die Fußspitze hinausragt, sodass der Unterschenkel etwa senkrecht ist. Der Rücken bleibt gerade, Rumpf und hinterer Oberschenkel bilden eine Linie. Anschließend durch Abdruck vom vorderen Bein wieder zur Ausgangsposition zurückkehren.

Ausgangs- und Endposition   *Umkehrposition*

Hinweis: Zum „optimalen" Kniewinkel bei Ausfallschritten, Kniebeugen und Beinpressbewegungen siehe die Anmerkung „Kurzer Exkurs zur Übungsausführung komplexer Freihantelübungen".

Ausfallschritt Front-Kniebeuge Variation 1

Anstatt der SZ-Hantel eine Langhantel verwenden. Die Hantel ist auf der Höhe der Schlüsselbeine fest gegen die obere Brust gedrückt.

Ausfallschritt Kniebeuge Variation 2

Anstatt der Langhantel werden Kurzhanteln verwendet. Diese werden im Hammergriff bei gestreckten und anliegenden Armen gehalten. Darauf achten, dass die Kniespitze nicht über den vorderen Fuß schiebt (maximal 90 Grad Kniewinkel).

Ausfallschritte Kniebeuge Multipresse Variation 3

Die Ausfallschritte wie beschrieben in der Multipresse ausführen. Durch die Führung der Übung an der Multipresse ist diese Übung für Anfänger leichter zu realisieren. Endposition mit einem Kniewinkel größer 90 Grad in der tiefsten Ausgangsstellung. Bauch und Rücken anspannen.

Halbe Kniebeuge – Hauptmuskelgruppen: Vierköpfiger Schenkelstrecker, großer Gesäßmuskel, zweiköpfiger Schenkelmuskel, Halbsehnenmuskel, Plattsehnenmuskel, Schollenmuskel, Zwillingswadenmuskel

Grundübung

Im hüft- bis schulterbreiten Stand liegt die Hantelstange (hier SZ-Stange) hinter dem Kopf auf den Schultern auf. Die Hände greifen die Stange über Schulterbreite im Obergriff. Die Knie sind leicht gebeugt. Der Rumpf ist aufrecht und stabil.

Nun in den Kniegelenken bis 90 Grad beugen, wobei die Knie nicht über die Fußspitzen ragen. Den Oberkörper mit leichter Vorneigung stabil halten. Danach die Knie nahezu zur vollständigen Streckung bringen und wieder die Ausgangsposition einnehmen.

Ausgangs- und Endposition   *Umkehrposition*

Bein- und Gesäßmuskulatur

Halbe Kniebeuge Variation 1
Wie in der Grundübung beschrieben, jedoch in der Multipresse.

Ausgangs- und Endposition

Umkehrposition

Teil 2: ÜBUNGSBEISPIELE

Halbe Kniebeuge Variation 2
Im hüft- bis schulterbreiten, aufrechten Stand in der Multipresse die Stange unter dem Kinn und vor dem Hals auf den Schultern positionieren. Die Hantelstange liegt bei gebeugten Handgelenken in den Fingern bzw. wird von den Händen umschlossen. Die Ellenbogen zeigen nach vorne und leicht nach unten. Nun wie beschrieben die Kniegelenke beugen.

Ausgangs- und Endposition

Umkehrposition

Halbe Kniebeuge plus Armstrecken Variation 3

Ausgangsstellung ist der aufrechte, schulterbreite Stand. Die Hände fassen je eine Kurzhantel im Obergriff. Die Arme sind fast senkrecht nach oben gestreckt. Die Rumpfmuskulatur ist angespannt.

Aus dieser Position erfolgt die Beugung in den Kniegelenken bis zu einem Winkel von ca. 100 Grad. Die Knie ragen dabei nie über die Fußspitzen. Zeitgleich zur Kniebeuge die Hanteln unter steter Beugung der Ellbogengelenke ablassen, bis sich die Oberarme in der Waagrechten befinden (U-Halte). Die Unterarme stehen während der gesamten Übung parallel zueinander. Mit der Streckung in den Kniegelenken werden auch die Hanteln wieder senkrecht nach oben geführt bis zur Ausgangsposition.

Ausgangs- und Endposition

Umkehrposition

Teil 2: ÜBUNGSBEISPIELE

Tiefe Frontal-Kniebeuge – Hauptmuskelgruppen: Vierköpfiger Schenkelstrecker, großer Gesäßmuskel, zweiköpfiger Schenkelmuskel, Halbsehnenmuskel, Plattsehnenmuskel, Schollenmuskel, Zwillingswadenmuskel

Grundübung

Im hüft- bis schulterbreiten Stand liegt die Langhantel unter dem Kinn und vor dem Hals. Die Hände greifen die Stange nebeneinander bzw. überkreuzt, direkt unter dem Kinn. Die Knie sind leicht gebeugt. Der Rumpf ist aufrecht und stabil.

Nun durch Beugung in den Kniegelenken bis in die tiefe Hocke absitzen. Den Oberkörper mit leichter Vorneigung stabil halten. Danach die Knie wieder nahezu zur vollständigen Streckung bringen und die Anfangsposition einnehmen.

Die Tiefe Frontal-Kniebeuge wird in der Literatur bzgl. der Kniebelastung sehr unterschiedlich beschrieben. Als sportartspezifische Übung sowie als Übung zur Verbesserung von so genannten Zubringerleistungen (u. a. in der Leichtathletik) hat sie praktische Relevanz (siehe „Kurzer Exkurs zur Übungsausführung komplexer Freihantelübungen").

Ausgangs- und Endposition

Umkehrposition

Bein- und Gesäßmuskulatur

Beinstrecken in der Maschine – Hauptmuskelgruppen: Vierköpfiger Schenkelstrecker

Grundübung

Den Sitz der Beinstreckmaschine so einstellen, dass sich die Kniegelenke in Höhe des Maschinendrehpunktes befinden. Das Polster am Hebelarm so einstellen, dass es oberhalb vom Fußspann aufliegt. Die Füße sind zum Schienbein hin gebeugt. Mit leichtem Zug an den Handgriffen das Becken fixieren.

Nun die Unterschenkel nach vorne oben drücken und die Kniegelenke nahezu vollständig strecken. Die Unterschenkel danach wieder bis etwa 90 Grad beugen.

Ausgangs- und Endposition   *Umkehrposition*

Beinstrecken Variation 1

Die Grundübung wie beschrieben, jedoch einbeinig ausführen.

Teil 2: ÜBUNGSBEISPIELE

Beinbeugen sitzend in der Maschine – Hauptmuskelgruppen: Zweiköpfiger Schenkelmuskel, Halbsehnenmuskel, Plattsehnenmuskel, Zwillingswadenmuskel

Grundübung

Die Rückenlehne der Maschine so einstellen, dass sich die Kniegelenke in Höhe des Maschinendrehpunktes befinden. Das Polster am Hebelarm so positionieren, dass es in Höhe der unteren Wadenmuskulatur aufliegt. Die Fußspitzen sind angezogen. Die Hände fassen den Griff. Die Kniegelenke sind in der Ausgangsstellung fast gestreckt.

Nun die Unterschenkel gegen den Widerstand nach unten ziehen und bis zu einem Winkel von 90 Grad beugen. Anschließend wieder ruckfrei in die Ausgangsposition zurückkehren.

Ausgangs- und Endposition   *Umkehrposition*

Bein- und Gesäßmuskulatur

Beinpresse horizontal – Hauptmuskelgruppen: Vierköpfiger Schenkelstrecker, großer Gesäßmuskel, zweiköpfiger Schenkelmuskel, Halbsehnenmuskel, Plattsehnenmuskel, Schollenmuskel, Zwillingswadenmuskel

Grundübung

In der Rückenlage die Füße auf die Fußplatte etwa hüftbreit und parallel zueinander positionieren. Die Fußspitzen zeigen nach oben. Die Hände fassen die Griffe. In der Ausgangsstellung sind die Knie mit 90 Grad gebeugt und die Unterschenkel sind parallel zum Rumpf.

Aus dieser Position erfolgt die nahezu vollständige Streckung in den Kniegelenken. Danach wieder langsam in die Anfangsposition zurückkehren. Bauch- und Rückenmuskulatur anspannen.

Je nach Fußstellung (eng vs. weit, oben vs. unten) werden die beteiligten Muskeln unterschiedlich beansprucht.

Ausgangs- und Endposition

Umkehrposition

Wadenheben sitzend in der Maschine – Hauptmuskelgruppen: Schollenmuskel, Zwillingswadenmuskel

Grundübung

Im aufrechten Sitz in der Wadenmaschine liegen die Polster etwas oberhalb der Knie auf den Oberschenkeln auf. Die Hände fassen die Griffe und der Blick ist nach vorne gerichtet. Die Füße auf der Fußplatte so platzieren, dass der Fußballen festen Kontakt hat. In der Ausgangsstellung sind die Füße leicht gebeugt.

Nun erfolgt das gleichmäßige Hochdrücken durch Streckung der Fußgelenke. Das Gewicht anschließend wieder langsam bis in die Anfangsposition absenken. Rücken gerade halten.

Ausgangs- und Endposition   *Umkehrposition*

Bein- und Gesäßmuskulatur

Wadenheben im Stand – Hauptmuskelgruppen: Schollenmuskel, Zwillingswadenmuskel

Grundübung

Die Langhantel liegt im aufrechten, etwa hüftbreiten Stand auf den Schlüsselbeinen. Die Hände fassen die Stange jeweils außen neben den Schultergelenken bei gestreckten Handgelenken. Die Ellenbogen zeigen nach vorne unten. Das Gewicht ist auf den Vorderfuß verlagert.

Aus dieser Position die Fußgelenke strecken. Anschließend die Fersen wieder langsam bis knapp vor den Boden absenken. Während der gesamten Übung darauf achten, dass die Rücken- und Bauchmuskulatur angespannt ist.

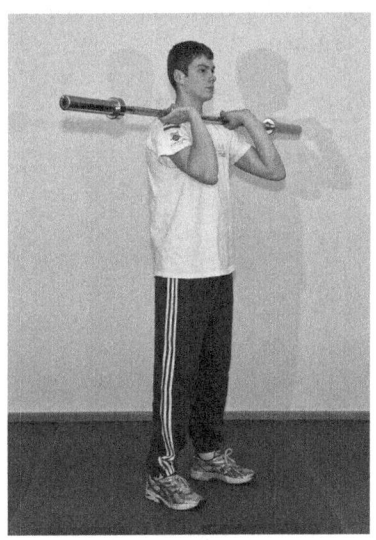
Ausgangs- und Endposition

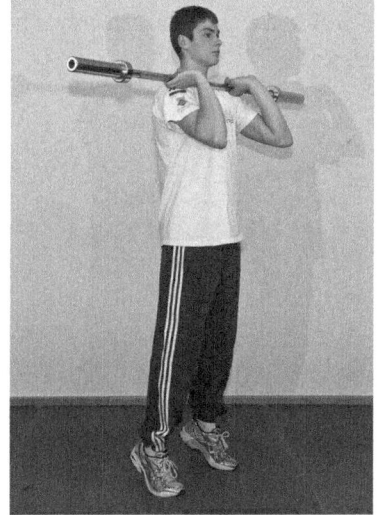
Umkehrposition

Wadenheben im Stand Variation 1

Die Übung einbeinig, ansonsten wie beschrieben ausführen. Diese Variante ist sehr anspruchsvoll und erfordert eine gute Gleichgewichtsfähigkeit. Ausgleichsbewegungen sollten vermieden werden.

Teil 2: ÜBUNGSBEISPIELE

Wadenheben im Stand mit Erhöhung – Hauptmuskelgruppen: Schollenmuskel, Zwillingswadenmuskel

Grundübung

Im hüft- bis schulterbreiten, aufrechten Stand liegt die Langhantelstange hinter dem Kopf auf den Schultern auf. Die Hände greifen die Stange mit etwa doppelter Schulterbreite im Obergriff. Der Rumpf ist aufrecht und stabil. Die Füße an der Erhöhung so anstellen, dass der Fußballen auf der Erhöhung platziert ist. In der Ausgangsstellung stehen die Fersen auf dem Boden und die Fußgelenke sind gebeugt.

Aus dieser Position den Körper durch Streckung der Fußgelenke anheben. Anschließend die Fersen wieder gleichmäßig bis knapp vor den Boden absenken und danach erneut hoch drücken.

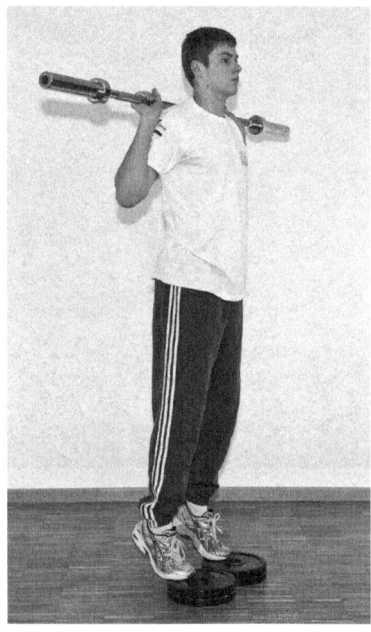

Ausgangs- und Endposition   *Umkehrposition*

Wadenheben im Stand mit Erhöhung Variation 1

Die Übung einbeinig, ansonsten wie beschrieben ausführen. Die Übung ist koordinativ sehr anspruchsvoll!

Gymnastikband

Übungsbeispiele zur Kräftigung mit dem Gymnastikband

Bauchmuskelübung – Hauptmuskelgruppen: Gerader Bauchmuskel, äußerer schräger Bauchmuskel, innerer schräger Bauchmuskel, querverlaufender Bauchmuskel

Grundübung
In der Rückenlage die Beine mit ca. 90 Grad Kniewinkel beugen. Die Füße aktiv gegen den Boden drücken. Die Hände greifen das auf Spannung gehaltene Gymnastikband, wobei die Ellenbogen Richtung Decke zeigen. Kopf und die Schultern anheben und den Oberkörper langsam aufrollen. Dabei hält die Lendenwirbelsäule Kontakt zum Boden. Zwischen Kinn und Brustbein etwa einen faustgroßen Abstand einhalten. Beim Einrollen aktives ausatmen. Durch das Einrollen des Oberkörpers wird die Spannung des Gymnastikbandes erhöht. Je nach Ausgangsspannung kann der Widerstand vergrößert oder verkleinert werden.

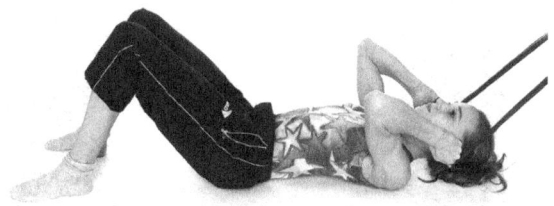

Ausgangs- und Endposition

Umkehrposition

Teil 2: ÜBUNGSBEISPIELE

Rücken- und Schulterübung 1 – Hauptmuskelgruppen: Trapezmuskel, Deltamuskel, Rautenmuskel, Kapuzenmuskel, Schulterblattheber, vorderer Sägemuskel

Grundübung
Schulterbreiter Stand mit leichter Beugung in den Knien. Bauch- und Gesäßmuskulatur sind angespannt. Der Kopf ist in der Verlängerung der Wirbelsäule. Die leicht im Ellbogengelenk gebeugten Arme befinden sich hinter der Schulterachse. Das Gymnastikband befindet sich in Höhe des Gesäßes und ist in der Ausgangs- und Endposition leicht unter Zug. Beide Arme werden nun leicht nach außen sowie etwas nach hinten oben geführt, wobei das Gymnastikband unter Spannung steht.

Ausgangs- und Endposition   *Umkehrposition*

Gymnastikband

Rücken- und Schulterübung 1 Variation 1

Ebenfalls schulterbreiter Stand mit leichter Beugung in den Knien. Bauch- und Gesäßmuskulatur sind angespannt. Der Kopf ist in der Verlängerung der Wirbelsäule. Die leicht im Ellbogengelenk gebeugten Arme befinden sich hinter der Schulterachse. Das Gymnastikband befindet sich zunächst in Höhe des Gesäßes und ist in der Ausgangs- und Endposition leicht unter Zug. Beide angewinkelten Arme werden nun leicht nach außen sowie nach oben Richtung Decke geführt, wobei das Gymnastikband unter Spannung steht. Die Schultern werden dabei leicht nach oben geführt (Variation zur Grundübung).

Ausgangs- und Endposition *Umkehrposition*

Teil 2: ÜBUNGSBEISPIELE

Schulter- und Nackenübung

Grundübung
Mit beiden Füßen einen hüftbreiten Stand in der Mitte des Gymnastikbandes einnehmen. Die Kniegelenke sind ganz leicht gebeugt. Die Bauch- und Gesäßmuskulatur ist angespannt. Der Kopf befindet sich in der Verlängerung der Wirbelsäule. Die ca. 90 Grad im Ellbogengelenk gebeugten Arme befinden sich zunächst seitlich vom Körper. Beide Arme werden nun seitlich vor dem Körper bis in Höhe der Schulterachse geführt, wobei die Spannung des Gymnastikbands kontinuierlich zunimmt. Die Ellenbogen führen die eigentliche Bewegung an. Die Drehung der Arme wird durch die Schulter eingeleitet.

Ausgangs- und Endposition *Umkehrposition*

Gymnastikband

Schulter- und Nackenübung Variation 1

Mit beiden Füßen einen hüftbreiten Stand in der Mitte des Gymnastikbandes einnehmen. Die Kniegelenke sind ganz leicht gebeugt. Die Bauch- und Gesäßmuskulatur ist angespannt. Der Kopf befindet sich in der Verlängerung der Wirbelsäule. Die leicht im Ellbogengelenk gebeugten Arme befinden sich zunächst seitlich vom Körper. Beide Arme werden nun seitlich gestreckt vom Körper bis in Höhe der Schulterachse nach oben Richtung Decke geführt, wobei die Spannung des Gymnastikbands kontinuierlich zunimmt. Beide Arme sind in der Umkehrposition nahezu parallel zum Boden.

Ausgangs- und Endposition

Rücken- und Schulterübung 2

Grundübung

Die Sitzhöhe eines Stuhls oder eines Kastens so einstellen, dass sich das Becken über den Knien befindet, d. h. der Hüftwinkel, der Kniewinkel sowie der Sprunggelenkswinkel betragen ca. 90–100 Grad. Beide Hände fassen das Gymnastikband im Neutralgriff. Die Beugung im Ellbogengelenk beträgt ca. 90 Grad. Die Füße stehen auf dem Boden und der Blick ist nach vorne gerichtet. Der Rücken ist gerade und der Kopf wird in Verlängerung der Wirbelsäule gehalten.

Aus dieser Position die Schulterblätter zusammenführen und die Arme gleichmäßig zur Seite ziehen. Das gespannte Gymnastikband befindet sich in der Umkehrposition am Brustbein. Die Ellenbogenspitzen werden hinter die Schulterachse geführt.

Ausgangs- und Endposition   *Umkehrposition*

Rücken- und Schulterübung 3

Grundübung
Die Ellenbogen sind ca. 90 Grad angewinkelt und die Unterarme zeigen senkrecht zur Decke. Beide Hände fassen das Gymnastikband im Obergriff. Die Füße stehen auf dem Boden und der Blick ist nach vorne gerichtet. Der Rücken ist gerade und der Kopf wird in Verlängerung der Wirbelsäule gehalten.
Aus dieser Position die Schulterblätter zusammenführen und die Arme gleichmäßig nach hinten führen. Das gespannte Gymnastikband befindet sich in der Umkehrposition knapp über dem Kopf. Die Ellenbogenspitzen werden hinter die Schulterachse geführt.

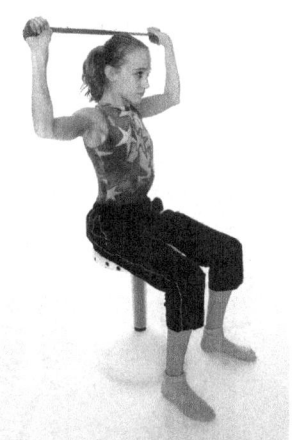

Ausgangs- und Endposition   *Umkehrposition*

Die Übung kann auch im Stand ausgeführt werden. Dabei ist jedoch auf eine aktive Rumpfstabilität zu achten, indem die Rücken- und Bauchmuskeln fest angespannt werden (nicht ins Hohlkreuz ausweichen).

Teil 2: ÜBUNGSBEISPIELE

Armcurl mit Gymnastikband – Hauptmuskelgruppen: Zweiköpfiger Armbeuger, Armbeuger, Oberarmspeichenmuskel

Grundübung
Beide Hände fassen die Enden des Gymnastikbandes im Untergriff und bilden so eine Schlinge. Ein Fuß steht im diagonal versetzten, aufrechten Stand in der Mitte des Bandes. Die Oberarme liegen zunächst seitlich am Oberkörper an. Die Ellbogengelenke sind fast gestreckt.
 Aus dieser Position die Unterarme beugen und die Hände jeweils in Richtung Schultergelenk führen. Danach wieder langsam, nahezu vollständig strecken. Oberarme und Ellenbogen bleiben dabei entweder möglichst am Oberkörper fixiert (größere isolierte Beanspruchung der Armbeugemuskulatur Variante links) oder etwas entfernt (zusätzliche Beanspruchung der Schulter- und Brustmuskulatur Variante rechts).

Ausgangs- und Endposition   *Umkehrposition*   *Ausgangs- und Endposition*   *Umkehrposition*

Brustübung – Hauptmuskelgruppen: Großer Brustmuskel, Deltamuskel, Armstrecker

Grundübung

Die Sitzhöhe auf einem Stuhl oder Kasten so wählen, dass die Füße zu den Unterschenkeln, die Unterschenkel zu den Oberschenkeln sowie die Oberschenkel zum Oberkörper ca. einen 90–100 Grad Winkel haben. Beide Hände fassen das Gymnastikband im Neutralgriff. Die Beugung im Ellbogengelenk beträgt ca. 90 Grad. Die Füße stehen auf dem Boden und der Blick ist nach vorne gerichtet. Der Rücken ist gerade und der Kopf wird in Verlängerung der Wirbelsäule gehalten.

Aus dieser Position die Arme gleichmäßig nach vorne strecken und anschließend in die Ausgangsstellung zurückführen. Die Ellbogengelenke sind in der vorderen Position noch leicht gebeugt.

Teil 2: ÜBUNGSBEISPIELE

Butterfly – Hauptmuskelgruppen: Großer Brustmuskel, Deltamuskel (vorderer Anteil)

Grundübung
Im stabilen Stand fassen beide Hände das Gymnastikband im Neutralgriff. Die Ellbogengelenke bleiben während der gesamten Bewegung stets etwa 90 bis 120 Grad gebeugt. In der Ausgangsstellung ist das Gymnastikband unter den Schultern über den Rücken gespannt. Die Hände befinden sich ca. auf Höhe des Kopfes. Die Daumen zeigen nach innen zum Körper.

Nun das gespannte Band in gleich bleibender Höhe vor dem Körper zusammenführen und anschließend wieder in die Ausgangsposition bringen. Die Bewegung erfolgt dabei nur aus den Schultergelenken. Der Kopf befindet sich in der Verlängerung der Wirbelsäule.

Ausgangs- und Endposition   *Umkehrposition*

Butterfly Variation 1

Im stabilen Stand fassen beide Hände das Gymnastikband im Hammergriff. Die Ellbogengelenke bleiben während der gesamten Bewegung stets etwa 90 bis 120 Grad gebeugt. In der Ausgangsstellung befindet sich das Gymnastikband über den Rücken und die Oberarme gespannt. Die Hände befinden sich ca. auf Höhe des Brustbeins. Die Handflächen zeigen nach innen zueinander.

Nun das gespannte Band in gleich bleibender Höhe vor dem Körper zusammenführen und anschließend wieder in die Ausgangsposition bringen. Die Bewegung erfolgt dabei nur aus den Schultergelenken. Der Kopf befindet sich in der Verlängerung der Wirbelsäule.

Ausgangs- und Endposition   *Umkehrposition*

Teil 2: ÜBUNGSBEISPIELE

Butterfly Variation 2

Die Ausgangsstellung ist wie bei Ausführung Variation 1. Die Ellenbogen sind jedoch im 90 Grad Winkel von dem ausgebreiteten Gymnastikband umspannt. Die Handflächen zeigen nach innen.

Nun das gespannte Band in gleich bleibender Höhe vor dem Körper zusammenführen und anschließend wieder in die Ausgangsposition bringen. Die Bewegung erfolgt dabei nur aus den Schultergelenken.

 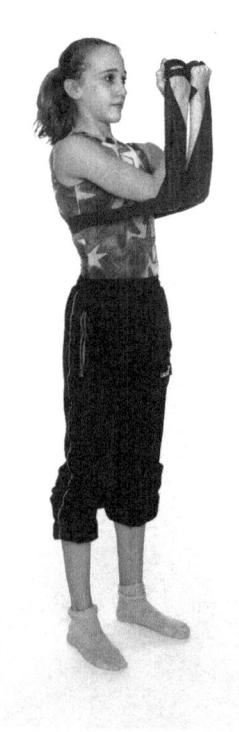

Ausgangs- und Endposition *Umkehrposition*

Teil 3
Trainingspläne

Kapitel Trainingspläne

Die nachfolgenden, exemplarisch dargestellten Trainingspläne sind nach dem kalendarischen Alter der Kinder und Jugendlichen in drei Alterskategorien differenziert. Dieses Vorgehen wurde bewusst gewählt, da sich das kalendarische Alter einfacher bestimmen lässt als das biologische, entwicklungsspezifische Alter. Darüber hinaus sollten die drei definierten Altersbereiche in weiten Teilen mit den drei Entwicklungsbereichen „Präpuberal", „Puberal" und „Postpuberal" übereinstimmen. Des Weiteren werden die Ausführungen innerhalb des Schulkindalter, der Pubeszenz sowie der Adoleszenz in drei Leistungsstufen – Beginner, Geübte und Fortgeschrittene – unterschieden.

Die Hinweise zu den einzelnen Trainingsplänen umfassen die Übungen und die trainingsmethodischen Belastungsmerkmale. So sind den verschiedenen Trainingsplänen dezidiert die Wiederholungszahlen, die Serien, die Belastungsangaben und die Pausenzeiten zu entnehmen. Die Belastungsintensität bei den Übungen mit dem Gymnastikband kann durch die Vorspannung des Bandes sowie durch verschiedene Bandstärken reguliert werden. Weiterhin sind allgemeine Hinweise und Anmerkungen zu möglichen Übungsvarianten sowie zu spezifischen Sicherheits- und/oder Übungsausführungen beschrieben.

Es ist ausdrücklich zu erwähnen, dass die Trainingspläne nur allgemeinen Charakter haben können, da die individuelle Spezifik, die genetische Prädisposition, die physischen und psychischen Voraussetzungen und die jeweilige Zielstellung für jedes Kind und jeden Jugendlichen zu beachten sind.

Abgerundet werden die Hinweise durch Aspekte bzgl. des Auf- und Abwärmens sowie zu möglichen Interaktionen mit Dehnprozeduren.

Teil 3: TRAININGSPLÄNE

Differenzierte Trainingspläne

Allgemeine Hinweise zu den Trainingsprogrammen

Zu Beginn dieses Abschnitts sei nochmals nachdrücklich darauf verwiesen, dass die nachfolgend vorgestellten exemplarischen Trainingspläne nur als mögliche Beispiele zu verstehen sind und es keine „universalen" Trainingspläne geben kann, da die individuelle Spezifik, die genetische Prädisposition, die physischen und psychischen Voraussetzungen und die jeweilige Zielstellung für jedes Kind und jeden Jugendlichen immer individuell sind. Je nach Adressatenkreis sind die Trainingspläne entsprechend zu modifizieren und jeweils individuell im Trainingsprozess anzupassen. Die vorgestellten Trainingspläne sind in die drei folgenden Altersgruppen, in Abhängigkeit des kalendarischen Alters, für Mädchen und Jungen differenziert:

a) A1 (Schul-)Kinder: ab 6 bis 11/12 Jahre („Präpuberal")
b) A2 Pubeszenz: ca. 12/13 bis 15 Jahre („Puberal")
c) A3 Adoleszenz: ca. 14/15 bis 18/19 Jahre („Postpuberal")

In den Kategorien A2 bzw. A3 sind aufgrund möglicher Früh- oder Spätentwicklungen besonders individuelle Unterschiede zu beachten!

Jede einzelne Altersgruppe wird weiterhin, je nach individuellem Leistungsniveau in drei Leistungsstufen differenziert:

a) Leistungsstufe Beginner: Kinder bzw. Jugendliche, welche bisher noch kein gezieltes und/oder differenziertes Krafttraining betrieben haben.
b) Leistungsstufe Geübte: Kinder bzw. Jugendliche, welche seit mindestens 6 Monaten ein gezieltes und/oder differenziertes Krafttraining durchgeführt haben.
c) Leistungsstufe Fortgeschrittene: Kinder bzw. Jugendliche, welche seit mindestens zwei bis drei Jahren ein gezieltes und/oder differenziertes Krafttraining betrieben haben.

Trainingsmethodische Hinweise zu den Trainingsplänen

Aufbau der Trainingspläne

Die einzelnen Trainingspläne sind tabellarisch aufbereitet und wie folgt einheitlich gegliedert:

Spalte „Übung"

Hier wird die Bezeichnung der Übung aufgeführt, so wie diese im Buch benannt wurde.

Praxistipp: Trainer und Übungsleiter sollten prinzipiell darauf achten, einheitliche Übungsbezeichnungen zu wählen um den Kindern und Jugendlichen eine einfachere Orientierung im Training zu geben. Hierbei können entweder feststehende Begriffe aus der Trainingslehre bzw. aus der Trainingspraxis (z. B. Bankdrücken bzw. Bench-Press), oder auch eigene, ggf. „zielgruppengerechte" Übungsbezeichnungen verwendet werden (z. B. Käferübung).

Die Auswahl der Übungen, inkl. der Anzahl der Übungen pro Muskel bzw. Muskelgruppe sowie die Reihenfolge der Übungen, sollte nach den folgenden Kriterien erfolgen:

a) Ergebnisse von Krafttests (siehe auch Spalte „Intensität"): Werden bei differenzierten Krafttests für bestimmte Muskeln bzw. Muskelgruppen (intraindividuellen und/ oder interindividuellen Vergleich beachten) Defizite festgestellt, so sollten diese Muskeln bzw. Muskelgruppen ggf. mit höherer Priorität in die Planung eingebunden werden (z. B. zu Beginn des Trainingsplans und/oder mehrere Übungen für diese Muskeln bzw. Muskelgruppen).

b) Sportartspezifische Anforderungen: In vielen Sportarten ist es erforderlich, neben allgemeinen Grundübungen so genannte sportartspezifische Trainingsübungen durchzuführen. Hierbei erfolgt die Übungsauswahl, teilweise sogar die Übungsausführung, explizit sportartspezifisch. So führt beispielsweise ein Speerwerfer die Übung „Hantelüberzüge" durch, da die Ziel- bzw. Wettkampffertigkeit eine spezifisch ausgeprägte Brust- und Armstreckmuskulatur voraussetzt.

c) Anzahl der Übungen: Neben den Wiederholungen und Serien pro Übung bestimmt auch die Anzahl der Übungen pro Muskel bzw. Muskelgruppe die Gesamtzahl der Serien und somit den Gesamtumfang des Krafttrainings. Da Krafttraining sowohl energetisch als auch neuromuskulär sehr beanspruchend wirkt, ist die Gesamtzahl der Übungen pro Trainingsplan bzw. pro Trainingseinheit zu begrenzen. Je nach kalendarischem bzw. biologischem Alter, Trainingsalter und Leistungsniveau kann ein Krafttrainingsplan auf eine Gesamtdauer von ca. 30 Minuten (Beginner im Kindesalter) bis zu ca. zwei Stunden (Leistungstraining in der Adoleszenz) ausgelegt sein.

d) Energetische und/oder neuromuskuläre Beanspruchung: Im Allgemeinen scheint es sinnvoller zu sein, Übungen mit einer hohen energetischen und/oder neuromuskulären Beanspruchung (insbesondere technisch anspruchsvolle Übungen, wie z. B. Freihantel-Bankdrücken oder Frontal-Kniebeugen) zu Beginn des Krafttrainings durchzuführen. Je nach Zielstellung (z. B. Muskelaufbau) und Anwendung spezieller Krafttrainingsmethoden (z. B. Training mit Vorermüdung) kann auch eine umgekehrte Reihenfolge angebracht sein.

Spalte „im Buch":

Hier wird die Seite angegeben, auf der die Beschreibung der Übung im Buch zu finden ist.

Praxistipp: Es kann durchaus hilfreich und angebracht sein, dass ein Trainer eine eigene Übungssammlung zusammenstellt und diese ggf. bebildert (recht einfache Umsetzung mit einer digitalen Kamera oder einem Smartphone). Auch dies dient der besseren Übersicht und Orientierung für die Kinder und Jugendlichen im Training.

Spalte „Serien":

Hier wird angegeben, wie viele Serien dieser Übung durchgeführt werden sollen.

Praxistipp: Bei den individuellen Trainingsplänen richtet sich die konkrete Anzahl der Serien nach der individuellen Spezifik, der genetischen Prädisposition, den physischen und psychischen Voraussetzungen und der jeweiligen Zielstellung des einzelnen Kindes bzw. des Jugendlichen.

Spalte „WDH" (Wiederholungen):

In dieser Spalte wird angegeben, wie viele Wiederholungen (pro Serie) dieser Übung durchgeführt werden sollen.

Praxistipp: Bei den individuellen Trainingsplänen richtet sich die Angabe der Wiederholungszahl primär nach der Zielstellung des Trainingsprogramms (vgl. Fröhlich et al., 2002b). Für ein Krafttraining mit dem Ziel der Verbesserung der Kraftausdauer ist eine höhere Wiederholungszahl (~ 20–30), für ein Krafttraining mit dem Ziel der Verbesserung der Hypertrophie eine mittlere Wiederholungszahl (~ 5–12) und für ein Krafttraining mit dem Ziel der Verbesserung der neuromuskulären (insbesondere intramuskuläre Koordination) Prozesse eine geringere Wiederholungszahl (~ 1–5) einzuplanen (Fleck & Kraemer, 1997; Fröhlich et al., 2002b; Güllich & Schmidtbleicher, 1999).

Spalte „Intensität":

In dieser Rubrik wird angegeben, mit welcher Intensität diese Übung durchgeführt werden soll (auch als Belastungsintensität bezeichnet). Die Umsetzung der Intensitätsangabe erfolgt im Training durch die bewältigte Last in Kilogramm sowie der zugehörigen Wiederholungszahl („wiederholungszahlorientierter Ansatz").

In den Trainingsplänen dieses Buches erfolgt lediglich die allgemeine Angabe „Nicht-Wiederholungsmaximum" (abgekürzt nWM) für Beginner und „Wiederholungsmaximum" (abgekürzt WM) für Fortgeschrittene. Bei allen Übungen, welche ohne Zusatzgewichte durchgeführt werden, erfolgt die Angabe „Körpergewicht" (abgekürzt KG).

Praxistipp für Übungen mit Zusatzlast: Zur Bestimmung der optimalen Trainingsintensität ist im Allgemeinen ein entsprechender Krafttest erforderlich. Auch die Wahl eines geeigneten Krafttests (z. B. 1-RM oder X-RM) richtet sich nach der individuellen Spezifik, der genetischen Prädisposition, den physischen und psychischen Voraussetzungen und der jeweiligen Zielstellung jedes einzelnen Kindes und Jugendlichen (vgl. Faigenbaum et al., 2003b). Im Rahmen dieses Buches wird auf einen expliziten Krafttest verzichtet.

Teil 3: TRAININGSPLÄNE

Spalte „Pausen":

Die Spalte Pausen gibt an, wie lange eine Pause zwischen den Serien dauern soll (auch als Belastungsdichte bezeichnet).

Praxistipp: Die Dauer der Pausen ist insbesondere von den Belastungsparametern Wiederholungszahl (umgekehrt proportional zur Intensität) und der Anzahl der Serien abhängig. Grundsätzlich gilt, je höher die Wiederholungszahl, desto geringer sollte die Pausendauer sein und umgekehrt. Als Empfehlung kann angenommen werden: Für ein umfangsbetontes bzw. kraftausdauerorientiertes Krafttraining (~ 20–30 Wiederholungen) 0,5 bis eine Minute Pause. Für ein Krafttraining mit dem Ziel der Verbesserung der Hypertrophie (~ 5–12 Wiederholungen) eine Minute bis zwei Minuten Pause und für ein Krafttraining mit dem Ziel der Verbesserung der neuromuskulären Prozesse (~ 1–5 Wiederholungen) zwei bis drei Minuten Pause (eventuell auch vier bis fünf Minuten) (vgl. Fleck & Kraemer, 1997).

Spalte „Anmerkungen":

In der Spalte Anmerkungen können ergänzende Hinweise gegeben bzw. weitere wichtige Informationen aufgeführt werden (z. B. Was ist besonders zu beachten? Gibt es alternative Ausführungen? usw.).

Praxistipp: Auch bei den individuellen Trainingsplänen sind solche Hinweise zu empfehlen.

Aufwärmen (Warm up) und Abwärmen (Cool down)

Vor der Durchführung der eigentlichen Trainingsprogramme sollte immer ein ausreichendes, individuelles „Aufwärmen", nach Beendigung des Krafttrainings ein entsprechendes „Abwärmen" erfolgen (Faigenbaum, 2007).

Praxistipp: Hierzu ist neben einer allgemeinen Aktivierung des Herzkreislauf-Systems (z. B. mittels „Einlaufen") sowie einer Mobilisation der im Trainingsprogramm vorwiegend belasteten Muskel-Gelenksysteme insbesondere ein so genanntes spezielles Aufwärmen anzuraten. Letzteres erfolgt dadurch, dass für die Zielübung mit geringer Gewichtsbelastung ein bis maximal zwei Serien mit etwa zehn Wiederholungen – ein so genannter Erwärmsatz – durchgeführt wird. Dies führt insbesondere zu einer Optimierung neuromuskulärer Prozesse (u. a. Verbesserung des Zusammenspiels von Nerv-Muskelsystem, Erhöhung des Muskeltonus) sowie einer Stoffwechselaktivitäts- und Körperoberflächentemperaturerhöhung. Generell ist zu überlegen, inwieweit anstelle einer allgemeinen, unspezifischen Herz-Kreislaufaktivierung nicht besser spezifische, für die nachfolgenden Übungen relevante Cardiogeräte ausgewählt werden. So ist ein Erwärmen auf dem Ruderergometer oder dem Handkurbelergometer dem Radergometer oder dem Laufband vorzuziehen, wenn anschließend der Oberkörper gekräftigt werden soll.

Ein gezieltes „Abwärmen" nach dem Krafttraining führt neben der „Einregulierung" des Herzkreislauf-Systems vor allem zu einer Beschleunigung der Regenerationsprozesse des Organismus. Dies wird z. B. mittels „Auslaufen" bzw. „Ausrudern" etc. realisiert.

Im Kontext eines spezifischen Krafttrainings ist ein gezieltes (forciertes) Dehnen eher kritisch zu beurteilen. Beim Aufwärmen kann ein forciertes, insbesondere langandauerndes, passiv-statisches Dehnen zu plastischen Veränderungen (Folge: Tonusminderung) am Muskel führen, was sich auf die nachfolgenden Beanspruchungen im eigentlichen Krafttraining kontraproduktiv auswirken kann. So sind z. B. Schnellkraftleistungen im Dehnungsverkürzungszyklus durch passiv-statisches Dehnen reduziert. Sollte vor einem Krafttraining innerhalb des Aufwärmens dennoch gedehnt werden, ist das aktiv-dynamische Dehnen zu bevorzugen. Insbesondere nach einem intensiven Krafttraining (z. B. einem Training bis zum „Muskelversagen") hat der Muskel eine gewisse „Steifheit" („muscle stiffness"), wodurch dieser unmittelbar nach dem Training nicht optimal auf Dehnreize anspricht.

Erlernen der Trainingsübungen

Bevor ein Krafttraining anhand eines Trainingsplans, vor allem mit höheren Intensitäten, durchgeführt wird, sollten alle – insbesondere technisch anspruchsvolle – Übungen zuerst ausprobiert und korrekt von den Kindern und Jugendlichen erlernt werden.

Praxistipp: Zuerst sollten alle Übungen ohne Gewichtsbelastung „geübt" und „erlernt" werden. Erst nach Beherrschung der Übung erfolgt ein Training mit höheren Intensitäten (z. B. durch Zusatzgewichte).

Training unter Aufsicht und Anleitung

Krafttraining mit Kindern und Jugendlichen sollte immer unter Aufsicht eines Trainers bzw. hinreichend ausgebildeten Übungsleiters mit pädagogischer und physiologischer Expertise erfolgen.

Praxistipp: Das Verhältnis von Trainer zu Trainierenden sollte maximal 1 zu 6 betragen. Nur in den höheren Altersstufen und mit zunehmender Trainingserfahrung ist ein Training in der Peergroup ohne permanente Traineraufsicht möglich. Ein alleiniges Training ist insbesondere beim Training mit freien Gewichten unbedingt zu verneinen, da einerseits keine Hilfestellung möglich ist und andererseits Sicherheitsaspekte nur in ungenügendem Ausmaße berücksichtigt werden können. Darüber hinaus ist eine Rückmeldung (Feedback) über die korrekte Bewegungstechnik nicht gegeben, was zu Problemen bei der technischen Ausführung von komplexen Bewegungen führen kann.

Hinweise zur Vorlage „Eigenes Trainingsprogramm"

Ergänzend zu den Trainingsplänen können mit der Vorlage „Eigenes Trainingsprogramm" individuelle Trainingspläne erstellt werden. Hierzu kann die Vorlage einfach kopiert und die Kopie entsprechend ausgefüllt werden.

Trainingsprogramm 1 für die Altersstufe A1 Kinder mit der Leistungsstufe Beginner

Die Trainingshäufigkeit des Übungsprogramms sollte bei zwei Trainingseinheiten pro Woche liegen.

Übung	im Buch	Serien	WDH	Intensität	Pausen	Anmerkungen
Crunches gerade	S. 123	2	15	KG	1 min	auch Variation 1 möglich
Rumpfanheben	S. 151	2	15	KG	1 min	auch Variation 1 u. 2 möglich
Brustpresse	S. 190	2	15	nWM	1 min	ggf. Griffwechsel
Zug horizontal weit	S. 189	2	15	nWM	1 min	ggf. Griffwechsel
Ausfallschritte Kniebeuge (V 2)	S. 200	2	15	nWM	1 min	mit Kurzhanteln
Power-Zug	S. 166	2	15	nWM	1 min	Nutzung der SZ-Stange
Beinpresse horizontal	S. 209	2	15	nWM	1 min	bis 45 Grad Beugung
Latziehen	S. 186	2	15	nWM	1 min	Daumen unter die Stange

Praxistipp: Als Alternative zu den in den verschiedenen Trainingsplänen aufgeführten Übungen, können je nach Zielrichtung, Trainiertheitsgrad, gerätetechnischer Ausstattung, Sportartspezifik, Anforderungsprofil etc. auch die entsprechenden Übungen mit Gymnastikband für die jeweilige Muskulatur bzw. Muskelgruppe ausgeführt werden.

Trainingsprogramm 2 für die Altersstufe A1 Kinder mit der Leistungsstufe Geübte

Die Trainingshäufigkeit des Übungsprogramms sollte bei drei Trainingseinheiten pro Woche liegen.

Übung	im Buch	Serien	WDH	Intensität	Pausen	Anmerkungen
Crunches (V 2)	S. 124	3	15	WM	1 min	auch Variation 3 möglich
Rumpf und Beine anheben	S. 152	3	15	KG	1 min	leichte Beinbewegungen
Bankdrücken (V 2)	S. 179	3	15	WM	1 min	gleichseitige Ausführung
Rudern horizontal (Zugturm)	S. 188	3	15	WM	1 min	Oberkörper aktiv stabilisieren
Halbe Kniebeugen plus Armstrecken (V 3)	S. 205	3	15	WM	1 min	plus Kurzhanteln
Kurzhantelziehen	S. 164	3	15	WM	1 min	gleichseitige Ausführung
Beinabduktion (Maschine)	S. 197	3	15	WM	1 min	keine ruckartige Bewegungen
Klimmzüge	S. 185	3	5–10	KG	1 min	ggf. mit Partnerhilfe

Trainingsprogramm 3 für die Altersstufe A1 Kinder mit der Leistungsstufe Fortgeschrittene

Die Trainingshäufigkeit des Übungsprogramms sollte bei drei Trainingseinheiten pro Woche liegen.

Übung	im Buch	Serien	WDH	Intensität	Pausen	Anmerkungen
Bauchübung am Zuggerät	S. 131	3	15	WM	1 min	Rumpf einrollen
Unterarmstütz (V2)	S. 139	3	15	KG	1 min	auch Variation 3 möglich
Kurzhanteldrücken (V 1)	S. 174	3	15	WM	1 min	gleichseitige Ausführung
Hantelzug (V 1)	S. 165	3	15	WM	1 min	Oberkörper aktiv stabilisieren
Ausfallschritt Front-Kniebeuge (V 1)	S. 199	3	15	WM	1 min	stabiler Stand
Hantelüberzüge (V 1)	S. 175	3	15	WM	1 min	LWS stabilisieren
Wadenheben im Stand	S. 211	3	15	WM	1 min	Oberkörper aufrecht halten
Klimmzüge	S. 185	3	10–15	KG	1 min	ggf. Partnerhilfe

Trainingsprogramm 4 für die Altersstufe A2 Pubeszenz mit der Leistungsstufe Beginner

Die Trainingshäufigkeit des Übungsprogramms sollte bei zwei Trainingseinheiten pro Woche liegen.

Übung	im Buch	Serien	WDH	Intensität	Pausen	Anmerkungen
Käfer (Bauchpendel)	S. 128	2	10	KG	2 min	auch Variation 2 möglich
Rückenstrecken (Rückenstation)	S. 149	2	10	KG	2 min	zuerst ohne Hantelscheibe
Butterfly (Maschine)	S. 170	2	10	nWM	2 min	Nutzung der Einstiegshilfe
Kurzhantelziehen	S. 164	2	10	nWM	2 min	Oberkörper aktiv stabilisieren
Halbe Kniebeuge (V 1)	S. 202	2	10	nWM	2 min	Kniebeugewinkel kontrollieren
Seitheben	S. 182	2	10	nWM	2 min	gleichseitige Ausführung
Beinstrecken (Maschine)	S. 207	2	10	nWM	2 min	Geräteeinstellung beachten
Beinbeugen (Maschine)	S. 208	2	10	nWM	2 min	Geräteeinstellung beachten
Hantelüberzüge	S. 175	2	10	nWM	2 min	LWS stabilisieren

Trainingsprogramm 5 für die Altersstufe A2 Pubeszenz mit der Leistungsstufe Geübte

Die Trainingshäufigkeit des Übungsprogramms sollte bei drei Trainingseinheiten pro Woche liegen.

Übung	im Buch	Serien	WDH	Intensität	Pausen	Anmerkungen
Crunches (V 3)	S. 125	3	10	KG	2 min	Gewichte anreichen lassen
Butterfly reverse	S. 141	3	10	WM	2 min	Oberkörper aktiv stabilisieren
Bankdrücken (V 1)	S. 178	2	10	WM	2 min	LWS stabilisieren
Hantelzug (V 1)	S. 165	3	10	WM	2 min	Oberkörper aktiv stabilisieren
Halbe Kniebeuge (V 2)	S. 204	2	10	WM	2 min	Kniebeugewinkel kontrollieren
Nackendrücken (Multipresse)	S. 183	2	10	WM	2 min	Hantel nicht zu tief ablassen
Ausfallschritt-Kniebeugen	S. 198	3	10	WM	2 min	stabiler Stand
Wadenheben (Maschine)	S. 210	3	10	WM	2 min	Oberkörper aufrecht halten
Klimmzüge	S. 185	3	10	KG	2 min	ggf. Partnerhilfe

Teil 3: TRAININGSPLÄNE

Trainingsprogramm 6 für die Altersstufe A2 Pubeszenz mit der Leistungsstufe Fortgeschrittene

Die Trainingshäufigkeit des Übungsprogramms sollte bei drei Trainingseinheiten pro Woche liegen.

Übung	im Buch	Serien	WDH	Intensität	Pausen	Anmerkungen
Unterarmstütz (V2)	S. 139	3	10	KG	2 min	Schultergürtel fixieren
Butterfly revers in der Rückenstation	S. 150	3	10	WM	2 min	gleichseitige Ausführung
Bank Dips	S. 159	2	10	WM	2 min	Rumpfspannung halten
Armstrecken mit Kurzhanteln	S. 168	3	10	WM	2 min	Rumpf fixieren
Schrägbankdrücken an der Multipresse	S. 180	2	10	WM	2 min	LWS fixieren
Halbe Kniebeuge plus Armstrecken	S. 205	2	10	WM	2 min	alternativ als tiefe Kniebeuge
Ausfallschritt-Front-Kniebeuge	S. 199	2	10	WM	2 min	stabiler Stand
Klimmzüge	S. 185	3	10–15	KG	2 min	ggf. mit Zusatzgewicht

Trainingsprogramm 7 für die Altersstufe A3 Adoleszenz mit der Leistungsstufe Beginner

Die Trainingshäufigkeit des Übungsprogramms sollte bei zwei Trainingseinheiten pro Woche liegen.

Übung	im Buch	Serien	WDH	Intensität	Pausen	Anmerkungen
Bankdrücken (V1)	S. 178	5	10	nWM	2 min	LWS stabilisieren
Rudern horizontal	S. 188	3	15	nWM	2 min	Oberkörper aktiv stabilisieren
Halbe Kniebeuge	S. 202	5	10	nWM	2 min	ggf. vor Spiegel durchführen
Frontdrücken (Multipresse)	S. 184	3	8	nWM	2 min	Hantel nicht zu tief ablassen
Armbeugen mit SZ-Hantel	S. 156	3	10	nWM	2 min	Oberkörper aktiv stabilisieren
Armstrecken am Zugseil	S. 161	3	15	nWM	2 min	Oberarme am Rumpf fixieren
Beinheben im Hang	S. 132	3	15	KG	2 min	ggf. mit Partnerhilfe
Rückenstrecken (Maschine)	S. 148	2	15	nWM	2 min	Geräteeinstellung achten

Teil 3: TRAININGSPLÄNE

Trainingsprogramm 8 für die Altersstufe A3 Adoleszenz mit der Leistungsstufe Geübte

Die Trainingshäufigkeit des Übungsprogramms sollte bei drei Trainingseinheiten pro Woche liegen.

Übung	im Buch	Serien	WDH	Intensität	Pausen	Anmerkungen
Bankdrücken	S. 177	5	5	WM	3 min	gleichseitige Ausführung
Kreuzheben	S. 142	5	10	WM	2 min	ggf. vor Spiegel durchführen
Tiefe Frontal-Kniebeuge	S. 206	5	5	WM	3 min	ggf. vor Spiegel durchführen
Langhanteldrücken im Stand	S. 167	3	10	WM	2 min	Oberkörper aktiv stabilisieren
Klimmzüge	S. 185	3	5–10	KG	3 min	ggf. mit Zusatzgewichten
Bein-/Beckenheben	S. 126	3	5–10	KG	2 min	Variation der Beinhaltung
Hantelstrecken im Liegen	S. 140	3	15	WM	2 min	ggf. wechselseitige Ausführung

Trainingsprogramm 9 für die Altersstufe A3 Adoleszenz mit der Leistungsstufe Fortgeschrittene

Die Trainingshäufigkeit des Übungsprogramms sollte bei drei Trainingseinheiten pro Woche liegen.

Übung	im Buch	Serien	WDH	Intensität	Pausen	Anmerkungen
Unterarmstütz (V 3)	S. 140	5	10	WM	3 min	diagonaler Wechsel
Langhanteldrücken im Stand	S. 167	5	5	WM	3 min	Oberkörper aktiv stabilisieren
Tiefe Frontal-Kniebeuge	S. 206	5	5	WM	3 min	Oberkörper stabil halten
Bankdrücken	S. 177	5	5	WM	3 min	gleichseitige Ausführung
Kreuzheben	S. 142	5	5	WM	3 min	Knie bis 90 Grad beugen
Wadenheben im Stand mit Erhöhung	S. 212	3	10	KG	2 min	Rumpf stabil
Klimmzüge	S. 185	3	15	WM	2 min	ggf. mit Zusatzgewicht

Vorlage eigene Trainingsprogramme

Name

Trainingsplan gültig von bis (Datum eintragen)

Trainingsschwerpunkt (Kraftausdauer, Hypertrophie, Maximalkraft)

Übung	Serien	WDH	Intensität	Pausen	Anmerkungen

Indexverzeichnis

A
Abwärmen 227, 232–233
Alter
 biologisches 25, 35, 37–40, 47, 227, 230
 chronologisches 38–39
Anpassungseffekte
 Anaboles System 19, 49, 67, 69, 74
 Muskulatur 26, 31, 36, 67, 235
 Neuromuskuläres System 26, 67–68, 70, 75–77, 230–233
Aufsicht und Anleitung 21, 33, 60, 97, 105–107, 234
Aufwärmen 33, 232–233

B
Begrifflichkeiten Krafttraining 23, 25, 29–30
Belastungsdauer 27, 30, 34, 61
Belastungsdichte 27, 30, 232
Belastungsintensität 21, 27, 28, 29, 30, 55
Belastungsnormativa 27, 61, 102, 110–111
Belastungsumfang 28, 30, 71, 79, 81, 109
Bestimmung biologischer Reifegrad 39–40
Borgskala 35, 36

D
Dehnen und Krafttraining 34, 233

E
Entwicklungsstufen 43–44, 56
Erlernen Trainingsübungen 113, 233

F
Freie Hanteln 26, 49, 62, 85, 95, 120–122

K
Klassifikation Krafttraining
 Bodybuildingtraining 25, 30–31, 81, 91
 Gewichtheben 29–31, 79, 82, 88, 90–92, 95–96
 Kraftdreikampf 25, 29–31, 88
Krafttraining im Kindes- und Jugendalter 13–32, 37, 40, 43–45, 48–49, 51, 53–68, 71–72, 74–79, 81–91, 93–95, 97–115, 228, 230–234
Körpergewicht als adäquater Trainingsstimulus 25–28
Krafttrainingsmaschinen/-geräte 26, 59, 62, 112, 170

L
Leistungsstufen
 Beginner 227–228, 230–231, 235, 238, 241

Indexverzeichnis

Fortgeschrittene 111, 227–228, 231, 237, 240, 243
Geübte 227–228, 236, 239, 242

M
Motorische Entwicklung
Frühes Schulkindalter 37–38, 42–44
Jugendalter 13, 15, 25, 39–41, 46, 49, 67, 80, 85, 95, 99, 103, 115
Spätes Schulkindalter 37–39, 44, 48
Motorische Grundeigenschaft Kraft 29
Motorisches Entwicklungsmodell 40–41
Muskelarbeitsweise 28, 29, 31, 109, 111, 119
Muskelversagen 31, 233
Muskuläre Anpassung im Kindes- und Jugendalter 46

O
OMNI-Resistance Exercise Scale 35, 36

P
Pädagogische Hinweise 105, 107–108
Periodisierung 31, 92, 109. 111, 113
Plastizitätsbetrachtung 46–47

T
Test
1-RM 32–35, 42, 53, 59–60, 63, 68, 72, 77, 108, 110–111, 231
6-RM 34, 60–61, 104
X-RM 32, 35, 53, 63, 111, 231

Trainierbarkeit 37, 38, 39, 40, 45-46. 47, 49, 65, 69, 76
Trainingshäufigkeit 31, 55, 61, 62, 91, 109. 110
Trainingsparameter gesundheitsorientiertes Krafttraining 110–111

U
Übungsausführung/Übungstechnik 33, 77, 109, 120-122, 227, 229

V
Verletzungsraten/Unfallzahlen 20, 62, 88–97

Übungsverzeichnis

Übungen Arm-, Rücken- und Brustmuskulatur
Bankdrücken 177
Butterfly an der Maschine 170
Butterfly mit Kurzhanteln 171
Frontdrücken an der Multipresse 184
Hantelüberzüge 175
Klimmzüge 185
Kurzhanteldrücken 173
Latziehen 186
Nackendrücken an der Multipresse 183
Schrägbankdrücken an der Multipresse 180
Seitheben 182
Überkopfstrecken mit SZ-Hantel 187

Übungen Armmuskulatur
Armbeugen mit SZ-Hantel 156
Armstrecken (Trizeps) 158
Armstrecken am Zugseil 161
Bank-Dips 159
Hammercul 155
Kick-Backs 157
SZ-Handgelenk-Beugen 162
SZ-Handgelenk-Strecken 163

Übungen Bauchmuskulatur
Bauchübung am Zuggerät 131
Bein-/Beckenheben 126
Beinheben im Hang 132
Brücke 137
Crunch am Seitpferd 133
Crunches schräg 127
Käfer (Bauchpendel) 128
Medizinballstoßen aus der Rückenlage 130
Seitliches Übergeben des Medizinballs 129

Übungen Bein- und Gesäßmuskulatur
Ausfallschritt-Kniebeuge 198
Beinbeugen sitzend in der Maschine 208
Beinpresse horizontal 209
Beinstrecken in der Maschine 207
Halbe Kniebeuge 202
Tiefe Frontal-Kniebeuge 206
Wadenheben im Stand 211
Wadenheben im Stand mit Erhöhung 212
Wadenheben sitzend in der Maschine 210

Übungsverzeichnis

Übungen mit dem Gymnastikband
Armcurl mit Gymnastikband 220
Bauchmuskelübung 213
Brustübung 221
Butterfly 222
Rücken- und Schulterübung 1 214
Rücken- und Schulterübung 2 218
Rücken- und Schulterübung 3 219
Schulter- und Nackenübung 216

Übungen Rücken- und Rumpfmuskulatur
Beinheben in Bauchlage 146
Butterfly reverse im Liegen 141
Butterfly reverse in der Rückenstation 150
Diagonales Arm-Beinstrecken 153
Hantelstrecken im Liegen 140
Kreuzheben 142
Rückenstrecken an der schrägen Rückenstation 149
Rückenstrecken in der Maschine 148
Rumpf und Beine anheben 152
Rumpfanheben 151
Schulterbrücke 145
Seitstütz 143

Übungen Rumpf-, Oberkörper- und Armmuskulatur
Brustpresse 190
Kurzhantelheben seitlich 196
Rudern horizontal (Zugturm) 188
Zug frontal 192
Zug horizontal (Rudermaschine) 189
Zug im Liegen 195
Zug im Sitz 194

Übungen Schultermuskulatur
Armstrecken mit Kurzhanteln 168
Kurzhantelziehen 169
Langhanteldrücken im Stand 167
Power-Zug 166

Literatur

Abadie, B. R., Altorfer, G. L. & Schuler, P. B. (1999). Does a regression equation to predict maximal strength in untrained lifters remain valid when the subjects are technique trained? *Journal of Strength and Conditioning Research, 13* (3), 259–263.

Abe, T., DeHoyos, D. V., Pollock, M. L. & Garzarella, L. (2000). Time course for strength and muscle thickness changes following upper and lower body resistance training in men and women. *European Journal of Applied Physiology, 81* (3), 174–180.

American Academy of Pediatrics (1983). Weight training and weight lifting: information for the paediatrician. *The Physician and Sportsmedicine, 11* (3), 157–161.

American Academy of Pediatrics (2001). Policy statement: Strength training by children and adolescents. *Pediatrics, 107* (6), 1470–1472.

American Academy of Pediatrics (2008). Strength training by children and adolescents. *Pediatrics, 121* (4), 835–840.

American College of Sports Medicine (2002). Strength training in children and adolescents. Letzter Zugriff am 11.01.2009 unter *http://www.acsm.org,*

Australian Strength and Conditioning Association (2007). Resistance training for children and youth: a position stand from the Australian Strength and Conditioning Association. Letzter Zugriff am 22.02.2011 unter *http://www.strengthandconditioning.org.*

Baechle, R. T. & Earle, R. W. (Eds.) (2000). *Essentials of strength training and conditioning.* Champaign, Illinois: Human Kinetics.

Baltes, P. B. (1990). Entwicklungspsychologie der Lebensspanne: Theoretische Leitsätze. *Psychologische Rundschau, 41*, 1–24.

Baschta, M. & Thienes, G. (2010). Training im Schulsport nach dem subjektiven Belastungsempfinden. *Sportunterricht, 59* (10), 290–295.

Bauer, G., Carson, G., Tziallas, M., Westcott, W. L. & Faigenbaum, A. D. (1999). One repetition maximum strength testing in 5 to 11 year old children. *Medicine and Science in Sports and Exercise, 31* (5), Supp. 223.

Baur, J. & Burrmann, U. (2009). Motorische Entwicklung in sozialen Kontexten. In J. Baur, K. Bös, A. Conzelmann & R. Singer (Ed.), *Handbuch Motorische Entwicklung* (S. 87–112). Schorndorf: Hofmann.

Baur, J. (1989). *Körper- und Bewegungskarrieren. Dialektische Analysen zur Entwicklung von Körper und Bewegung im Kindes- und Jugendalter*. Schorndorf: Hofmann.

Baur, J., Bös, K., Conzelmann, A. & Singer, R. (2009). *Handbuch Motorische Entwicklung*. Schorndorf: Hofmann.

Behm, D. G., Young, J. D., Whitten, J. H. D., Reid, J. C., Quigley, P. J., Low, J., Li, Y., Lima, C. D., Hodgson, D. D., Chaouachi, A., Prieske, O. & Granacher, U. (2017). Effectiveness of traditional strength vs. power training on muscle strength, power and speed with youth: A systematic review and meta-analysis. *Frontiers in Physiology, 8* (423), 1–37.

Behringer, M., vom Heede, A. & Mester, J. (2010a). Der Einfluss von Krafttraining auf die Leistungsfähigkeit im Nachwuchssport. *Leistungssport, 40* (1), 5–13.

Behringer, M., vom Heede, A. & Mester, J. (2010b). *Krafttraining im Nachwuchsleistungssport unter besonderer Berücksichtigung von Diagnostik, Trainierbarkeit und Trainingsmethodik. Wissenschaftliche Expertise des BISp Band II*. Bonn: Bundesinstitut für Sportwissenschaft.

Benjamin, H. J. & Glow, K. M. (2003). Strength training for children and adolescents. *The Physician and Sportsmedicine, 31* (9), 1–9.

Benson, A. C., Torode, M. E. & Fiatarone, S., M. A. (2007). A rationale and method for high-intensity progressive resistance training with children and adolescents. *Contemp Clinical Trials, 28* (4), 442–450.

Bilcheck, H. M. (1989). Epiphyseal injuries in young athletes. *National Strength and Conditioning Association Journal, 11* (5), 60–65.

Blank, M. (2007). *Dimensionen und Determinanten der Trainierbarkeit konditioneller Fähigkeiten.* Hamburg: Czwalina Verlag.

Blanskby, B. & Gregor, J. (1981). Antropometric, strength and physiological changes in male and female swimmers with progressive resistance training. *Australian Journal of Sports Science, 1,* 3–6.

Blimkie, C. J. R. (1992). Resistance training during pre- and early puberty: efficacy, trainability, mechanisms, and persistence. *Canadian Journal of Sports Science, 17* (4), 264–279.

Blimkie, C. J. R. (1993). Resistance training during preadolescence: issues and controversies. *Sports Medicine, 15* (6), 389–407.

Bloemers, F., Collard, D., Paw, M. C. A., Van Mechelen, W., Twisk, J. & Verhagen, E. (2012). Physical inactivity is a risk factor for physical activity-related injuries in children. *British Journal of Sports Medicine, 46* (9), 669–674.

Blundell, S. W., Shepherd, R. B., Dean, C. M., Adams, R. D. & Cahill, B. M. (2003). Functional strength training in cerebral palsy: a pilot study of a group circuit training class for children aged 4–8 years. *Clinical Rehabilitation, 17* (1), 48–57.

Bompa, T. O. & Carrera, M. (2015). *Conditioning young athletes.* Champaign, Illinois: Human Kinetics.

Borg, G. (1985). Psychophysical studies of effort and exertion: some historical, theoretical and empirical aspects. In G. Borg & D. Ottoson (Ed.), *The perception of exertion in physical work* (p. 3–12). Basingstroke: Macmillan.

Bortz, J. & Döring, N. (1995). *Forschungsmethoden und Evaluation für Sozialwissenschaftler.* Berlin, Heidelberg u. a.: Springer.

Bös, K. (Hrsg.) (2001). *Handbuch Motorische Tests.* Göttingen, Bern, Toronto: Hogrefe.

Braith, R. W., Graves, J. E., Leggett, S. H. & Pollock, M. L. (1993). Effect of training on the relationship between maximal and submaximal strength. *Medicine and Science in Sports and Exercise, 25* (1), 132–138.

Brown, E. W. & Kimball, R. G. (1983). Medical history associated with adolescent powerlifting. *Pediatrics, 72* (5), 636–644.

Browne, G. J. & Lam, L. T. (2006). Concussive head injury in children and adoslescents related to sport and other leisure physikal activities. *British Journal of Sports Medicine, 40,* 163–168.

Brüggemann, G.-P. & Krahl, H. (2000). *Belastungen und Risiken im weiblichen Kunstturnen. Teil 1: Aus Sicht von Biomechanik und Sportmedizin.* Schorndorf: Hofmann.

Bührle, M. (1985). Dimensionen des Kraftverhaltens und ihre spezifischen Trainingsmethoden. In M. H. Bührle, *Grundlagen des Maximal- und Schnellkrafttrainings* (S. 82–111). Schorndorf: Hofmann.

Bührle, M. (1989). Maximalkraft – Schnellkraft – Reaktivkraft. Kraftkomponenten und ihre dimensionale Struktur. *Sportwissenschaft, 19* (3), 311–325.

Bundesinstitut für Sportwissenschaft (2008). *Krafttraining im Nachwuchsleistungssport. Workshop-Reihe „Theorie trifft Praxis" 2007.* Leipzig: Leipziger Verlagsgesellschaft.

Bundonis, J. (2007). Pediatric strength training. *Rehabilitation Management, 20* (3), 22–24.

Burrows, M. (2007). Exercise and bone mineral accrual in children and adolescents. *Journal of Sports Science and Medicine, 6* (3), 305–312.

Büsch, D., Prieske, O., Kriemler, S., Puta, C., Gabriel, H. W. & Granacher, U. (2017). Krafttraining im Kindes- und Jugendalter: Bedeutung, Wirkung und Handlungsempfehlungen. *Swiss Sports & Exercise Medicine, 65* (3), 34–42.

Caine, D., DiFiori, J. & Maffulli, N. (2006). Physeal injuries in children's and youth sports: reasons for concern? *British Journal of Sports Medicine, 40* (9), 749–760.

Calhoon, G. & Fry, A. C. (1999). Injury rates and profiles of elite competitive weightlifters. *Journal of Athletic Training, 34* (3), 232–238.

Campos, G. E., Luecke, T. J., Wendeln, H. K., Toma, K., Hagerman, F. C., Murray, T. F., Ragg, K. E., Ratamess, N. A., Kraemer, W. J. & Staron, R. S. (2002). Muscular adaptations in response to three different resistance-training regimens: specificity of repetition maximum training zones. *European Journal of Applied Physiology, 88,* 50–60.

Chilibeck, P. D., Calder, A. W., Sale, D. G. & Webber, C. E. (1998). A comparison of strength and muscle mass increases during resistance training in young women. *European Journal of Applied Physiology, 77* (1–2), 170–175.

Clark, E. M., Tobias, J. H., Murray, L. & Boreham, C. (2011). Children with low muscle strength are at an increased risk of fracture with exposure to exercise. *Journal of Musculoskeletal and Neuronal Interactions, 11* (2), 196–202.

Cohen, B., Millett, P. J., Mist, B., Laskey, M. A., Rushton, N. & (1995). Effect of exercise training programme on bone mineral density in novice college rowers. *British Journal of Sports Medicine, 29* (2), 85–88.

Collins, H., Fawkner, S., Booth, J. N. & Duncan, A. (2018). The effect of resistance training interventions on weight status in youth: a meta-analysis. *Sports medicine – open, 4* (41), 1–16.

Conley, M. S. & Rozenek, R. (2001). Health aspects of resistance exercise and training. *Strength and Conditioning Journal, 23* (6), 9–23.

Conroy, B. P., Kraemer, W. J., Maresh, C. M., Fleck, S. J., Stone, M. H., Fry, A. C., Miller, P. D., Dalsky, G. P. & (1993). Bone mineral density in elite junior Olympic weightlifters. *Medicine and Science and Sports and Exercise, 25* (10), 1103–1109.

Conzelmann, A. (1997). *Entwicklung konditioneller Fähigkeiten im Erwachsenenalter.* Schorndorf: Hofmann.

Conzelmann, A. (2009). Plastizität der Motorik im Lebenslauf. In J. Baur, K. Bös, A. Conzelmann & R. Singer (Ed.), *Handbuch Motorische Entwicklung* (S. 69–86). Schorndorf: Hofmann.

Crasselt, W. (1994). Somatische Entwicklung. In J. Baur, K. Bös, R. Singer (Hrsg.), *Motorische Entwicklung. Ein Handbuch* (S. 106–125). Schorndorf: Hofmann.

da Fontoura, A. S., Schneider, P. & Meyer, F. (2004). Effects of the muscular strength detraining in prepuberal boys. *Revista Brasileira de Medicina do Esporte, 10* (4), 285–288.

Darrah, J., Fan, J. S. W., Chen, L. C., Nunweiler, J. & Watkins, B. (1997). Review of the effects of progressive resisted muscle strengthening in children with cerebral palsy: a clinical consensus exercise. *Pediatric Physical Therapy, 9* (1), 12–17.

Daugs, R., Emrich, E. & Igel, C. (Hrsg.) (1998). *Kinder und Jugendliche im Leistungssport.* Beiträge des internationalen, interdisziplinären Symposiums „KinderLeistungen" vom 7. bis 10. November 1996 in Saarbrücken. Schorndorf: Hofmann.

Del Vecchio, A., Casolo, A., Negro, F., Scorcelletti, M., Bazzucchi, I., Enoka, R., Felici, F. & Farina, D. (2019). The increase in muscle force after 4 weeks of strength training is mediated by adaptations in motor unit recruitment and rate coding. *The Journal of Physiology, 597* (7), 1873–1887.

Diekmann, W. & Letzelter, M. (1987). Stabilität und Wiederholbarkeit von Trainingszuwachs durch Schnellkrafttraining im Grundschulalter. *Sportwissenschaft, 17* (3), 280–293.

Docherty, D., Wenger, H. A., Collis, M. L. & Quinney, H. A. (1987). The effects of variable speed resistance training on strength development in prepubertal boys. *Journal of Human Movement Studies, 13* (8), 377–382.

Dubben, H.-H. & Beck-Bornholdt, H.-P. (2004). *Unausgewogene Berichterstattung in der medizinischen Wissenschaft - publication bias.* Hamburg-Eppendorf: Institut für Allgemeinmedizin des Universitätsklinikums Hamburg-Eppendorf.

Dudziak, J. (1980). Einige Aspekte des Krafttrainings im Jugendalter. *Österreichische Leichtathletik, 9,* 21–23.

Ebada, K. & Krüger, A. (2004). Problem des Trainings von Gewichthebern im Kindes- und Jugendalter. *Leistungssport, 34* (4), 35–38.

Ehlenz, H., Grosser, M. & Zimmermann, E. (1998). *Krafttraining. Grundlagen, Methoden, Übungen, Leistungssteuerung, Trainingsprogramme.* München: BLV Sportwissen.

Emrich, E. (2006). Sportwissenschaft zwischen Autonomie und außerwissenschaftlichen Impulsen. *Sportwissenschaft, 36* (2), 151–170.

Faigenbaum, A. D. & McFarland, J. E. (2016). Resistance training for kids: right from the start. *ACSM's Health & Fitness Journal, 20* (5), 16–22.

Faigenbaum, A. D. & Myer, G. D. (2010). Resistance training among young athletes: safety, efficacy and injury prevention effects. *British Journal of Sports Medicine, 44* (1), 56–63.

Faigenbaum, A. D. & Westcott, W. L. (2000). *Strength and power for young athletes.* Champaign, Illinois: Human Kinetics.

Faigenbaum, A. D. (1993). Strength training: a guide for teachers and coaches. *National Strength and Conditioning Association Journal, 15* (5), 20–29.

Faigenbaum, A. D. (2007). State of the art reviews: resistance training for children and adolescents: are there health outcomes? *American Journal of Lifestyle Medicine, 1* (3), 190–200.

Faigenbaum, A. D., Bellucci, M., Bernieri, A., Bakker, B. & Hoorens, K. (2005). Acute effects on different warm-up protocols on fitness performance in children. *Journal of Strength and Conditioning Research, 19* (2), 376–381.

Faigenbaum, A. D., Corbin, C. B. & Pangrazi, R. P. (2003a). Youth resistance training. *Research Digest. President's council on physical fitness and sport, 4* (3), 1–8.

Faigenbaum, A. D., Kraemer, W. J., Blimkie, C. J. R., Jeffreys, I., Micheli, L. J., Nitka, M. & Rowland, T. W. (2009). Youth resistance training: Updated position statement paper from the National Strength and Conditioning Association. *Journal of Strength and Conditioning Research, 23* (4), 1–20.

Faigenbaum, A. D., Kraemer, W. J., Cahill, B., Chandler, J., Dziados, J., Elfrink, L. D., Forman, E., Gaudiose, M., Micheli, L., Nitka, M. & Roberts, S. (1996a). Youth resistance training: position statement paper and literature review. *Strength and Conditioning, 18* (6), 62–76.

Faigenbaum, A. D., Lloyd, R. & Myer, G. (2013). Youth resistance training: past practices, new perspectives, and future directions. *Pediatric Exercise Science, 25* (4), 591–604.

Faigenbaum, A. D., Loud, R. L., O´Connell, J., Glover, S., O´Connell, J. & Westcott, W. L. (2001). Effects of different resistance training protocols on upper-body strength and endurance development in children. *Journal of Strength and Conditioning Research, 15* (4), 459–465.

Faigenbaum, A. D., Milliken, L. A. & Westcott, W. L. (2003b). Maximal strength testing in healthy children. *Journal of Strength and Conditioning Research, 17* (1), 162–166.

Faigenbaum, A. D., Milliken, L. A., Loud, R. L., Burak, B. T., Doherty, C. L. & Westcott, W. L. (2002). Camparison of 1 and 2 days per week of strength training in children. *Research Quarterly for Exercise and Sport, 73,* 416–424.

Faigenbaum, A. D., Westcott, W. L., Loud, R. L. & Long, C. (1999). The effects of different resistance training protocols on muscular strength and endurance development in children. *Pediatrics, 104* (1), 1–7.

Faigenbaum, A. D., Westcott, W. L., Micheli, L., Outerbridge, A. R., Long, C. J., LaRosa, L. R. & Zaichkowsky, L. D. (1996b). The effects of strength training and detraining on children. *Journal of Strength and Conditioning Research, 10* (2), 109–114.

Faigenbaum, A. D., Zaichkowsky, L. D., Westcott, W. L., Long, C. J., LaRosa-Loud, R., Micheli, L. J. & Outerbridge, A. R. (1997). Psychological effects of strength training in children. *Journal of Sport Behavior, 20* (2), 164–175.

Falk, B. & Tenenbaum, G. (1996). The effectiveness of resistance training in children. A meta-analysis. *Sports Medicine, 22* (3), 176–186.

Falk, B., Sadres, E., Constantini, N., Zigel, L., Lidor, R. & Eliakim, A. (2002). The association between adiposity and the response to resistance training among pre- and early-pubertal boys. *Journal of Pediatric Endocrinoly Metabolim, 15* (5), 597–606.

Feigenbaum, M. S. & Pollock, M. L. (1999). Prescription of resistance training for health and disease. *Medicine and Science in Sports and Exercise, 31* (1), 38–45.

Fink, W. J. & Costill, D. L. (1995). Skeletal muscle structure and function. In P. J. Maud & C. Foster, *Physiological assessment of human fitness* (pp. 139–165). Champaign, Illinois: Human Kinetics.

Fleck, S. J. & Kraemer, W. J. (1997). *Designing resistance training programs*. Champaign, Illinois: Human Kinetics.

Fleck, S. J. & Kraemer, W. J. (2014). *Designing resistance training programs*. Champaign, Illinois: Human Kinetics.

Fleck, S. J. (2002). Periodization of training. In W. J. Kraemer, K. Häkkinen (Ed.), *Handbook of sports medicine and science. Strength training for sport* (pp. 55–68). Oxford u. a.: Blackwell Science Ltd.

Fowler, E. G., Ho, T. W., Nwigwe, A. I. & Dorey, F. J. (2001). The effect of quadriceps femoris muscle strengthening exercises on spasticity in children with cerebral palsy. *Physical Therapy, 81* (6), 1215–1223.

Freiwald, J. (2005). Krafttraining mit Kindern und Jugendlichen. *Sportorthopädie Sporttraumatologie, 21*, 269–275.

Freiwald, J., & Greiwing, A. (2016). *Optimales Krafttraining*. Balingen: Spitta Verlag.

Frey, G. (1981). *Training im Schulsport*. Schorndorf: Hofmann.

Friedrich, W. (2006). Ausdauertraining und sanftes Krafttraining nach dem subjektiven Belastungsempfinden. *Sportunterricht, 55* (1), 7–9.

Fröhlich, M. & Marschall, F. (2001). Entwicklung eines Verfahrens zur Bestimmung der isometrischen und konzentrischen Maximalkraft. In H.-A. Thorhauer, K. Carl, U. Türck-Noack (Hrsg.), *Muskel-Ermüdung. Forschungsansätze in der Trainingswissenschaft* (S. 119–125). Köln: Sport und Buch Strauß.

Fröhlich, M. & Schmidtbleicher, D. (2008). Trainingshäufigkeit im Krafttraining – ein metaanalytischer Zugang. *Deutsche Zeitschrift für Sportmedizin, 59* (2), 4–12.

Fröhlich, M. (2003). *Kraftausdauertraining. Eine empirische Studie zur Methodik*. Göttingen: Cuvillier Verlag.

Fröhlich, M. (2006). Zur Effizienz des Einsatz- vs. Mehrsatz-Trainings. Eine metaanalytische Betrachtung. *Sportwissenschaft, 36* (3), 269–291.

Fröhlich, M. (2014). Krafttraining. In H.-D. Kempf (Hrsg.), *Funktionelles Training mit Hand- und Kleingeräten. Das Praxisbuch* (S. 3–12). Heidelberg: Springer.

Fröhlich, M., Emrich, E. & Schmidtbleicher, D. (2010). Outcome effects of single-set versus multiple-set training – an advanced replication study. *Research in Sports Medicine, 18* (3), 157–175.

Fröhlich, M., Gießing, J., Schmidtbleicher, D. & Emrich, E. (2007a). Intensitätstechnik Vor- und Nachermüdung im Muskelaufbautraining – ein explorativer Ansatz. *Deutsche Zeitschrift für Sportmedizin, 58* (1), 25–30.

Fröhlich, M., Klein, M., Pieter, A., Frenger, M. & Emrich, E. (2011). Trainingseffekte vs. motorische Entwicklung – Zur Veränderung der sportmotorischen Testleistung im Setting Schule. *Leipziger Sportwissenschaftliche Beiträge, 52* (1), 94–119.

Fröhlich, M., Schmidtbleicher, D. & Emrich, E. (2002a). Belastungssteuerung im Muskelaufbautraining – Belastungsnormativ Intensität versus Wiederholungszahl. *Deutsche Zeitschrift für Sportmedizin, 53* (3), 79–83.

Fröhlich, M., Schmidtbleicher, D. & Emrich, E. (2002b). Intensität und Wiederholungszahl als Steuerungsparameter im Krafttraining – State of the art. *Zeitschrift für Physiotherapeuten, 54* (5), 745–750.

Fröhlich, M., Schmidtbleicher, D. & Emrich, E. (2007b). Vergleich zwischen zwei und drei Krafttrainingseinheiten pro Woche – ein metaanalytischer Zugang. *Spectrum der Sportwissenschaften, 19* (2), 6–21.

Fröhlich, M., Schmidtbleicher, D., Emrich, E. & Coen, B. (2003). Metabolische und kardiovaskuläre Beanspruchung bei spezifisch trainierten und untrainierten Männern im Kraftausdauertraining. *Deutsche Zeitschrift für Sportmedizin, 54* (12), 355–360.

Fröhner, G. & Tronick, W. (2007). Prophylaxe von Verletzungen und Fehlbelastungen durch Belastbarkeitssicherung im Nachwuchsleistungssport. *Leistungssport, 37* (1), 11–17.

Fröhner, G. (1993). *Die Belastbarkeit als zentrale Größe im Nachwuchstraining.* Münster: Philippka-Verlag.

Fry, A. C. & Newton, R. U. (2002). A brief history of strength training and basic principles and concepts. In W. J. Kraemer & K. Häkkinen (Ed.), *Handbook of sports medicine and science. Strength training for sport* (pp. 1–19). Oxford u. a.: Blackwell Science Ltd.

Fry, A. C. & Schilling, B. K. (2002). Weightlifting training and hormonal response in adolescent males: implications for program design. *Strength and Conditioning Journal, 24* (5), 7–12.

Fry, A. C. (1998). Trainability of junior weightlifters: hormonal adaptation to weightlifting training in juniors. In K. Häkkinen (Eds.), *International conference on weightlifting and strength training* (pp. 113–118). Lathi, Finland: Gummerus Printing.

Fry, A. C., Häkkinen, K. & Fleck, S. J. (2002). Special considerations in strength training. In W. J. Kraemer & K. Häkkinen (Ed.), *Handbook of sports medicine and science. Strength training for sport* (pp. 135–162). Oxford u. a.: Blackwell Science Ltd.

Gießing, J. & Fröhlich, M. (2008). A second look at the effectiveness and safety of strength training in children and adolescents. In J. Gießing & M. Fröhlich (Eds.), *Current results of strength training research. A multi-perspective approach* (pp. 119–127). Göttingen: Cuvillier Verlag.

Gießing, J. & Hildenbrandt, E. (2005). Bodybuilding: Körperbau und Muskelschau. *Sportwissenschaft, 35* (2), 139–151.

Gießing, J. (2005). Gesundheitsorientiertes Muskelkrafttraining im Schulsport. Pädagogische Aspekte eines Muskeltrainings im Schulsport. *Sportunterricht, 54* (2), 47–50.

Gießing, J. (2006). Gesundheitsorientiertes Muskelkrafttraining bei Kindern und Jugendlichen – Ein altersgemäßes Konzept, auch für den Schulsport. *Sport Praxis, 47* (2), 4–8.

Going, S. B., Massey, B. H., Hoshizaki, T. B. & Lohmann, T. G. (1987). Maximal voluntary static force production characteristics of skeletal muscle in children 8–11 years of age. *Research Quarterly, 58* (2), 115–123.

Gotsch, K., Annest, J. L. & Holmgreen, P. (2002). Nonfatal sports- and recreation-related injuries treated in emergency departments united states, july 2000–june 2001. *Journal of the American Medical Association, 288* (16), 1977–1979.

Gottlob, A. (2001). *Differenziertes Krafttraining mit Schwerpunkt Wirbelsäule.* München, Jena: Urban & Fischer.

Granacher, U., Goesele, A., Roggo, K., Wischer, T., Fischer, S., Zuerny, C., Gollhofer, A. & Kriemler, S. (2011). Effects and mechanisms of strength training in children. *International Journal of Sports Medicine, 32* (5), 357–364.

Granacher, U., Lesinski, M., Büsch, D., Muehlbauer, T., Prieske, O., Puta, C., Gollhofer, A., Behm, D. G. (2016). Effects of resistance training in youth athletes on muscular fitness and athletic performance: a conceptual model for long-term athlete development. *Frontiers in Physiology, 7* (164).

Granacher, U., Puta, C., Gabriel, H. H. W., Behm, D. G. & Arampatzis, A. (2018). Editorial: Neuromuscular training and adaptations in youth athletes. *Frontiers in Physiology, 9* (1264).

Grosser, M., Starischka, S. & Zimmermann, E. (2008). *Das neue Konditionstraining. Sportwissenschaftliche Grundlagen, Leistungssteuerung und Trainingsmethoden, Übungen und Trainingsprogramme.* München: BLV Sportwissenschaft.

Güllich, A. & Schmidtbleicher, D. (1999). Struktur der Kraftfähigkeiten und ihrer Trainingsmethoden. *Deutsche Zeitschrift für Sportmedizin, 50* (7 + 8), 223–234.

Guy, J. A. & Micheli, L. J. (2001). Strength training for children and adolescents. *Journal of the American Academy of Orthodaedic Surgeons, 9* (1), 29–36.

Häkkinen, K., Alen, M., Kallinen, M., Newton, R. U. & Kraemer, W. J. (2000). Neuromuscular adaptation during prolonged strength training, detraining and re-strength-training in middle-aged and elderly people. *European Journal of Applied Physiology, 83* (1), 51–62.

Häkkinen, K., Pakarinen, A., Newton, R. U. & Kraemer, W. J. (1998). Acute hormone responses to heavy resistance lower and upper extremity exercise in young versus old men. *European Journal of Applied Physiology, 77* (4), 312–319.

Hamill, B. P. (1994). Relative safety of weightlifting and weight training. *Journal of Strength and Conditioning Research, 8* (1), 53–57.

Harre, D. (1986). *Trainingslehre: Einführung in die Theorie und Methodik des sportlichen Trainings*. Berlin: Sportverlag.

Hartmann, U., Platen, P., Niessen, M., Mank, D., Marzin, T., Bartmus, U. & Hawener, I. (2010). *Krafttraining im Nachwuchsleistungssport unter besonderer Berücksichtigung von Ontogenese, biologischen Mechanismen und Terminologie. Wissenschaftliche Expertise des BISp Band I.* Bonn: Bundesinstitut für Sportwissenschaft.

Hefti, F. (2006). *Kinderorthopädie in der Praxis*. Heidelberg: Springer Verlag.

Helms, P. J. (1997). Sports injuries in children: should we be concerned? *Archieves of Diseases in Childhood, 77,* 161–163.

Hoffman, J. R. & Kang, R. (2001). Effect of recreational sport participation on components of athletic performance in prepubescent children. *Medicine and Science in Sports and Exercise, 33* (5), Supp. 209.

Hohmann, A., Lames, M. & Letzelter, M. (2002). *Einführung in die Trainingswissenschaft*. Wiebelsheim: Limpert.

Hollmann, W. & Hettinger, T. (1990). *Sportmedizin – Arbeits- und Trainingsgrundlagen*. Stuttgart, New York: Schattauer.

Hootman, J. M., Dick, R. & Agel, J. (2007). Epidemiology of collegiate injuries for 15 sports: summary and recommendations for injury prevention initiatives. *Journal of Athletic Training, 42* (2), 311–319.

Huber, G. & Köppel, M. (2017). Analysis of sedentary times of children and adolescents between 4 and 20 years. *Deutsche Zeitschrift für Sportmedizin, 67* (4), 101–106.

Hunter, G. R., Bamman, M. M. & Hester, D. (2000). Obesity-prone children can benefit from high-intensity exercise. *Strength and Conditioning Journal, 22* (1), 51–54.

Israel, S. (1992). Age-related changes in strength and special groups. In P. V. Komi, *Strength and Power in Sport* (pp. 319–328). Oxford: Blackwell Scientific Publications.

Jones, C. S., Christensen, C. & Young, M. (2000). Weight training injury trends. *The Physician and Sportsmedicine, 28* (7), 1–7.

Kauhanen, H. (1998). Trainability of junior weightlifters: neuromuscular adaptation and weightlifting performance in juniors. In K. Häkkinen (Eds.), *International conference on weightlifting and strength training* (pp. 107–112). Lathi, Finland: Gummerus Printing.

Kemmler, W., von Stengel, S., Weineck, J. & Engelke, K. (2003). Empfehlungen für ein körperliches Training zur Verbesserung der Knochenfestigkeit: Schlussfolgerungen aus Tiermodellen und Untersuchungen an Leistungssportlern. *Deutsche Zeitschrift für Sportmedizin, 54* (11), 306–316.

Kempf, H.-D. & Fischer, J. (2003): *Rückenschule für Kinder.* Reinbek: Rowohlt Verlag.

Killing, W. (2008). Besonderheiten im Training von Frauen. *Leistungssport, 38* (1), 6–12.

Kirsten, G. (1963). Der Einfluss isometrischen Muskeltrainings auf die Entwicklung der Muskelkraft Jugendlicher. *Internationale Zeitschrift für Physiologie einschließlich Arbeitsphysiologie, 19,* 387–402.

Komi, P. V. (Hrsg.) (1994). *Kraft und Schnellkraft im Sport.* Köln: Deutscher Ärzte-Verlag.

Kraemer, W. J. & Fleck, S. J. (2005). *Strength training for youth athletes. safe and effective exercise for performance.* Champaign, Illinois: Human Kinetics.

Kraemer, W. J. (1992). Endocrine responses and adaptations to strength training. In P. V. Komi, *Strength and Power in Sport* (pp. 291–304). Oxford: Blackwell Scientific Publications.

Kraemer, W. J., Adams, K., Cafarelli, E., Dudley, G. A., Dooly, C., Feigenbaum, M. S., Fleck, S. J., Franklin, B., Fry, A. C., R., H. J., Newton, R. U., Jeffrey, P., Stone, M. H., Ratamess, N. A. & Triplett-McBride, T. (2002). Position stand on progression models in resistance training for healthy adults. *Medicine and Science in Sports and Exercise, 34* (2), 364–380.

Kraemer, W. J., Häkkinen, K., Newton, R. U., McCormick, M., Nindl, B. C., Volek, J. S., Gotshalk, L. A., Fleck, S. J., Campbell, W. W., Gordon, S. E., Farrell, P. A. & Evans, W. J. (1998a). Acute hormonal response to heavy resistance exersice in younger and older men. *European Journal of Applied Physiology, 77,* 206–211.

Kraemer, W. J., Häkkinen, K., Newton, R. U., Nindl, B. C., Volek, J. S., McCormick, M., Gotshalk, L. A., Gordon, S. E., Fleck, S. J., Campbell, W. W., Putukian, M. & Evans, W. J. (1999). Effects of heavy-resistance training on hormonal response patterns in younger vs. older men. *Journal of Applied Physiology, 87* (3), 982–992.

Kraemer, W. J., Volek, J., S. & Fleck, S., J. (1998b). Chronic musculoskeletal adaptations to resistance training. In American College of Sports Medicine, *ACSM'S Resource manual for guidelines for exercise testing and prescription* (pp. 174–181). Baltimore, Philadelphia u. a.: Williams & Wilkins.

Krämer, J., Wilcke A. & Krämer, R. (2005). *Wirbelsäule und Sport.* Köln: Deutscher Ärzte-Verlag.

Kuhn, T. S. (1976). *Die Struktur wissenschaftlicher Revolution.* Frankfurt/ Main: Suhrkamp.

Larsson, L. & Tesch, P. A. (1986). Motor unit fibre density in extremely hypertrophied skeletal muscles in man: Electrophysiological signs of muscle fibre hyperplasia. *European Journal of Applied Physiology, 55,* 130–136.

LeMura, L. M. & Maziekas, M. T. (2002). Factors that alter body fat, body mass, and fat-free mass in pediatric obesity. *Medicine and Science in Sports and Exercise, 34* (3), 487–496.

Lesinski, M., Prieske, O. & Granacher, U. (2016). Effects and dose-response relationships of resistance training on physical performance in youth athletes: a systematic review and meta-analysis. *British Journal of Sports Medicine, 50* (13), 781–795.

Letzelter, M. & Letzelter, H. (1986). *Krafttraining. Theorie, Methoden, Praxis.* Reinbek: Rowohlt.

Letzelter, M. (1983). Zur Trainierbarkeit von Gewandtheit, Sprungkraft und Kraftausdauer im Sportunterricht. *Sportwissenschaft, 13* (1), 64–78.

Lin, H.-C. & Wuang, Y.-P. (2012). Strength and agility training in adolescents with Down syndrome: A randomized controlled trial. *Research in Developmental Disabilities, 33* (6), 2236–2244.

Lloyd, R. S. (2018). Das motorische Entwicklungsmodell nach Lloyd – Ein Update. *Leistungssport, 48* (5), 6–7.

Lloyd, R. S., Faigenbaum, A. D., Stone, M. H., Oliver, J. L., Jeffreys, I., Moody, J. A. et al. (2014). Position statement on youth resistance training: the 2014 International Consensus. *British Journal of Sports Medicine, 48* (7), 498–505.

Löllgen, H. (2004). Das Anstrengungsempfinden (RPE, Borg-Skala). *Deutsche Zeitschrift für Sportmedizin, 55* (11), 299–300.

Ludwig, O., Fröhlich, M. & Schmitt, E. (2016). Therapy of poor posture in adolescents: Sensorimotor training increases the effectiveness of strength training to reduce increased anterior pelvic tilt. *Cogent Medicine, 3* (1), 1262094.

Ludwig, O., Kelm, J. & Fröhlich, M. (2017). Effekte einer sportlichen Intervention auf die Haltungsentwicklung vom Jugend- zum Erwachsenenalter. *Sports Orthopaedics and Traumatology, 33* (1), 65–72.

Ludwig, O., Kelm, J., Hammes, A., Schmitt, E. & Fröhlich, M. (2018). Targeted athletic training improves the neuromuscular performance in terms of body posture from adolescence to adulthood – Long-term study over 6 years. *Frontiers in Physiology, 9* (1620).

MacDougall, J., Sale, D., Alway, S. E. & Sutton, J. R. (1984). Muscle fibre number in biceps brachii in body builders and control subjects. *Journal of Applied Physiology, 57,* 1399–1403.

Malina, R. M. (2006). Weight training in youth-growth, maturation, and safety: an evidence-based review. *Clinical Journal of Sport Medicine, 16* (6), 478–487.

Martin, D., Carl, K. & Lehnert, K. (1993). *Handbuch Trainingslehre.* Schorndorf: Hofmann.

Martin, D., Nicolaus, J., Ostrowski, C. & Rost, K. (1999). *Handbuch Kinder- und Jugendtraining.* Schorndorf: Hofmann.

Matos, N. & Winsley, R. J. (2007). Trainability of young athletes and overtraining. *Journal of Sports Science and Medicine, 6* (3), 353–367.

Mayer, F. (2007). Prävention von Beschwerden des Stütz- und Bewegungsapparates durch Krafttraining. In H.-H. Dickhuth, F. Mayer, K. Röcker & A. Berg (Hrsg.), *Sportmedizin für Ärzte* (S. 470–474). Köln: Deutscher Ärzte-Verlag.

Mayhew, J. L., Ball, T. E. & Arnold, M. D. (1989). Prediction of 1RM bench press from submaximal bench press performance in college males and females. *Journal of Applied Science Research, 3* (3), 73.

Mayhew, J. L., Hill, S. P., Thompson, M. D., Johnson, E. C. & Wheeler, L. (2007). Using absolute and relative muscle endurance to estimate maximal strength in youth athletes. *International Journal of Sports Physiology and Performance, 2* (3), 305–314.

Maziekas, M. T., LeMura, L. M., Stoddard, N. M., Kaercher, S. & Martucci, T. (2003). Follow up exercise studies in paediatric obesity: implications for long term effectiveness. *British Journal of Sports Medicine, 37* (5), 425–429.

Mazzeo, R. S., Cavanagh, P., Evans, W., Fiatarone, M., Hagberg, J., McAuley, E. & Startzell, J. (1998). Position stand on exercise and physical activity for older adults. *Medicine and Science in Sports and Exercise, 30* (6), 992–1008.

McGinnis, P. M. (1999). *Biomechanics of sport and exercise.* Champaign, Illinois: Human Kinetics.

Meeusen, R., Duclos, M., Gleeson, M., Rietjens, G., Steinacker, J. & Urhausen, A. (2006). Prevention, diagnosis and treatment of the overtraining syndrome. *European Journal of Sport Science, 6* (1), 1–14.

Mellerowicz, H., Matussek, J., Wilke, S., Leier, T. & Asamoah, V. (2000). Sportverletzungen und Sportschäden im Kindes- und Jugendalter – eine Übersicht. *Deutsche Zeitschrift für Sportmedizin, 51* (3), 78–84.

Menzi, C., Zahner, L. & Kriemler, S. (2007). Krafttraining im Kindes- und Jugendalter. *Schweizerische Zeitschrift für Sportmedizin und Sporttraumatologie, 55* (2), 38–44.

Mersch, F. (1987). *Maximalkraftveränderung im präpuberalen Kindesalter.* Berlin: Inaugural Dissertation.

Mirwald, R. L., Baxter-Jones, A. D., Bailey, D. A. & Beunen, G. P. (2002). An assessment of maturity from anthropometric measurements. *Medicine and Science in Sports and Exercise, 34* (4), 689–694.

Moher, D., Schulz, K. F. & Altman, D. G. (2001). The CONSORT statement: revised recommendations for improving the quality of reports of parallel-group randomised trails. *Lancet, 357* (April 14), 1191–1194.

Moreno, R. F. (1992). Strength and conditioning at the middle/junior high school level. *National Strength and Conditioning Association Journal, 14* (6), 53–54.

Moritani, T. (1992). Time course of adaptations during strength and power training. In P. V. Komi, *Strength and Power in Sport* (pp. 266–278). Oxford: Blackwell Scientific Publications.

Morton, J. F., Brownlee, M. & McFadyen, A. K. (2005). The effects of progressive resistance training for children with cerebral palsy. *Clinical Rehabilitation, 19* (3), 283–289.

Neumann, G. & Nehrer, S. (2006). Alters- und geschlechtsspezifische Aspekte der Sportmedizin. In M. Engelhardt (Hrsg.), *Sportverletzungen. Diagnose, Management und Begleitmaßnahmen* (S. 11–21). München, Jena: Urban & Fischer.

Niessen, M., Marzin, T. & Hartmann, U. (2010). Auswirkungen von Krafttraining bei Kindern und Jugendlichen auf Parameter von Kraft und sportmotorischer Leistung – eine meta-analytische Update-Betrachtung. *Leipziger Sportwissenschaftliche Beiträge, 51* (2), 110–124.

Oerter, R. & Montada, L. (Hrsg.) (2002). *Entwicklungspsychologie*. Weinheim, Basel, Berlin: Beltz Verlag.

Ondrak, K. S. & Morgan, D. W. (2007). Physical activity, calcium intake and bone health in children and adolescents. *Medicine and Science in Sports and Exercise, 37* (7), 587–600.

Ozmun, J. C., Mikesky, A. E. & Surburg, P. R. (1994). Neuromuscular adaptations following prepubescent strength training. *Medicine and Science in Sports and Exercise, 26* (4), 510–514.

Pate, R. R., Burgess, M. L., Woods, J. A., Ross, J. G. & Baumgartner, T. (1993). Validity of field tests of upper body muscular strength. *Research Quarterly for Exercise and Sport, 64* (1), 17–24.

Patikas, D., Wolf, S. I., Mund, K., Armbrust, P., Schuster, W. & Doderlein, L. (2006). Effects of a postoperative strength-training program on the walking ability of children with cerebral palsy: a randomized controlled trial. *Archives Physical Medicine Rehabilitation, 87* (5), 619–626.

Payne, V. G., Morrow, J. R., Johnson, L. & Dalton, S. N. (1997). Resistance training in children and youth: a meta-analysis. *Research Quarterly for Exercise and Sport, 68* (1), 80–88.

Perrig-Chiello, P., Perrig, W. J., Ehrsam, R., Staehelin, H. B. & Krings, F. (1998). The effect of resistance training on well-being and memory in elderly volunteers. *Age and Ageing, 27,* 469–475.

Peterson, L. & Renström, P. (2002). *Verletzungen im Sport. Prävention und Behandlung.* Köln: Deutscher Ärzte-Verlag.

Pettersson, U., Nordstrom, P., Lorentzon, R. & (1999). A comparison of bone mineral density and muscle strength in young male adults with different exercise level. *Calcified tissue international, 64* (6), 490–498.

Pfeiffer, R. & Francis, R. S. (1986). Effects of strength training on muscle developing in prepubescent, pubescent, and postpubescent males. *The Physician and Sportsmedicine, 14,* 134–143.

Pheng, L. C., Mohan, J. & Edward, R. (1998). Effects of strength training on the growth of preadolescent child. In K. Häkkinen (Eds.), *International conference on weightlifting and strength training* (pp. 251–254). Lathi, Finland: Gummerus Printing.

Pitton, P. M. (1992). The effects of resistance training on strength gains in prepubescent children. *National Strength and Conditioning Association Journal, 14* (2), 55–57.

Pohlmann, R. L. & Isaacs, L. D. (1998). Effects of resistance training on concentric isokinetic knee extension in prepubescent females. *Medicine and Science in Sports and Exercise, 30* (5), Supp. 842.

Prieske, O., Lesinski, M., Kriemler, S. & Granacher, U. (2016). Krafttraining im Kindes- und Jugendalter. Wirkungen, Anpassungsmechanismen und Empfehlungen. *Pädiatrie* (1), 4–10.

Pullinen, T., Mero, A., MacDonald, E., Pakarinen, A. & Komi, P. V. (1998). Plasma catecholamine and serum testosteron response to four units of resistance exercise in young and aldut male athletes. *European Journal of Applied Physiology, 77 (5)*, 413–420.

Rahn, B. A. (1985). Knochengewebe. In J. Staubesand (Hrsg.), *Makroskopische und mikroskopische Anatomie des Menschen. 1. Band: Cytologie, Histologie, allgemeine Anatomie und Anatomie des Bewegungsapparates* (S. 139–153). München, Wien, Baltimore: Urban & Schwarzenberg.

Ramsay, J., Blimkie, C., Smith, K., Garner, S., MacDougall, J. & Sale, D. (1990). Strength training effects in prepubescent boys. *Medicine and Science and Sports and Exercise, 22* (5), 605–614.

Risser, W. L., Risser, J. M. & Preston, D. (1990). Weight-training injuries in adolescents. *American Journal of Diseases of Children, 144* (9), 1015–1017.

Robertson, R. J., Goss, F. L., Rutkowski, J., Lenz, B., Dixon, C., Timmer, J., Frazee, K., Dube, J. & Andreacci, J. (2003). Concurrent validation of the OMNI perceived exertion scale for resistance exercise. *Medicine and Science in Sports and Exercise, 35* (2), 333–341.

Roth, K. & Roth, C. (2009a). Entwicklung koordinativer Fähigkeiten. In J. Baur, K. Bös, A. Conzelmann & R. Singer (Ed.), *Handbuch Motorische Entwicklung* (S. 197–225). Schorndorf: Hofmann.

Roth, K. & Roth, C. (2009b). Entwicklung koordinativer Fertigkeiten. In J. Baur, K. Bös, A. Conzelmann & R. Singer (Ed.), *Handbuch Motorische Entwicklung* (S. 227–247). Schorndorf: Hofmann.

Rutherford, O. M. & Jones, D. A. (1986). The role of learning and coordination in strength training. *European Journal of Applied Physiology, 55 (1)*, 100–105.

Ryan, A. S., Ivey, F. M., Hurlbut, D. E., Martel, G. F., Lemmer, J. T., Sorkin, J. D., Metter, E. J., Fleg, J. L., Hurley, B. F. & (2004). Regional bone mineral density after resistive training in young and older men and women. *Scandinavian Journal of Medicine and Science in Sports, 14* (1), 16–23.

Sailors, M. & Berg, K. (1987). Comparison of responses to weight training in pubescent boys and men. *Journal of Sports Medicine, 27 (1)*, 30–36.

Sale, D. G. (1988). Neural adaptation to resistance training. *Medicine and Science in Sports and Exercise, 20* (5), 135–145.

Sale, D. G. (1992). Neural adaptation to strength training. In P. V. Komi, *Strength and Power in Sport* (pp. 249–265). Oxford: Blackwell Scientific Publications.

San Juan, A. F., Fleck, S. J., Chamorro-Vina, C., Mate-Munoz, J. L., Moral, S., Garcia-Castro, J., Ramirez, M., Madero, L. & Lucia, A. (2007). Early-phase adaptations to intrahospital training in strength and functional mobility of children with leukemia. *Journal of Strength and Conditioning Research, 21* (1), 173–177.

Sarris, V. (1992). *Methodologische Grundlagen der Experimentalpsychologie: Bd. 2 Versuchsplanung und Stadien des psychologischen Experiments*. München, Basel: Ernst Reinhardt.

Schafer, J. (1991). Prepubescent and adolescent weight training: Is it safe? Is it beneficial? *National Strength and Conditioning Association Journal, 13* (1), 39–46.

Scheid, V. (1994). Motorische Entwicklung in der mittleren Kindheit. Vom Schuleintritt bis zum Beginn der Pubertät. In J. Baur, K. Bös, R. Singer (Hrsg.), *Motorische Entwicklung* (S. 276–290). Schorndorf: Hofmann.

Schmidtbleicher, D. & Bührle, M. (1987). Neuronal adaptation and increase of cross-sectional area studying different strength training methods. *International Series in Biomechanics, 10,* 615–620.

Schmidtbleicher, D. (1980). *Maximalkraft und Bewegungsschnelligkeit*. Bad Homburg: Limpert.

Schmidtbleicher, D. (1987). Motorische Beanspruchungsform Kraft. *Deutsche Zeitschrift für Sportmedizin, 38* (9), 356–377.

Schmidtbleicher, D. (1994). Entwicklung der Kraft und der Schnelligkeit. In J. Baur, K. Bös & R. Singer (Hrsg.), *Motorische Entwicklung* (S. 129–150). Schorndorf: Hofmann.

Schmidtbleicher, D. (2003). Motorische Eigenschaft Kraft: Struktur, Komponenten, Anpassungserscheinungen, Trainingsmethoden und Periodisierung. In W. Fritsch (Hrsg), *Rudern – erfahren, erkunden, erforschen* (S. 15–40). Gießen: Sport Media Verlag.

Schmidtbleicher, D., Hartmann, H., Dalic, J., Klusemann, M., Matuscheck, C. & Wirth, K. (2009). Vergleich unterschiedlicher Kniebeugentechniken zur Entwicklung der Schnellkraft. In *BISp-Jahrbuch – Forschungsförderung 2008/09* (S. 97–102). Bonn: Bundesinstitut für Sportwissenschaft.

Schmitt, H. (2007). Sportartspezifische Beschwerden und Krankheitsbilder der Wirbelsäule und des Rumpfes. In H.-H. Dickhuth, F. Mayer, K. Röcker, K. & A. Berg (Hrsg.), *Sportmedizin für Ärzte* (S. 335–347). Köln: Deutscher Ärzte-Verlag.

Schneider, W. (1994). Methodologische Probleme und Möglichkeiten bei der längsschnittlichen Analyse motorischer Entwicklungsverläufe. In J. Baur, K. Bös, R. Singer (Hrsg.), *Motorische Entwicklung* (S. 356–372). Schorndorf: Hofmann.

Schönle, C. (2004). *Rehabilitation*. Stuttgart: Thieme-Verlag.

Schwingshandl, J., Sudi, K., Eibl, B., Wallner, S. & Borkenstein, M. (1999). Effect of individualised training programme during weight reduction on body composition: a randomised trial. *Archives of Disease in Childhood, 81,* 426–428.

Semmler, J. G. & Enoka, R. M. (2000). Neural contributions to changes in muscle strength. In V. M. Zatsiorsky, *Biomechanics in sport* (pp. 3–20). Oxford: Blackwell Science.

Sewall, L. & Micheli, L. (1986). Strength training for children. *Journal of Pediatric Orthopaedics, 6* (2), 143–146.

Siegel, J. (1988). Fitness in prepubescent children: implications for exercise training. *National Strength and Conditioning Association Journal, 10* (3), 43–48.

Siegel, J. A., Carmaione, D. N. & Manfredi, T. G. (1989). The effects of upper body resistance training on prepubescent children. *Pediatric Exercise Science, 1,* 145–154.

Smith, J. J., Eather, N., Morgan, P. J., Plotnikoff, R. C., Faigenbaum, A. D. & Lubans, D. R. (2014). The health benefits of muscular fitness for children and adolescents: A systematic review and meta-analysis. *Sports Medicine, 44* (9), 1209–1223.

Sothern, M. S., Loftin, M., Suskind, R. M., Udall, J. N. & Blecker, U. (1999). The health benefits of physical activity in children and adolescents: implications for chronic disease prevention *European Journal of Pediatrics, 158* (4), 271–274.

Steib, S., Rahlf, A. L., Pfeifer, K. & Zech, A. (2017). Dose-response relationship of neuromuscular training for injury prevention in youth athletes: A meta-analysis. *Frontiers in Physiology, 8* (920).

Steinmann, W. (1988). *Krafttraining im Sportunterricht*. Ahrensburg: Czwalina.

Stone, M. H. (1992). Connective tissue and bone response to strength training. In P. V. Komi, *Strength and Power in Sport* (pp. 279-290). Oxford: Blackwell Scientific Publications.

Stone, M. H., Fry, A. C., Ritchie, M., Stoessel-Ross, L. & Marsit, J. L. (1994). Injury potential and safety aspects of weightlifting movements. *Strength and Conditioning, 16* (3), 15–21.

Suman, O. E., Spies, R. J., Celis, M. M., Mlcak, R. P. & Herndon, D. N. (2001). Effects of a 12-wk resistance exercise program on skeletal muscle strength in children with burn injuries. *Journal of Applied Physiology, 91* (3), 1168–1175.

Tesch, P. A. (1988). Skeletal muscle adaptations consequent to long-term heavy resistance exercise. *Medicine and Science in Sports and Exercise, 20* (5), 132–134.

Tesch, P. A. (1992a). Short- and long term histochemical and biochemical adaptations in muscle. In P. V. Komi, *Strength and Power in Sport* (pp. 239–248). Oxford: Blackwell Scientific Publications.

Tesch, P. A. (1992b). Training for bodybuilding. In P. V. Komi, *Strength and Power in Sport* (pp. 370–380). Oxford: Blackwell Scientific Publications.

Tesch, P. A. (1998). Strength training and muscle hypertrophy. In K. Häkkinen (Eds.), *International conference on weightlifting and strength training* (pp. 17–22). Lathi, Finland: Gummerus Printing.

Thienes, G. & Austermann, L. (2006). Krafttraining in der Sekundarstufe I: Sanftes Krafttraining als methodische Alternative. *Sportunterricht, 55* (11), 324–328.

Tittel, K. & Wutscherk, H. (1992). Anthropometric factors. In P. V. Komi, *Strength and Power in Sport* (pp. 180–196). Oxford: Blackwell Scientific Publications.

Tittel, K. (1994). *Beschreibende und funktionelle Anatomie des Menschen.* Jena, Stuttgart: Fischer Verlag.

Trautner, H. M. (2003). *Allgemeine Entwicklungspsychologie.* Stuttgart: Verlag W. Kohlhammer.

Tsolakis, C., Messinis, D., Stergioulas, A. & Dessypris, A. (2000). Hormonal response after strength training and detraining in prepuberal and puberal boys. *Journal of Strength and Conditioning Research, 14* (4), 399–404.

Van Brussel, M., Takken, T., Uiterwaal, C. S., Pruijs, H. J., Van der Net, J., Helders, P. J. & Engelbert, R. H. (2008). Physical training in children with osteogenesis imperfecta. *Journal of Pediatrics, 152* (1), 111–116.

Voelcker-Rehage, C. & Willimczik, K. (2006). Motor plasticity in a juggling task in older adults – a development study. *Age and Aging, 35 (4),* 422–427.

vom Heede, A., Kleinöder, H., Mester, J. & (2007). Kindgemäßes Krafttraining im Schulsport – Untersuchungsergebnisse. *Haltung und Bewegung, 27* (1), 11–19.

Vrijens, J. (1978). Muscle strength development in the pre- and post-pubescent age. *Medicine and Sport, 11,* 152–158.

Wabitsch, M., Hebebrand, J., Kiess, W. & Zwiauer, K (Hrsg.) (2005). *Adipositas bei Kindern und Jugendlichen.* Stuttgart: Springer Verlag

Watkins, J. (1986). Strength training during childhood. *Athletics Coach, 20* (2), 14–16.

Weineck, J. (2003). *Optimales Training. Leistungsphysiologische Trainingslehre unter besonderer Berücksichtigung des Kinder- und Jugendtrainings.* Balingen: Spitta.

Weltman, D., Janney, C., Rians, C., Strand, K., Berg, B., Tippet, S., Wise, J., Cahill, B. & Katch, F. (1986). The effects of hydraulic resistance strength training on prepubescent males. *Medicine and Science in Sports and Exercise, 18* (16), 629–638.

Westcott, W. L. (1979). Female response to weight lifting. *Journal of Physical Education, 77,* 31–33.

Westcott, W. L., Tolken, J. & Wessner, B. (1995). School-based conditioning programs for physically unfit children. *Strength and Conditioning, 17* (2), 5–9.

Whitehurst, M. A., Johnson, B., Parker, C. M., Brown, L. E. & Ford, A. M. (2005). The benefits of a functional exercise circuit for older adults. *Journal of Strength and Conditioning Research, 19* (3), 647–651.

William, K. R. (2000). The dynamics of running. In V. M. Zatsiorsky, *Biomechanics in sport. Performance enhancement and injury prevention* (pp. 161–183). Oxford: Blackwell Science.

Willimczik, K., Meierarend, E.-M., Pollmann, D. & Reckeweg, R. (1999). Das beste motorische Lernalter – Forschungsergebnisse zu einem pädagogischen Postulat und zu kontroversen empirischen Befunden. *Sportwissenschaft, 29* (1), 42–61.

Winter, R. (1998). Die motorische Entwicklung (Ontogenese) des Menschen von der Geburt bis ins hohe Alter. In K. Meinel & G. Schnabel (Hrsg.), *Bewegungslehre. Sportmotorik* (S. 237–349). Berlin: Sportverlag.

Wollny, R. (2002). *Motorische Entwicklung in der Lebensspanne. Warum lernen und optimieren manche Menschen Bewegungen besser als andere?* Schorndorf: Hofmann.

Wollny, R. (2007). *Bewegungswissenschaft. Ein Lehrbuch in 12 Lektionen.* Aachen: Meyer & Meyer.

World Health Organization (WHO) (2016). *Obesity and overweight.* https://www.who.int/news-room/fact-sheets/detail/obesity-and-overweight (letzter Zugriff 28.02.2019).

Yu, C. C. W., Sung, R. Y. T., So, R. C. H., Lui, K.-C., Lau, W., Lam, P. K. W. & Lau, E. M. C. (2005). Effects of strength training on body composition and bone mineral content in children who are obese. *Journal of Strength and Conditioning Research, 19* (3), 667–672.

Zatsiorsky, V. M. (1995). *Science and practice of strength training.* Champaign, Illinois: Human Kinetics.

Zemková, E. & Hamar, D. (2018). Sport-specific assessment of the effectiveness of neuromuscular training in young athletes. *Frontiers in Physiology, 9* (264).

Zernicke, R. F. & Loitz, B. J. (1992). Exercise-related adaptations in connective tissue. In P. V. Komi, *Strength and Power in Sport* (pp. 77–95). Oxford: Blackwell Scientific Publications.

Zeuner, A., Biering, H. & Karg, C. (2008). Wirkungen gezielter Kraftschulung im Sportunterricht. *Sportunterricht, 57* (7), 222–227.

Zwolski, C., Quatman-Yates, C. & Paterno, M. V. (2017). Resistance training in youth: Laying the foundation for injury prevention and physical literacy. *Sports Health, 9* (5), 436–443.